社会科・地理教育実践学の探求

——教職大学院で教科教育を学ぶ——

志村　喬　編著

風間書房

目　次

序章　教職大学院で社会科・地理教育学を学ぶ
―本書の目的と構成―

志村　喬

1．本書の目的

日本の教員養成系大学院での教員養成は，従来の修士課程に替わる専門職学位課程，いわゆる教職大学院での学修に近年大転換した。編者が勤務する上越教育大学も例外ではなく，先行した一部領域に続き 2022（令和４）年４月に全ての教科・領域教育分野が教職大学院となった。教職大学院での学修では，理論と実践の往還，理論知と実践知の融合など，理論的学修と実践的学修の双方が必要とされている。では，教科教育学では，理論と実践はどのように位置づけられてきたのだろうか。

日本社会科教育学会誌『社会科教育研究』には査読論文種別として研究論文と実践研究論文が，日本地理教育学会誌『新地理』では査読論文種別として論説に加えて授業実践報告があり，それぞれ社会科・地理教育の実践にかかわる論文（報告）が，理論研究論文と並んで評価され掲載されてきた。このことは，社会科・地理教育研究界においては，理論研究と実践研究は教職大学院設置以前から並行して取り組まれ成果が蓄積されてきことを示している。学校教師を務めてから大学教員となった，編者自身の研究遍歴及び大学院修士課程での指導経験からも，これは首肯できる。

17年余の公立学校勤務を経て着任した上越教育大学は，実践的指導力を有する学校教員の養成，並びに実践的研究に裏付けられた高度専門職としての教員の養成・研修を目的とした新構想教育大学として 1978（昭和53）年に設立された国立の教育大学である。その特色は，現職教員再研修のための学部定員を大きく超えた大学院修士課程設置であり，編者も着任時から全国から派遣された同年代の現職教員らを含めた院生らと研究を進めることになった。そこでの院生らの研究テーマ・内容は，現職派遣院生を中心に教科教育理論を土台に実践的研究を進めたものが多かった。振り返るならば，純粋な教科教育理論研究というよりも，実践を視野に入れ重視した教科教育研究であり，理論と実践にまたがる広義の教科教育学に定位するならば，学校授業実践に軸足をおいた学であるため教科教育実践学研究と呼べる。なぜならば，それら成果が，教育実践を中核にした教職大学院における社会科・地理教育系授業の教材・資料として高い意義を有することを，授業構想・実践を通して確認できたからである。

本書は，上記のような編者の現状認識・教職大学院授業経験に基づき，これまで指導した社会科・地理教育に関する修士論文が擁していた教科教育実践学的成果を再構成し，教職大学院における社会科・地理教育学修のテキストとして発信することを目的として企画した。内容は，大学院テキストであることから，学部テキスト的な網羅的概説内容ではなく，大学院レベルの主体的で研究的な学修のモデルとなる事例を掲載している。掲載事例をケーススタディに，各自の問題意識・教育課題をそれぞれ実践的に学修・研究して欲しいとの考えからである。それこそが教科教育実践学の実践であり探求である。ただし，その際には各論考が依拠した先行研究をあげているように，実践的探求の基礎となる理論研究が必須であることに注意して欲しい。

編者がみるかぎり，全国の大学に設置された教職大学院における教科教育にかかわる領域の教育研究の在り方に関する議論は，汎用的な教育学領域に比べれば未開拓である。そこで，本書はテキストにとどまらず，教職大学院における教科教育実践学，ひいては教員養成学の構築に対しても多少なりとも意義を有すると考えている。その理由の具体は最終章でふれるため割愛し，以下では，本書の構成を教職大学院でのカリキュラム・授業と関連付けて記すことで，活用の一助になればと思う。

2．本書の構成

本書は，次の3部から構成されている。

「第Ⅰ部：教育課程の変遷と目指す授業」は，教科教育実践を構想する際の基礎となる研究成果から構成した。教職大学院での学修においても，約10年ごとに改訂される日本の学習指導要領を，歴史的系譜や国際比較の視座から相対視し，背後にある教育観や社会状況から捉え解釈することは，自身の教育観を育み，教師として生涯成長する上での基底—成長する樹木に例えれば根っこ—として必須であるからである。したがって，本書中では，最も理論的な部分であり，企図されたカリキュラムについて，実践現場での研究，特に育成する学力から目指すべき授業を考究している。

「第Ⅱ部：授業実践実態と授業開発」は，学習指導要領という理論的に企図されたカリキュラムが，学校という現場で，どのように授業実践され成果と課題が生起しているかを明らかにした研究成果から構成した。換言すれば，実践されたカリキュラムとして授業の実態を捉え，見いだされた課題を解決するための方策（授業開発の方向）を提案した論文であり，理論と実践とをつなぐ位置にある研究である。

「第Ⅲ部：開発授業の実践分析と授業・カリキュラム改善」は，第Ⅰ部・第Ⅱ部のような学修成果をふまえ，自らの教育観に基づく問題意識から授業実践の課題を見いだし，その課題解決のために授業を開発し，実践し，分析・考察した研究成果から構成した。これは，執筆者らが学校現場からの現職派遣教員であることはもちろん，派遣元学校での実践機会に恵まれたことが大きい。本書の中では，分量・内容の両側面からして中心をなす部分であるが，第Ⅰ・Ⅱ部の研究の発展に位置づくとともに，その成果と課題は第Ⅰ部へ還元されている。したがって，終章で詳しく述べるように第Ⅰ・Ⅱ・Ⅲ部の内容は個別独立ではなく，円環的な関係性を持っている。

各部の扉では，社会科・地理教育実践学への位置づけを考慮しながら各章の内容を解説している。続く，各章は活用の便を考慮し，次のような項目で構成されている。

・研究対象学年・内容

・研究目的

Ⅰ．目的設定の理由

Ⅱ．研究の方法

Ⅲ．研究内容

なお，本書掲載内容は原論文（修士論文）をもとにしているが，本書の目的にあわせ，内容の一部に焦点化するなど，大幅に割愛・改稿したものである。先行研究をはじめ引用文献についても最低限に縮減している。関心のある読者は，原論文（上越教育大学附属図書館で閲覧可能）や各章に記載された既発表論文を参照いただきたい。

3．教員養成（研修）テキストとしての本書の位置づけ

編者は，これまで本学の社会科教育学研究者及び大学院修了生をはじめとした全国で活躍する社会科教師らと協力して学部生向けの社会科教育学テキスト『初等社会科教育研究』（中平・茨木・志村編著，2019）と『中等社会系教科教育研究─社会科・地理歴史科・公民科─』（中平・茨木・志村編著，2021）を作成してきた。幸い両書は，本学のみならず全国の大学の学部での社会科教員養成授業のテキストとしても使用されている。

編者の立場からすると，本書はこれら学部向けテキストに続く，大学院レベルでのテキストである。本学で編者が担当した教職大学院授業科目に照らせば，本書第Ⅰ部は授業「社会科・地理歴史科教育課程の理論と実際」，第Ⅱ部は「社会系授業づくりの理論と実践」，第Ⅲ部は「社会系授業実践における評価と授業分析」に，大まかには対応し，実際に扱っている内容である。もちろん，本書所収の各章内容に限らず，それぞれの授業目的に合致したその他の理論的・実践的研究論文や実践記録を並行して使用しており，それら

文献の一部は各部の扉に記載している。

本書編集の際に重視したのは，高度専門職として主体的に授業づくり・授業分析・授業改善が生涯にわたりできる教員の養成及びそれに続く教師の研修，国際的に言えば「実践的研究者しての教師（Teacher as Researcher）」の育成である。このような教師育成には，実践と理論の双方に足場をおいた臨床的研究が必須であるが，これまで編者が指導した修士論文にはそのような成果が満ちている。現職派遣教員に限らない本書の執筆者が全員，現在は学校現場・教育界で活躍していることは，この証左である。なお，修了生らは，教科教育学に限らず，教科専門についても幅広く大学院では学修しており，その一部は『社会科教科内容構成学の探求—教科専門からの発信—』（松田監修，2018）としてまとめられている。ここからは，教科教育学と教科内容にかかわる学の双方にまたがる教員養成の成果と価値が理解できるであろう。

中平一義・茨木智志・志村喬編著（2019）:『初等社会科教育研究』風間書房.
中平一義・茨木智志・志村喬編著（2021）:『中等社会系教科教育研究—社会科・地理歴史科・公民科—』風間書房.
松田愼也監修（2018）:『社会科教科内容構成学の探求—教科専門からの発信—』風間書房.

第Ⅰ部：教育課程の変遷と目指す授業

企図されたカリキュラムと授業像

志村　喬

本書の中で最も理論的な第Ⅰ部は，小学校を対象とした1つの章，中学校を対象とした2つの章からなっている。このうち，第1章と第2章は，学部卒業後に教員経験のないまま大学院に進学してきた院生（いわゆるストレート院生）による研究である。現職派遣院生ではないため，学校現場での実践的研究は，当時の修士課程では困難であり，研究方法は文献調査・聞き取り調査である。しかし，教科教育実践学の基盤としてそれらは必須の学修であり，学校授業を分析したり，自ら授業実践したりすることだけが教職大学院の学修ではないことを理解して欲しい。分析や，授業をつくり実践するためには，様々な様態の多面的な理論的理解が必要である。

「第1章　生活科開発期・開始期における地図学習の実際―生活科と社会科の地図学習接続の観点から―」は，現在の小学校社会科における地図指導への問題意識を起点に，そこでの課題解決を1989（平成元）年の低学年社会科・理科の廃止，生活科の新設時における地図学習の扱いの変化から見いだし提案したものである。上越教育大学が所在する地域には，生活科を開発した小学校が存在し，開発時の資史料のみならず，授業開発し実践した教師もいる。それら教師へのインタビュー調査も組み込んだ本研究は，教育実践史研究としての特長をもっている。

「第2章　中学校社会科地理的分野における地域区分の実際と地域区分能力の扱いの変遷―学習指導要領並びに教科書本文・掲載図表分析から―」は，社会科・地理教育において能力（スキル）育成が求められてきたことから，地理的スキルである地域区分能力が学習指導要領及び教科書においてどのように位置づけられてきたかを研究課題として設定し，考究したものである。本研究は，各学習指導要領施行期毎に刊行されたほぼ全ての中学校地理教科書を対象に目通しし，本文での記載内容はもちろん，地域を区分して表現している全ての掲載地図をも分析している。これは，膨大な労力を要する地道な作業であったが，その結果，高い説得力をもった結論が導出されている。

「第3章　地理的認識を育成し公民的資質を養う中学校社会科地理的分野のカリキュラム開発」は，現職の中学校社会科教師による成果である。日本の社会科教育における究極目標である公民的資質育成に，社会科教育の一翼を担う地理学習がどのように貢献できるのかという社会科地理教師としての問題意識・課題をもとにしている。自身のこの意識を，先行教育研究理論と関連付け考究することで，課題解決が図られ，自身のみならず同様な意識を持つ教師集団へ，授業実践への基盤理論を発信している。

なお，上記のような社会科・地理教育学についての実践的学修・研究の理論的基礎を育む概説的な社会科・地理教育学書籍を，編者の大学院授業実践経験をふまえて次にあげる。

井田仁康（2005）:『社会科教育と地域―基礎・基本の理論と実践―』NSK出版．
井田仁康編（2021）:『持続可能な社会に向けての教育カリキュラム―地理歴史科・公民科・社会科・理科・融合―』古今書院．
中村和郎・髙橋伸夫・谷内達・犬井正編（2009）:『地理教育講座第Ⅰ巻　地理教育の目的と役割―付　総目次・総索引・著作者一覧―』古今書院．
西脇保幸（1993）:『地理教育論序説―地球的市民の育成を目指して―』二宮書店．
日本地理教育学会編（2006）:『地理教育用語技能事典』帝国書院．
村山祐司編（2003）:『21世紀の地理―新しい地理教育』朝倉書店．
山口幸男（2002）:『社会科地理教育論』古今書院．

第１章　生活科開発期・開始期における地図学習の実際
―生活科と社会科の地図学習接続の観点から―

浅賀裕加利

研究対象学年・内容

・小学校低学年（第１・２学年）と第３学年
・生活科開発期・開始期の実践における従前の低学年社会科にあった地図学習の扱い

研究目的

・低学年及び第３学年における地図学習に関わる内容の変化を，低学年社会科が生活科に変わった時期に焦点をあてて解明する。

Ⅰ．目的設定の理由

2017（平成29）年の小学校学習指導要領から学校用図書「地図」（以下：地図帳）の活用が，第４学年から第３学年に引き下げられ，第３学年段階から地図に関する能力がこれまでになく求められるようになった。この時期の地図学習の重要性について大矢（2015）は，第３学年の地図学習で児童の地図読み取り能力に大きな差が見られる要因として第１・２学年の生活科での地図に関する学習が関与していることを指摘し，生活科での地図学習の有無が第３学年からの社会科地図学習に与える影響が大きいとしている。社会科と生活科の地図学習の接続の重要性は，小西（1988）や寺本（2002）も指摘している。しかし，生活科の前身として存在した第１・２学年（以下，低学年）社会科の地図学習が今日の生活科で活かされているのか，社会科と生活科の連続性のある地図学習が行われてきたのかは実証的に解明されていない。本研究は，社会科及び生活科の望ましい地図学習の在り方を提言するため，生活科設立前後における社会科・生活科での地図学習の実態を，学習指導要領・教科書分析並びに新教育課程開発のために行なわれた実践を通して，明らかにすることを目的とする。

Ⅱ．研究の方法

1．各年版の生活科・社会科・理科の学習指導要領の整理・分析
2．第１～３学年の生活科・社会科教科書の分析
3．生活科開始期以前・開始当初の関連授業記録の収集と分析

Ⅲ．研究内容

1．生活科・社会科・理科の学習指導要領分析

1.1．記述内容・記述視点からみえる各教科の特性

社会科，理科，生活科の教科特性と地図の位置づけについて明らかにするために 1989（平成元）年の低学年における社会科・理科の廃止，生活科新設までの経緯を確認した。続いて，1958（昭和33）年から廃止直前の 1977（昭和52）年までの低学年の社会科・理科の学習指導要領，並びに新設された1989年から 2017（平成29）年までの生活科学習指導要領の整理・分析を，「目標」における記述内容と，要領全体における「地図」に関する記述内容に焦点を当てて行った。その際に設定した記述の整理・分析枠組みが第１表である。

表「a：内容」は，どのような内容が記述されているかで類型区分するものである。従って，当然ながら，社会科では社会科的な記述，理科では理科的な記述が主であった。また，生活科には，社会科的な記述と理科的な記述双方がみられ，社会科と理科が統合された教科内容をもつことが確認された。ただし，一般的な記述（教科独自性がない記述性）は，社会科・理科には見られなかったが，生活科には認められた。これは，生活科の内容が，社会科・

第1表　学習指導要領の整理・分析枠組み

a：内容

類型	キーワード例
社会科的	身近な人々，社会，集団，時間，空間
理科的	自然，動植物，季節的変化，飼育栽培
一般的	(教科独自性のない記述)

b：視点

類型		キーワード例
自己認識		自分自身，ほかの人と協力
社会認識	事実認識	観察，気付く
	価値認識	役割，行動
自然認識	事実認識	観察，気付く
	価値認識	大切にする，関心をもつ
能力		表現が・考えることが・行動が・実行できる

浅賀作成

理科内容に止まらない一般的内容をも擁していることを示している。

表「b：視点」は,記載内容がどのような視点に立っているのかを峻別するものである。教科特性からして社会科では社会認識のなかの事実認識が，理科では自然認識のなかの事実認識が，主となっている。一方，生活科は，社会認識・自然認識の双方から記述されているが，事実認識視点よりも価値認識視点の方が強い。自己認識の視点，能力の視点も生活科は最も強く，他方，理科では皆無である。ここからは，認識育成を重視した低学年社会科・理科で課題とされていた「発達段階の考慮不足」を，主体的・体験的学習を通した価値認識育成重視で克服しようとした生活科の特性—社会科・理科との違い—が理解される。

２．地図に関する記述

地図に関しては，要領の「目標」「内容」「内容の取扱い」等における記述の有無とその記述内容について分析する。方法としては，記述内容を，主に文節あるいは用語で区切り，「地図」「地図記号」等を学習対象，「調べる」「表す」等を，地図を用いた学習方法として抽出し整理した。対象とした要領は1958年から2017年までの学習指導要領の第１・２・３学年にある社会科・理科・生活科である。

分析の結果，全ての年版の各教科学習指導要領で，１箇所以上の地図に関する用語が確認された。しかし，理科は地図の一要素である「方位」の記載のみであり，地図自体への具体的記述はなかった。これに対し社会科では，「地図」「絵地図」「白地図」をはじめとした様々な地図に関する用語が記載されていた。

そこで社会科について，第３学年と生活科に転換された低学年とに分けて分析結果を述べる。第３学年社会科での特徴としては，①生活科が新設された1989年版以降は，低学年社会科があった以前の版に比べ，地図に関する記述が大幅に増加していること，②地図を活用して育成する能力が，2008年版までは「考える（力）」「表現する（力）」等であったが，2017年版では「まとめる技能」になり，思考・表現力育成から技能育成へ変化する傾向があること，が明らかになった。一方，低学年社会科では，1977年版まで，地図に関する記述は殆どみられず，地図に関する記述内容は重視されていないように見受けられた。

一方，生活科では，設置後の全ての学習指導要領において地図に関する記述が認められる。しかし，それは要領終盤の「指導計画の作成と学習指導」の項目であり，そこでは「マップ」という用語が必ず使用されている。一方，用語「地図」は，1998年版で唯一記述があるが，「地図（生活科マップ）」のような文言であり，地図が「マップ」の一種として解釈されている。この用語「生活科マップ」について，中川（1993）は，「平成４年度からの全面実施に先立って，先行実践を行ってきた研究者や現場教師が提示した成果を組み込んだもの」と指摘している。「マップ」イコール「地図」か否かは，用語分析の現段階では判断できないが，記述から，マップは地図に比べ学習した内容をまとめる意味合いが強いといえる。また，社会科でみられた地図に関する能力の記述は殆どなく，生活科でマップを用いた際の育成能力は，地図に関する能力ではない可能性が高い。

以上，３教科の地図に関する記述の要領分析では，３教科の共通点はみられなかった。社会科と生活科では，地図に関する具体的用語があることでは共通しているが，社会科は「絵地図」「白地図」等といった明確な「地図」用語であり，生活科は「マップ」であった。要領において社会科では「マップ」が，生活科では「絵地図」「白地図」が記載されていないことの意味を，探る必要がある。

３．社会科・生活科の教科書分析

上記のように学習指導要領に記載された事柄が，具体的にどのように解釈され教材化されたかを明らかにするため，実質的に地図についての記述がみられた社会科と生活科の教科書を分析する。対象期間は生活科が新設された1989年を挟む期間である。

３．１．分析対象教科書と分析方法

分析対象とした教科書は，社会科は第３学年が生活科新設直前の1988年版と設置直後の1991年版の各４社，第２学年が最後の低学年社会科教科書である1988年版（５社），生活科（第１・２学年）は，最初の教科書である1989年版（11社）である。

分析方法は，各教科・学年の教科書全ページにおける掲載内容を，「地図に関する記述」と「掲載されている地図」の２つの観点から行った。「地図に関する記述」観点では，対象教科書の全ページにおける地図に関する用語を抽出したのち，それら用語が教科書中の章・節・項・本文においてどの程度あるのか，用語数をカウントした。一方，「掲載されている地図」観点では，

対象教科書全ページに掲載されている全ての地図（教科書内での活動例として提示されている地図やイラスト的地図含む）を抽出し，掲載されている地図の種類，単元から見た地図の配列，地図の範囲，の３類型で整理したうえで分析した。なお，地図の種類は，岩本（1993），佐島（1970），金崎（1983），寺本（2002），吉田（2006）を参考に，「手描き地図（フリーハンドの地図）」「白地図（最低限の境界線・記号のみの掲載図）」「絵地図（抽象度が低い絵・文字・記号で表現された地図）」「一般図（前述の類型に入らない地図：地理学・地図学でいう一般図ではない）」に区分した。なお，掲載図のキャプションで「…の白地図」「…の絵地図」と題されていた場合でも，上述の定義に照らして類型化した。

３．２．第３学年「社会科」教科書の分析

「地図に関する用語」の分析結果を，年版・出版会社毎に示したのが第２表である。低学年社会科があった1988年版を示した第２表ａをみると，掲載用語総数は209であるが，教科書毎にみると最小32（日本書籍），最大84（教育出版）とかなりの幅がある。共通して掲載される用語の種類は最大が「地図」であるが，「絵地図」も全社で使用され，「白地図」は一社を除き複数回使用されている。さらに，「はこの地図」「もけい地図」「パズル地図」といった多様な地図を指す用語も３社では使用されている。

一方，生活科ができて最初の教科書である1991年版（第２表b）では，総数は174に減っている。但し，教科書毎にみると，前版で用語数が最も多かった教育出版が84から39と大幅に減少しており，他社版では大きな増減はない。用語の種類では，「地図」が最大で，「絵地図」が次ぎ，「白地図」は全教科書で使用されている。一方，前年度版にみられた「パズル地図」がなくなっている。さらに，「マップ」が初めて出現し，東京書籍という一社ではあるが頻用されていることが注目される。

「掲載されている地図」の種類を分析した結果を，年版・出版社毎に示したのが第３表である。低学年社会科があった1988年版を示した第３表ａをみ

第２表　第３学年「社会科」教科書の掲載用語数

a：1988(昭和63)年版

出版社	地図に関する用語								
	白地図	絵地図	地図	はこの地図	もけい地図	パズル地図	ゆかの地図	マップ	計
東京書籍	12	5	35	2	0	0	0	0	54
学校図書	7	6	26	0	0	0	0	0	39
教育出版	0	18	63	0	1	2	0	0	84
日本書籍	2	9	18	0	3	0	0	0	32
計	21	38	142	2	4	2	0	0	209

b：1991(平成３)年版

出版社	地図に関する用語								
	白地図	絵地図	地図	はこの地図	もけい地図	パズル地図	ゆかの地図	マップ	計
東京書籍	5	16	21	0	0	0	0	14	56
学校図書	4	10	24	2	3	0	0	0	43
教育出版	1	9	28	0	0	0	1	0	39
日本書籍	3	14	19	0	0	0	0	0	36
計	13	49	92	2	3	0	1	14	174

教科書内容より浅賀作成

ると，総数は179であり，教科書毎の数の変動は用語に比べ小さい。掲載枚数が最も多いのは全社とも「一般図」であり，それに，「絵地図」，「白地図」，「手描き地図」（１社はなし）が続く。

生活科がはじまった1991年版（第３表b）になると，総数は148に減るとともに構成が大きく変化する。最大数は「絵地図」となり，前版で最大であった「一般図」は51へと半減したのである。一方，「白地図」「手描き地図」は微増であり，全体でみると「絵地図」の比重が大幅に高まっている。なお，地図が最も多く掲載されている教科書上での単元をみると1988年版では冒頭単元となる第１章１節「学校のまわりのようす」であったが，1991年版では

第3表　第3学年「社会科」教科書の掲載地図数

a：1988(昭和63)年版

出版社	地図の種類				
	手描き地図	白地図	絵地図	一般図	計
東京書籍	2	2	9	26	39
学校図書	2	6	13	17	38
教育出版	4	9	9	30	52
日本書籍	0	3	13	34	50
計	8	20	44	107	179

b：1991(平成3)年版

出版社	地図の種類				
	手描き地図	白地図	絵地図	一般図	計
東京書籍	8	9	18	12	47
学校図書	1	3	13	11	28
教育出版	0	5	15	13	33
日本書籍	2	5	18	15	40
計	11	22	64	51	148

教科書内容より浅賀作成

第2章1節「学校のまわりのようす」に変化している（教科書目次構成・題目の付し方が他社とやや異なる教育出版のみ，第2節「絵地図づくり」から2節「わたしたちの絵地図づくり」への変化であるが，内容自体に他社と差違はない)。これは，1991年版は生活科新設に伴い，第1章に社会科導入単元（「みんなでつくるまち」「わたしたちのくらしと人々のきょうりょく」「わたしたちのくらしのはっけん」「すみよいまち」）が新設され，生活科での学習手法をふまえて社会科学習への移行が優先されたためである。

「地図に関する用語」と「掲載されている地図」のこれら分析結果の双方をあわせて教科書をみると，地図に関する学習を，用語主導で進めるか（例えば学校図書版)，掲載地図主導で進めるか（例えば日本書籍版)，といった傾向の違いが教科書によりうかがえる。

３．３．第２学年「社会科」教科書の分析

低学年社会科の最後の教科書となった第２学年の社会科1988年版を，第３学年社会科教科書と同じ方法で分析した結果，「地図に関する用語」は全社版とも確認できなかった。「掲載されている地図」も全７枚でしかなく，その内容を示したのが第４表である。掲載された地図の多くは，郵便の配達時間や経路を表現した地図であり，７枚中５枚は「絵地図」に分類されるものである。また，全ての掲載地図には，地図名称が題されていない。この結果からは，1988年版の第２学年社会科教科書は，地図学習を意識しているような教科書ではないといえる。

３．４．第１・２学年「生活科」教科書の分析

初めての生活科教科書である第１・２学年生活科 1991年版（全 11社版）を，同様な方法で分析した。第１学年教科書では，「地図に関する用語」が認められたのは１箇所（１社の項目名にあった「あきのちずをつくろう」）のみである。「掲載されている地図」は，11社版中を９社で計16枚が認められた。全16枚中，

第４表　第２学年「社会科」教科書（1988(昭和63) 年版）の掲載地図

出版社	地図の内容	地図の種類			
		手描き地図	白地図	絵地図	一般図
東京書籍	手紙を集める場所			○	
学校図書	手紙を集める時間			○	
教育出版	店の通り			○	
	営業所の様子	○			
中教出版	手紙を集める時間			○	
大阪書籍	行く店			○	
	配達の時間と場所				○

教科書内容より浅賀作成

絵地図（ゆか・かべ地図を含む）が13枚，手描き地図が3枚であり，白地図・一般図は皆無であった。

第2学年教科書になると，11社中6社では「地図」「絵地図」との用語が記載され，学習研究社では本文だけで8回の出現がみられた。一方，5社では用語が認められず，教科書間の差が大きい。なお，生活科学習指導要領にあった用語「マップ」は，教科書上では確認できなかった。掲載地図は，第2学年の全社版で確認され，総計44枚と大幅に増加する。内訳は，26枚が絵地図，12枚が手描き地図，6枚が白地図で，一般図はなかった。総じて，社会科に掲載される際に伴う地図の要素（方位・スケール・図幅枠など）を含まない形式の表現が多く，イラスト的傾向をもつことから，地図を学ぶのではなく，「地図（マップ）」に親しみをもつことが生活科教科書でのねらいとなっていると判断された。

3．5．第3学年「社会科」，第2学年「社会科」，第1・2学年「生活科」教科書の比較

以上の教科書分析結果を，学年に留意して比較する。地図に関する用語は，生活科第1学年では基本的に出現しない。第2学年では，社会科の教科書では出現していなかったが，生活科になると「町のたんけんちずをつくろう」「えちずをつくってはっぴょうしよう」といった形で出現するようになる。第3学年になると，生活科新設以前・以後を問わず「地図」「絵地図」「白地図」などが言及されてきた。ここからは，第2学年における教科書上の用語掲載に限定して考えた場合，社会科よりも生活科のほうが，地図に接する機会が多くなったといえる。

一方，掲載地図でみると，生活科第1学年教科書には，「絵地図」を主にしつつ「手描き地図」が掲載され，第2学年になると更に増加している。第2学年の社会科教科書では，「絵地図」が掲載されていたものの，その後の生活科第2学年に比べれば数は少ないとともに，「手描き地図」もなかった。

第３学年では，用語同様に生活科新設以前・以後を問わず,「手描き地図」「絵地図」「白地図」「一般図」の全てが，数多く掲載されている。

これら比較において注視されるのは，社会科・生活科双方で出現する「絵地図」と「手描き地図」の関係である。第２学年で比べると，社会科教科書では全て「絵地図」であり，手描き地図はみられなかった。しかし，生活科の第２学年では,「絵地図」が多いのは確かだが,「手描き地図」の出現数も多く,「手描き地図」を活用して地図学習を進めようとする意図がうかがえる。ついては，これら知見を，小学校低学年・社会科導入期における地図指導理論に関連づけて考える。

３．６．地図指導の系統理論から考察

現場での長年の地図指導から「からだで学ぶ地図の学習」を主張する川崎（1989）の地図指導の系統は，第１図のように提示できる。この系統性は，吉川（1960），廣岡（2007）はじめ多くの実践的研究者の成果からも肯定されるものであり，本研究の地図類型に即すならば「手描き地図→絵地図→一般図」の順に地図表現が発達し，これを踏まえた系統的指導が望ましいという指導理論である。

そこで，これまで分析した教科書内容が，本理論に沿っているか，各社版

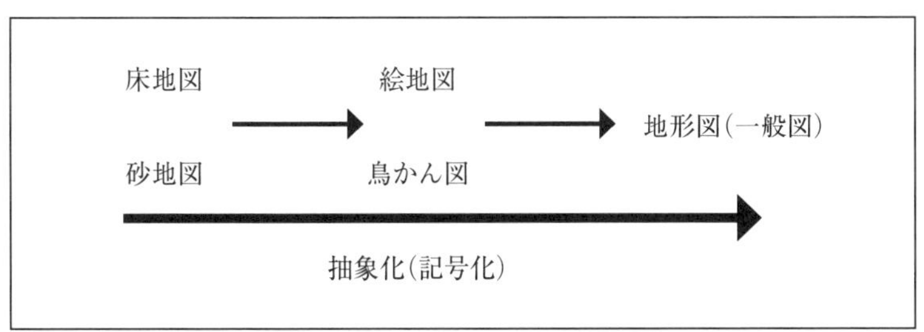

第１図　地図指導の系統

川崎（1989）『からだで学ぶ地図の学習』p.16 をもとに浅賀作成

ごとに第１学年から第３学年にかけて通時的に分析し考察した。その結果，「手描き地図→絵地図→一般図」という提唱理論に沿っていると認められたのは２社のみで，多くは「絵地図→手描き地図→一般図」の系統と判断された。加えて，教科書によっては「手描き地図」が言及・掲載されていないため，「手描き地図」の体験がないまま，第３学年社会科で地図に接する可能性もうかがえた。

このように積み重ねられてきた地図指導理論に必ずしも沿わない教科書出現順序の存在は，これまで現場教師から指摘されてきた問題の存在を客観的に示したもので，本研究の成果の１つである。

４．授業実態の分析

４.１．実践記録集の分析（第１学年社会科）

教科書分析からは現場での地図学習指導理論に必ずしも適合しない指導順序がみられた。しかし，教科書は１つの学習教材であり実際の授業実践は教師に委ねられている。とりわけ，低学年ではその傾向が強い。そこで，教科書が存在せず分析ができなかった第１学年社会科の実践記録から，生活科開始以前の地図学習授業実態を調べた。分析対象は，『歴史地理教育実践選集』（歴史教育者協議会編，1992）等に集録された10実践である。その結果，次の四点の特徴が見出せた。①「絵地図」を作成する場合が多い，②学校周辺の学習で地図を使うことが多い，③床地図や模型を地図に置くなどの手立てをしている授業が多い，④見学したうえで地図を作成することが多い，である。総じて，教室での床地図・模型体験，あるいは校外での見学体験を行い，その後に実体験を絵地図に表現するという展開である。なお，文言上では「絵地図」であるが，実質的には「手描き地図」的なものも散見された。

４．２．附属高田小学校の開発研究「総合」第１学年での地図指導実践

新潟大学教育学部附属高田小学校では1970年代末，その後の上越市立大手

町小学校の開発研究を経て，現在の「生活科」や「総合的な学習の時間」に影響を与えた「総合」の開発研究が進められた。本開発は，①子どもの発想や既有経験を重視する，②身近な素材，身近な環境を重視する，③有機的，総合的な内容の構成を重視する，ことに特色を持ち，「低学年の子どもたちには，その学びの特性から，教科の枠にとらわれず，生活意識に結びついた総合的な学習の成立を認めてやる必要がある。」（新潟大学教育学部附属高田小学校，1978，p. 17）とされていた。ここで研究された「総合」は，様々な教科の要素を含んだものであったが，中核となった教科は社会科であり，第１学年には「学校にくる道・かえる道」と題された地図学習内容が基軸となった単元が存在した。この単元設定の契機は，自発的に休み時間等にノートに自分の家の案内の地図を描いて教え合う姿がみられたからとされる（新潟大学教育学部附属高田小学校，1978，p.55）。また，１学期の単元「わたしたちの学校」の活動の度に，パノラマ絵地図に活動の様子をまとめる経験を通し児童の目が外に向いていること，先行学習においても絵地図づくりを経験していること，から活動結果を地図に集約することで総合的な力を高めようとしたともされる。即ち，地図づくりを「総合」単元学習の中核にしたものであり，実践記録から同単元の目的・計画を示すと第５表になる。

単元の目的のアは理科・社会科，イはその後に誕生する生活科，それぞれ通じる目的である。ウは，総合的な認識力の育成をするために活動結果を集約する手立てを採用するとしたもので，その手立てが地図の活用であることは，下線部を含む単元計画の学習内容に明確に記されている。

本単元は，１次が学校から自宅までの地図づくりとその活用，２次が学校周辺で発見した事象の地図表現，３次が調査した事象の地図上での再現，４次が作成した地図を用いたゲーム活動であり，全ての次の授業で地図に接している。実践記録には，「地図上の位置や方位・距離など，自分の生活行動や経験と結びつけて確かな感覚を学び拡大していった」（p.58），「立体地図は，子どもたちの視野の広がりに即して本物の町にしだいに近づいてきている。」

第5表　附属高田小学校（1978）　第1学年「総合」単元「学校にくる道・帰る道」

単元の目的		
ア	観察・調査・見学などを通して自然認識や社会認識の基礎を育てる。	
イ	遊びや制作活動を通して，なかまとの協調性やくふうする力を伸ばす。	
ウ	活動の結果を集約する中で，総合的な認識力を高める。	
単元の計画		
1次	学校から自分の家までの案内文を書き，地図などを用いて友だちの家のあてっこゲームをさせる。	6時間
2次	町めぐりでとらえた建物や施設・遠足や秋さがしでみつけた自然のようすを地図に表させる。	7時間
3次	道路標識や乗物調べをさせ，その結果を作ったり計算したりさせ，地図に再現させたりする。	5時間
4次	でき上がった地図に，車を走らせたり場所あてゲームをさせたりして楽しませる。	3時間

実践記録より浅賀作成。下線は作成者加筆。

（p. 61）との成果記述がみられ，地図の基本要素である方位，距離（遠近）への配慮，先行実践で有効とされ活用されてきた床地図・立体地図等の手立て使用が確認される。

このような，学習内容・活動からして，本実践での地図（指導）は，現在の生活科で用いられている地図の要素を含まない「マップ」（指導）ではなく，地図要素を意識して社会科で用いられる「地図」（指導）である。

4．3．上越市立大手町小学校の開発研究「生活科」第2学年でのマップ（地図）指導実践

附属高田小学校実践報告から約10年後の1988（昭和63）年，上越市立大手町小学校は，生活科に関する研究校に指定され，開発されたカリキュラム・教材集・授業実践は，その後の生活科学習指導要領のみならず，教科書・授業実践に非常に大きな影響を与えた。地図指導も例外ではない。そこで，当時の記録（上越市立大手町小学校, 1989a・b, 1991）から，地図指導に関する実践を取り上げ，担当した教師からのヒアリングを交えて実態を解明する。

注目する単元は第2学年の単元「わたしの町を調べよう」（第6表）である。全18時間の本単元は，第2次（9時間）の町探検を経ての地図づくり（第3次）が，地図学習の山場となる。この部分は，従来の第1学年社会科での地図づくり（学校周辺の地図づくり）を背景にしているが，小単元名は「町のたんけんマップをつくろう」であり，地図ではなく用語「マップ」が用いられている。

4．4．生活科開発研究を進めた社会科教師への聞き取りからみえる実践実態

大手町小学校で，本単元の開発・実践を主担当したのは，上原進氏である（上原, 1989）。上原氏は1987年から1991年まで大手町小学校に勤務し，開発研究に携わった。氏の専門は社会科であり，社会科をベースに生活科の実践研究を進めてきた。以下，2018年11月19日（月）に勤務校（上越市立宝田小学校）へ訪問し聞き取った内容等を紹介する。

第6表　大手町小学校（1989）　第2学年「生活」単元「わたしの町を調べよう」

次（時）	ねらい	学習活動	教師の手立て
飛び出せたんけんたい(2)	探検隊を組織し，お花見の高田公園の自然の様子やお店屋さんの様子を見たり，調べたり，探したりする活動を通して，探検活動の面白さを味わわせ，今後の活動に対する意欲を持たせる。	お花見の高田公園に出かける計画を立て，準備する。	春の高田の街を感じとらせるために「お花見」という場をとりあげる。
		お花見に出かけ，春の高田公園を探検する。	探検隊になりきらせるために，シンボルとなる旗やバッチなどを作らせる。
町のたんけんをしよう(9)	自分たちの住んでいる町の中を探検しながら歩き，自分の興味・関心のあるものを見つけながら，いろいろな自然や人々と出会い，自分たちの生活の場を見つめさせる。	「たんけんコース」にそって探検隊ごとに，何を探検してくるかを相談する。	子どもたちが安全に探検でき，かつ，活動上多少抵抗あるような「たんけんコース」を設定する。
		仲町，本町，大町通りを探検する。	引率者・補助者の依頼 安全面の指導，把握
		「たんけんほうこく会」を開き，みつけたものやことを発表し合う。	
		興味や関心にそって自分たちの「たんけんコース」作りをする。	
		自分たちで作った「たんけんコース」を探検する。	「たんけんコース」ごとに，ほうこく会をする。

町のたんけんマップをつくろう(2)	探検活動で見つけてきたものを大きな白地図にかきこむことによって，自分たちのかかわってきた町を見つめ直させる。	探検で見つけてきたものをカードに描く。	白地図には，事前に目安となる道，川などをかきこんでおく。
		白地図にカードを貼る。	できあがった「たんけんマップ」は，教室に掲示し，今後1年間を通じて活用させていく。
人の集まるところを調べよう（3）	探検の中で見つけた人の集まるところを調べる活動を通して，みんなで使う公共輸送機関の正しい使い方について考えさせる。	人の集まっていたところはどこか話し合う。	人の混み合う時間帯を調べ，見学時を決定する。
		駅に行き，列車の入ってくる様子を見たり，駅員さんの話を聞いたりする。	
		自分の利用の方法を考える。	
私の町をしょうかいしよう（2）	探検で出会った人やもの，ことを家族の人やお世話になった人に紹介する活動を通して，これからも町の人々や出来事に関心を持つようにさせる。	家族を招待して，町たんけんマップを発表する。	
		探検で出会った人にお礼の手紙を書きその人に届ける。	お礼の手紙は，直接，その人に手渡すようにする。

上原（1989）より浅賀作成。

4．4．1．大手町小学校実践（1989年度）

大手町小学校での生活科では，学習対象地域や範囲は教師が設定するものであると考えられていた。そこで，教師は，空間で捉えるものを「マップ」，時系列で捉えるものを「暦」と名付け，事前に地域の教材となりそうなものをまとめた「生活科マップ」や「生活科暦」を作成したという（用語「生活科マップ」・「生活科暦」は，生活科が新設された1989年版学習指導要領に明記され，今日にいたるまで要領に記載され続けている）。本実践「町のたんけんマップをつくろう」も，事前に教師が「生活科マップ」を作成した上で，学習活動の範囲を学校周辺としていたという。ここでの，マップづくりは，地図は探検したことをまとめるための表現方法の１つとして捉え，地図指導をしようと意識しての学校周辺の学習は行ってはいなかったという。ただし，上原氏は「体験と表現の相互作用を考え，探検と地図はセットである」とも発言している。

実際，従来の社会科授業で行われていた床地図や白地図の活用は，上原氏

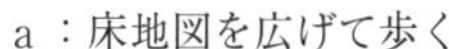

a：床地図を広げて歩く　　b：壁に引き上げて掲示した床地図

写真１　大手町小学校での生活科開発研究における地図活用

の実践にもあった。とりわけ，特筆されるのは，大手町小学校オリジナルの巨大な床地図である。床地図として，上を歩く活動（写真１a）がなされるとともに，通常は滑車を使って壁に掲示される壁地図（写真１b）となり，春夏秋冬を通じて見つけたことを，この１枚の地図に付箋で貼っていったという。なお，壁に掲示する際は，必ず上を北にし，方位や距離，空間の広がりを意識するよう指導していたといい，「マップ」活動であっても，地図学習がなされている。上原氏も，「この実践はオリジナルなものではあるが，それまでの第１・２学年社会科で行っていた地図の活用をもとにしていた」と述べたうえで，「子ども自身の見方や考え方を大切にした生活科において，子どもが探検したことを教師が用意した地図におさめてよいのだろうかという疑問に直面した。」とも振り返っている。

４．４．２．上越教育大学学校教育学部附属小学校実践（1991年度）

大手町小学校での生活科開発研究が終了した1991年４月，上原氏は上越教育大学学校教育学部附属小学校に異動し，寺本潔（1988）『子ども世界の地図』を有力なヒントとして，上記疑問を解決する実践研究を推進する。その成果が「たんけん地図をつくろう―生活科マップで遊ぶ―」（上原，1991）にみられる「手描き地図」を活用した実践である（写真２）。大手町小学校実践が「白

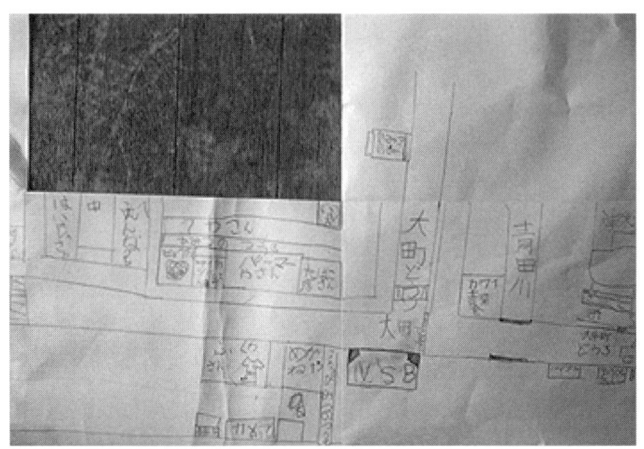

写真２　附属小学校の児童が描いた手描き地図

複数の用紙を貼り合わせているため，左上には背後の板が映っている。

地図」をベースにした「絵地図」であったのに対し，附属小学校実践はフリーハンドで描く「手描き地図」ベースである。この転換の結果，「絵地図」を描かせるよりも，「手描き地図」を描かせた方が子どもの空間の広がりをより忠実に再現することができ，地図学習の成果があると感じたと語っている。なお，当時の授業において，「マップ」と「地図」の使い分けは意識しておらず，児童に対しては「マップ」と伝えていたが，教育現場では「地図」と「マップ」の違いは議論にならなかったという。

4.5．低学年社会科及び生活科開発研究での地図とマップ

以上の記録からは，小学校低学年社会科においても床地図をはじめ子どもの身体性・発達段階に配慮した地図学習がなされており，それは生活科を開発研究した社会科教師の実践にも引き継がれていたことが明らかとなった。そこでの実践の到達点は，地図指導の系統理論とも合致するものである。そして，本研究の前半での分析結果からすると，それは生活科創設当時の学習指導要領及び教科書内容にも反映されていた。一方，「マップ」と「地図」

の意識的な使い分けは少なくとも現場当事者にはなされていなかったが，様子からして，「マップ」は表現のための手法としての意味合いが「地図」よりも強い。その結果，用語「マップ」の使用が生活科で広まるにつれ，生活科新設当初に意識された地図学習内容が希薄化したと推測される。

5．本研究の成果と課題

本研究は，主要成果として次の３つを得ることができた。①第２学年社会科よりも新設期の生活科の方が学習指導要領や教科書において地図学習が位置付けられていた。②しかし，第１・２学年社会科の授業では，実際には地図がかなり使用され，地図指導の系統性理論（実践知）に沿った地図学習がなされていた。③生活科が新設された当初も，そのような実践知が重視されていた。ということである。これらから，1989（平成元）年の生活科新設時は地図に触れる機会が多くあった。にもかかわらず，現在は多くの先行研究で生活科における地図経験の無さ，生活科における地図学習の衰退が指摘されている。従って，生活科で地図に触れる機会がどのように・何故減ったのかを究明することが今後の課題である。

＊本研究では，本文記載のように上原進先生に多大なる協力・支援をいただきました。また，大手町小学校で開発研究を進められた小林毅夫先生にも当時の貴重な資料を提供いただきました。深く感謝申しあげます。なお，本稿は筆者の2018年度上越教育大学修士論文「小学校低学年における地図学習導入期に関する基礎的研究―社会科と生活科の接続を意識して―」を再構成したものです。

文献

岩本廣美（1993）：子どもの手描き地図研究の意義と方法．地理，31(2)，pp.1-7.

上原進（1989）：わたしの町を調べよう．上越教育大学学校教育センター編『地域・学校に根ざした生活科学習―生活科研究第２集―』上越教育大学学校教育センター，pp.65-72.

上原進（1991）：たんけん地図をつくろう―生活科マップで遊ぶ―．谷川彰英編『楽しく学べるヒント教材⑨　教材百科・地名の授業』明治図書，pp.8-15.
大矢幸久（2015）：地図活用の技能を育てる身近な地域の学習―小学校第３学年「学校のまわりの様子を調べよう」の単元を通して―．新地理，63(3)，pp.17-32.
川崎かよ子（1989）：『からだで学ぶ地図の学習―子どもの空間認識を深める―』日本書籍.
金崎肇（1983）：『地理用語の基礎知識』古今書院.
小西克美（1988）：『「生活科」で社会科はどう変わるか』明治図書.
佐島群己（1970）：白地図と略地図．日本社会科教育学会編『地図学習の進め方』東洋館出版社.
上越市立大手町小学校（1989a）：『生活科指導の手引き書　自ら生活を築く子どもたち　１年編』文化印刷.
上越市立大手町小学校（1989b）：『生活科指導の手引き書　自ら生活を築く子どもたち　２年編』文化印刷.
上越市立大手町小学校（1991）：『生活科システムファイル ‘91』文化印刷.
寺本潔（1988）：『子ども世界の地図：秘密基地・子ども道・お化け屋敷の織りなす空間』黎明書房.
寺本潔（2002）：『地図の学力』明治図書.
中川浩一（1993）：「生活科マップ」をつくる―生活科教材研究の一方法―．地理，31(2)，pp.17-32.
新潟大学教育学部附属高田小学校（1978）：『学び方を育てる教育課程の編成と展開』明治図書.
廣岡英明（2007）：小学校社会科における絵地図指導改善の研究―第３学年の地図表現をもとに―．上越社会研究，22，pp.91-100.
吉川博康（1960）：小学校低学年児童の地図表現力と地理的意識．新地理，8(3)，pp.48-55.
吉田和義（2006）：絵地図．日本地理教育学会編『地理教育用語技能事典』帝国書院.
歴史教育者協議会編（1992）：『歴史地理教育実践選集』新興出版社.

第２章　中学校社会科地理的分野における地域区分の実際と地域区分能力の扱いの変遷

―学習指導要領並びに教科書本文・掲載図表分析から―

瀬戸川夏樹

研究対象学年・内容

・中学校第１・２学年
・社会科地理的分野

研究目的

・中学校社会科地理的分野における地域区分の扱いの変遷実態を，学習指導要領と地理教科書の分析を通して実証的に明らかにする。

Ⅰ．目的設定の理由

中学校社会科地理的分野の地誌学習では，日本各地や世界各地の地域的特色・地域的性格を地域別に学習し理解することを基本としてきている。したがって，どのような地域区分を用いるのが適切かとの問題が，1960年代の中川の一連の提起（中川，1963，1964，1967）をはじめ，これまで常に問われてきた。知識とともに生徒が身に付ける資質・能力が重視されてきている現在は，どのような地域区分が扱われているかといった知識的な内容の扱いのみならず，地域を区分する能力的な扱い―育成する地域区分能力の扱い―をも解明することが，地理教育の在り方を考える上で重要である。そこで，本研究は，中学校社会科地理的分野の地域区分の扱いの変遷について，区分の実際のみならず生徒の能力育成の側面にも配慮しながら，学習指導要領と地理教科書の分析を通して明らかにする。

Ⅱ．研究の方法

1．中学校社会科地理的分野の学習指導要領1958（昭和33）〜1998（平成10）年版における地域区分に関する記述の分析
2．中学校社会科地理的分野教科書における地域区分に関する記述・掲載図表の分析

Ⅲ．研究内容

1．中学校学習指導要領社会科地理的分野における地域区分の扱い

1.1．学習指導要領の分析対象と分析方法

中学校学習指導要領地理的分野における地域区分の取り扱いは，中学校社会科の3分野制が定着した1958（昭和33）年版から本研究時点で施行中の1998（平成10）年版の5つの時期の学習指導要領を対象とした。分析方法は，「目標」「内容」「内容の取り扱い」別に，地域区分に関する文言を抽出し分析・考察するものである。結果的には，学習指導要領の総覧をふまえ，「郷土」「日本の諸地域」「大小様々な地域」「地域区分」等のいくつかの用語が具体的に抽出され，それら用語を中核とした文言・記述内容を分析対象とした。以下では，紙幅の都合から分析の概要・結果のみ記す。

1.2．「目標」「内容」「内容の取扱い」での取扱い分析

「目標」では，1958（昭和33）年版では，「郷土」「日本の諸地域」のように地域が表現されていたのに対し，1969（昭和44）年版以降では「大小様々な地域」との表現に変わり，その後継続して使用されていることが注目される。そこでは，「大小様々な地域」が，都道府県を示しているのか，九州，中国・四国，近畿，中部，関東，東北，北海道の7または8地方区分を示しているのかは，詳しく記述がされていない。つまり，大小様々な地域は普遍的であ

る為，明確に具体を規定しておらず，特定の地域区分を意味しない言い回しになったという推察も可能である。1998（平成10）年版の「目標」においても「大小様々な地域」との文言は記載されているが，そこでは「諸条件の変化などに伴って変容している」と補足されている。ここからは，「大小様々な地域」なる地域区分は，固定的ではなく常に変容していくものであり，例えば，７地方区分のような行政区分に基づく伝統的な地域区分にとらわれるものではないといった趣旨を読み取ることができる。したがって，1969（昭和44）年以降の明確に地域区分を明示しないという趣旨は，引き継がれ，一層強化されている。

「内容」を分析すると，1958（昭和33）年～1989（平成元）年版までの４つの学習指導要領では，既に諸地域として区分がなされている地理的範囲を前提に学習が展開していくものと受け取ることができる。しかし，1998（平成10）年版以降は，「大小様々に地域区分できること」と記述され，地域を区分する能力（地域区分能力）を身に付けさせる内容記載に変化していると解釈される。

「内容の取り扱い」では，1958（昭和33）年～1989（平成元）年版までの４つの時期で「地域区分」という記述がある。また，「学校所在地の事情に考慮する」という共通した指導上の留意点の記載がある。これは学校所在地を考慮した適切な地域区分を，教師が採用して授業が展開されていくことを想定した記述と解釈され，生徒による地域の区分は求められていないと思われる。一方，1998（平成10）年版になると，「生徒の既得知識を踏まえ」といったフレーズがみられ，生徒自身が学んだ知識をもとに地図を活用して地域を区分するような学習が求められるようになっている。

１．３．学習指導要領分析の結果

以上の知見を核とした５つの学習指導要領の分析結果は，第１表のようにまとめることができる。本表は，「大小様々な地域」はじめ前述の主要な用

第1表　学習指導要領（1958～1989）における地域区分の扱いの分析結果

主な記述 / 年版と重点項目		目標		内容		内容の取り扱い		その他（特徴的な用語・記述）
		大小様々な地域	郷土	大小様々に地域区分できる	日本の諸地域	適切に決める（もしくは適切に選ぶ）	地域区分	
1958（昭和33）年版	郷土の理解・態度		○			○	○	①日本を細分すること避ける　②広く使用されている地名についての意味の理解
1969（昭和44）年版	知識	○ 静態的傾向		生徒の地域区分能力		○ 教師による地域区分の採用	○	①８地方区分に必ずしもこだわらない　②阪神から東海を経て南関東にいたる工業地帯　③首都圏
1977（昭和52）年版	知識	○			○	○	○	①等質地域　②機能地域
1989（平成元）年版	知識	○			○	○	○	①具体例としての地域
1998（平成10）年版	能力	○ 変容		○				①生徒の既得知識　②都道府県名　③都道府県庁所在地名

各年版学習指導要領より瀬戸川作成

語記述の有無を示すとともに，その他特徴的な用語・記述（「首都圏」等）を示し，そこから導出されると筆者が考えた各年版の重点項目を左段に記している。分析した学習指導要領における地域区分は，この左段記載内容をキーワードに次のように変化してきたと考えられる。

1958（昭和33）年版は，郷土を中心として日本全体を学習しており，「郷土の理解・態度」を重点項目としていた。しかし，1969（昭和44）年版からは，具体事例を取り入れ，「大小様々な地域」を具体的な事例を取り入れて学ぶ地誌的な学習を優先しており，地誌的理解として身に付けられる「知識」が重点項目になる。これは，1989（平成元）年版まで続いている。ところが，1998（平成10）年版になると，生徒自身が地域を区分できるという地域区分「能力」を重視し，教師による地域区分を前提とした地誌的学習だけではなく，「生徒の既得知識」を生かした地域区分能力の育成が重点項目になった。同時に，地域の変容も重視されており，これに比較するならば1989（平成元）年版までは，地域区分を静態的にとらえていたともいえる。したがって，1998（平成10）年版は，地域区分を動態的にとらえることで，能力育成の側面からも地域区分を位置づけていると解釈できる。

２．中学校社会科地理的分野の教科書における地域区分の扱い
―本文分析―

上記のように学習指導要領は変化してきたが，改訂の度毎に社会科・地理教育界では，日本の地域区分の在り方について議論されてきた。とりわけ1960年代の中川（1963，1964，1967）による伝統的な地方区分の限界の指摘と新たな区分の提起は注目を浴びた。しかし，明治期に国定教科書によって創設された８（７）地方区分が，現在の社会でも一般的に採用されているのが実態であり，教科書も例外ではないことは総体的定説として認められる。しかし，その具体実証的な証明は十分になされていない。そこで，学習指導要領の変遷と関連付けながら，各期の教科書がどのように地域区分を取り扱ってきたか実証的に分析する。

２．１．分析対象と方法

分析対象とした教科書は，各年版施行期に検定を受けた地理教科書で，筆者が入手できた第２表掲載のものである。期毎に述べると，1965（昭和40）年検定の８社８冊，1971年（昭和46）年検定の８社８冊，1980（昭和55）年検定の８社８冊，1996（平成８）年検定の７社７冊，2005（平成17）年検定の６社６冊の合計37冊である。

分析は，本文記述と掲載図とに大別しながら，全教科書の本文及び掲載図の全てを先ず目通した。本文記述の分析方法は，「７地方」・「北海道地方」・「北九州工業地帯」等の地域区分名称を抽出し教科書ごとにカウントした。ところで，前述の「７地方」・「北海道地方」は，形式地域であり，基本的に

第2表　分析対象教科書一覧

検定年／対応学習指導要領	教科書名
1965（昭和40）年／1958年版要領	中学校社会　1　地理的分野
	新しい社会　1
	中学社会　1　（地理的分野）
	中学生の社会科　日本と世界の国々
	中学校社会　1　地理
	標準中学社会　1　地理と生活
	中学社会　日本の国土と世界　新編
	中学社会科地理　初訂版
1971（昭和46）年／1969年版要領	中学社会科地理的分野
	新しい社会地理的分野
	中学社会地理的分野
	中学生の社会科　日本と世界の国々＜地理＞
	中学校社会科地理的分野
	新版　標準中学社会地理
	中学社会　日本の国土と世界
	中学社会科地理　最新版
1980（昭和55）年／1977年版要領	中学社会地理的分野
	新しい社会地理
	中学社会地理的分野
	中学生の社会科　世界と日本の国土〔地理〕
	中学校社会地理的分野
	中学社会地理的分野
	中学社会　日本の国土と世界　中学校社会科地理的分野
	社会科中学新地理　世界の人々と我が国土
1996（平成8）年／1989年版要領	中学社会地理的分野
	新編　新しい社会地理
	中学社会地理的分野
	中学社会地理
	日本の国土と世界　中学校地理
	社会科中学生の地理　世界の人々と日本の国土　初訂版
	中学生の社会科　世界と日本の国土（地理）
2005（平成17）年／1998年版要領	新編　新しい社会地理
	中学社会地理的分野
	中学社会地理　地域にまなぶ
	社会科中学生の地理　世界のなかの日本　初訂版
	中学生の社会科地理　世界と日本の国土
	わたしたちの中学社会地理的分野

著者名	発行者
中学社会編集委員会，安倍能成，ほか38名	日本書籍
木内信蔵，西岡虎之助，有沢広巳，ほか23名	東京書籍
織田武雄，辻田右左男，室賀信夫，ほか14名	大阪書籍
内田寛一，別枝篤彦，町田貞，ほか6名	中教出版
青野寿郎，渡辺光，尾留川正平，ほか2名	学校図書
渡辺操，ほか14名	教育出版
浅香幸雄，青木外志夫，香川幹一，ほか2名	清水書院
岩田孝三，佐藤久，水津一朗	帝国書院
飯塚浩二，吉川虎男，ほか19名	日本書籍
木内信蔵，ほか23名	東京書籍
織田武雄，室賀信夫，ほか10名	大阪書籍
町田貞，ほか11名	中教出版
尾留川正平，正井泰夫，ほか4名	学校図書
渡辺操，川崎庸之，細谷俊夫，ほか21名	教育出版
山本荘毅，小葉田淳，美濃部亮吉，ほか21名	清水書院
能登志雄，矢沢大二，田辺健一，佐藤久	帝国書院
吉川虎雄，西川大二郎，江波戸昭，ほか16名	日本書籍
鵜飼信成，ほか33名	東京書籍
織田武雄，室賀信夫，西村睦男，ほか11名	大阪書籍
町田貞，ほか9名	中教出版
関根鎮彦，ほか8名	学校図書
野村正七，北島正元，佐藤竺，ほか25名	教育出版
市川正巳，護雅夫，美濃部亮吉，ほか23名	清水書院
能登志雄，矢沢大二，田辺健一，佐藤久，ほか5名	帝国書院
江波戸昭，竹内啓一，ほか18名	日本書籍
田邉裕，ほか39名	東京書籍
足利健亮，ほか14名	大阪書籍
奥田義雄，笹山晴生，河野重男，佐藤竺，ほか38名	教育出版
山口岳志，黛弘道，上原行雄，ほか33名	清水書院
佐藤久，ほか12名	帝国書院
山本正三，ほか10名	日本文教出版
五味文彦，斉藤功，高橋進，ほか45名	東京書籍
金田章裕，ほか11名	大阪書籍
竹内啓一，笹山晴生，阿部齊，ほか39名	教育出版
中村和郎，ほか12名	帝国書院
山本正三，ほか10名	日本文教出版
江波戸昭，海津正倫，ほか13名	日本書籍新社

行政区分をもとにして区分されている（単位としている行政区分を分割するような区分は基本的にされていない）。他方，「北九州工業地帯」は実質地域（等質・機能地域）としての区分であり，気候区分や地形区分も同類型である。そこでは，行政区分域にとらわれず境界線が引かれている。これら実質地域は，ある特定の指標に則って地域を区分することが重要であり，形式地域区分に比べ，地域を区分する高い能力（及び地域区分を理解する能力）を必要とする。そこで，本文記述分析では，抽出した用語を，形式地域である「行政区分」と，実質地域である「特定の指標による地域区分」の２類型に分けて集計した。なお，掲載図自体に注視した際の分析方法は後述する。

２．２．本文分析結果―各期の特徴―

1965（昭和40）年検定の教科書本文では，行政区分での記述が多く，特定の指標による地域区分の記述は，気候区分・工業地帯（地域）のみと少ない。これは，伝統的な形式地域区分での地誌学習を基本としているからである。但し，８社全てが地図を組み込んで詳細な区分も示していること，「北九州工業地帯」「瀬戸内工業地域」「中京工業地帯」の記載は経済成長に伴う地域変容に対応させた内容になっていることが注目される。

1971（昭和46）年検定の教科書本文では，1965（昭和40）年検定教科書と同様に，行政区分による地誌的な学習に重点をおいている。しかし，注目すべきところは，学校図書版が全国を「中央日本」「西南日本」「東北日本」の３地域に大別したうえで再区分し，最終的に12地域（地方）に区分していることである。日本の地域間の諸事象を考慮し，位置・地形・気候・生活の特色などから日本を大きく３地域，さらには12地域に分けているのである。12の地域区分の実際は特徴的で，中央日本は京浜あるいは京阪神といった機能地域指標で，東海地方は人口密度・産業・経済といった特定の指標で区分している。また，西南日本は京阪神と強く結びつきながら発展をしている地域，東北日本は京浜と結びつきながら食料や原料を生産し開発に努めている地域，としてそれぞれ機能地域として意味づけて区分している。この学校図書版教科書は，第2表に示したように執筆編者として記載されてるのは尾留川らであるが，新しい時代に合った地域区分を提唱していた中川浩一も本書には編集参加している。中川の提言していた新しい地域区分が，尾留川の構想とも合致するものであったという地域区分の新規性をめぐる編集経緯は，中川(1976)に述べられている。中川はこの教科書での本区分を「3大別区分12地方」と呼んでいたが，同書が画期的な地域区分を採用した教科書であったことは，本分析からも確認されたといえる。ただし，同期検定の教科書全般でみるならば，このような特定の指標による地域区分は他社にはなく，学校図書版のみに止まっている。

1980(昭和55)年検定の全ての教科書では，行政区分は，細分化することなく7地方区分の大まかな地域区分で止められ，全体に形式地域に基づく地誌的な記述となっており，特定の指標による地域区分も少ない。その象徴は，学校図書版でも「3大別区分12地方」は採用されず，旧来の7地方区分に戻っていることである。

ところが，1996(平成8)年検定版になると，全ての教科書において，特定の指標による地域区分に重点が置かれており，地図を伴うことも多くなる。この傾向は，続く2005年(平成17)年検定の教科書において明瞭になる。この期の教科書では，行政区分による記述は5つの時期の中では最小になる。例えば，都道府県を基にして7・8地方区分はしているが，それ以上には細分化されていないことが多い。他方，生活・文化などの諸条件の変化に伴って日々変容している地域に配慮した多種多様な地域区分が目立ち，特定の指標による地域区分に最も重点が置かれている。

2.3. 各期の本文分析の相互比較

以上，5つの時期刊行の全37教科書における記載をカウントし，各期の特徴・傾向を読み取った。続いて，各期の比較分析を，「地域区分の種類」及

第3表　各期の教科書本文における地域区分の種類・記述数

地域区分の知識 ⇕ 地域区分の能力

	発行社数	行政区分		特定の指標による地域区分	
		地域区分の種類	地域区分記述の合計	地域区分の種類	地域区分記述の合計
1965(昭和40)年検定	8	13種類	54個	4種類	30個
1971(昭和46)年検定	8	15種類	51個	4種類	32個
1980(昭和55)年検定	8	11種類	47個	6種類	31個
1996(平成8)年検定	7	11種類	35個	9種類	38個
2005(平成17)年検定	6	7種類	24個	16種類	43個

び「地域区分記述の合計」から行う。「地域区分の種類」は，行政区分に含まれる種類としては「7地方区分」や「12地方区分」などが，特定の指標による地域区分に含まれる種類としては「人口密度による区分」などが相当する。そして，それら区分の教科書での記載総数（延べ数）が「地域区分記述の合計」であり，それをまとめた結果が第3表である。

経年変化をみると，行政区分に含まれる「地域区分の種類」は，1965（昭和40）年の13種類が，2005（平成17）年には7種類とほぼ半減し，「地域区分記述の合計」も54個が24個になっている。対象教科書数が8社版から6社版に減ったことを勘案しても，一貫して減少したといえる。一方，「特定の指標による区分」は，1965（昭和40）年には僅か4種類であったが，2005（平成17）年には16種類と4倍に急増した。「地域区分記述の合計」の変化は，30個が43個であり，種類ほどの増加ではない。ここからは，様々な指標を用いた多様な地域区分が，後年になるほど掲載されていったことが分かる。

分析結果では，1965（昭和40）年から2005（平成17）年にかけて，行政区分による地域区分は一貫して種類・記述が減少する一方，特定の指標による地域区分は増加し，記述数は1996（平成8）年版で逆転している。とりわけ2005（平成17）年版では特定の指標による地域区分の種類が急増しているのである。これを，第1表左側に示した各期の学習指導要領傾向に対応させると，学習指導要領における地域区分に関する知識重視から地域区分の能力重視への動きが，特定の指標による地域区分の増加に繋がっていると判断される。この兆しは，1996（平成8）年版で表れ，2005（平成17）年版で明確になっている。即ち，1989（平成元）年以降の地域区分能力の重視は，伝統的な行政区分による地域区分を所与とした知識重視の地誌的な学習から，能力育成の地誌的学習への転換であったと判断される。

３．教科書の掲載地図における地域区分の扱い―地図分析―

３．１．掲載された地域区分図の分析意義とその方法

これまで教科書の本文記述を分析対象としてきたが，教科書では地図を使った地域区分の記載・説明が多い。これら地図は，地理学習において重要な意味を持つ情報提示方法であり，とりわけ地域区分においては本文記述内容以上に具体的で重要な教材である。そこで，各期の教科書における地域区分図の比較分析も行った。対象は，明確に地域区分を示してきた行政区分によるものである。方法としては，全教科書における行政区分で地域区分を示した全ての掲載地図を抽出し，その区分の実際（境界をどこに引いているか）と区分方法（何を指標・基準として区分しているか）を確認するものである。これら分析知見を統合し最終的には，５期毎に，該当の地域区分がその期刊行の全教科書の半数以上に記載されていた場合，その期の「主流区分」と定義し，その主流区分だけを抜粋して地域区分図を作図した。その結果が，第１～５図である。各図からは，各年毎に次のような事柄が読み取れる。

３．２．各期に掲載された地域区分図から判断される主流区分

第１図の1965（昭和40）年検定の主流区分は全国が７地方であり，それをさらに詳細に区分した数は，東北地方（①東奥羽，②西奥羽），中部地方（③北陸，④中央高地，⑤東海），近畿地方（⑥北部山地，⑦中央低地，⑧紀伊半島），中国・四国地方（⑨山陰，⑩瀬戸内，⑪南四国），九州地方（⑫北九州，⑬南九州）

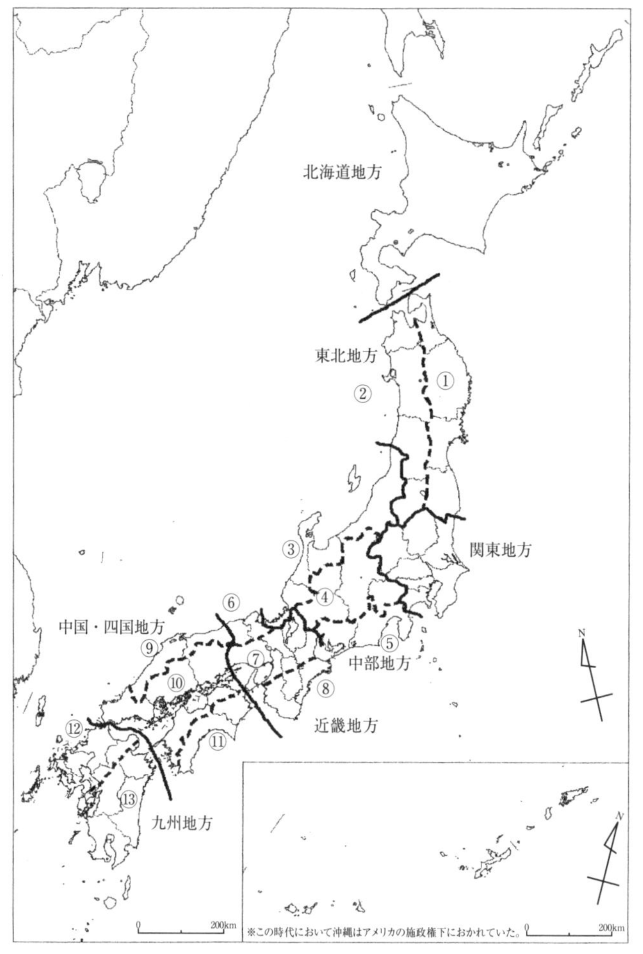

第１図　1965（昭和40）年検定版における主流区分図

の13となった（以下，区分数とは７地方区分以下の細区分数）。特徴は，北海道地方と関東地方以外を詳細に区分していることである。地誌的な学習が中心となっていた時期であり，地域によって様々な特色が決まってくると教えられ

日本全図

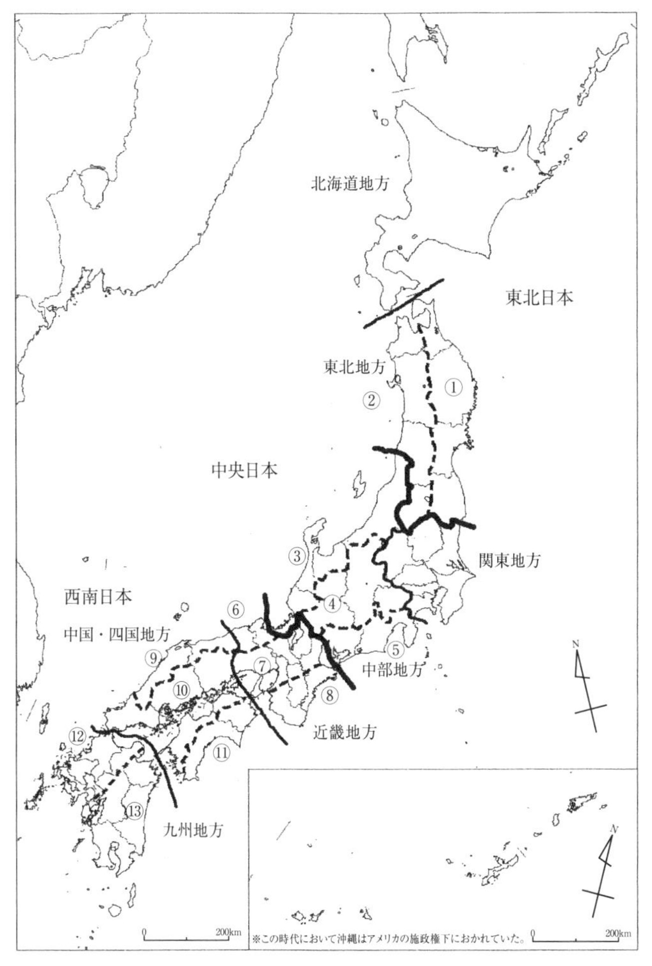

①東奥羽
②西奥羽
③北陸
④中央高地
⑤東海
⑥北部山地
⑦中央低地
⑧紀伊半島
⑨山陰
⑩瀬戸内
⑪南四国
⑫北九州
⑬南九州

第2図　1971（昭和46）年検定版における主流区分図

ていたことを推察させる地誌的知識重視の教科書であった。

第2図の1971（昭和46）年検定の主流区分は，全国を3地方（東北日本，中央日本，西南日本）あるいは7地方に分けたものであり，それをさらに詳細に

区分すると東北地方（①東奥羽，②西奥羽），中部地方（③北陸，④中央高地，⑤東海），近畿地方（⑥北部山地，⑦中央低地，⑧紀伊半島），中国・四国地方（⑨山陰，⑩瀬戸内，⑪南四国），九州地方（⑫北九州，⑬南九州）の13区分となった。1965（昭和40）年検定と同様に北海道地方と関東地方以外を詳細に区分していることに加え，大きな特徴は全国を大きく３区分していることであり，その象徴が先述の学校図書版である。また，この時期における主流区分は５つの時期の中で最も詳細に区分されている。

第３図の1980（昭和55）年検定の主流区分は全国を７地方に分けたものであり，それをさらに詳細に区分すると東北地方（①東奥羽，②西奥羽），中部地方（③北陸，④中央高地，⑤東海），近畿地方（⑥北部山地，⑦中央低地，⑧紀伊半島），中国・四国地方（⑨山陰，⑩瀬戸内，⑪南四国），九州地方（⑫北九州，⑬南九州）の13区分となった。特徴は，前々回の1965（昭和40）年検定教科書と全く同じ主流区分となっていることであり，全国を３地域に先ず大別した前回1971（昭和46）年検定教科書でみられた新傾向がうかがえないことである。1965年以降に２度の学習要領の改訂が行われたが，教科書掲載地図の地域区分では1958年版学習指導要領による教科書掲載地図に戻っているのである。

第４図の1996（平成８）年検定の主流区分は全国を２地方（東日本，西日本）あるいは３地方（北東部，中央部，南西部），７地方に分けたものであり，それらをさらに詳細に区分すると中部地方（①北陸，②中央高地，③東海），九州地方（④北九州，⑤南九州）の５区分となった。

特徴は，これまでの期に比べ，全国を大まかに区分していることである。その結果，各地方数も，1980年（昭和55）年検定までは，13区分だったものが５区分へと大きく減り，大まかな区分となっている。

第５図の2005（平成17）年検定の主流区分は全国を２地方，３地方，あるいは８地方に分けたものであり，それらをさらに詳細に区分すると中部地方（①北陸，②中央高地，③東海），九州地方（④北九州，⑤南九州）の５区分となった。総体的特徴は，５つの年代の中で最も大まかに区分されていることである。

第３図　1980（昭和55）年検定主流区分

３．３．掲載地図の比較分析

第１～３図からは，1965（昭和40）年検定～1980（昭和55）年検定の 15年間

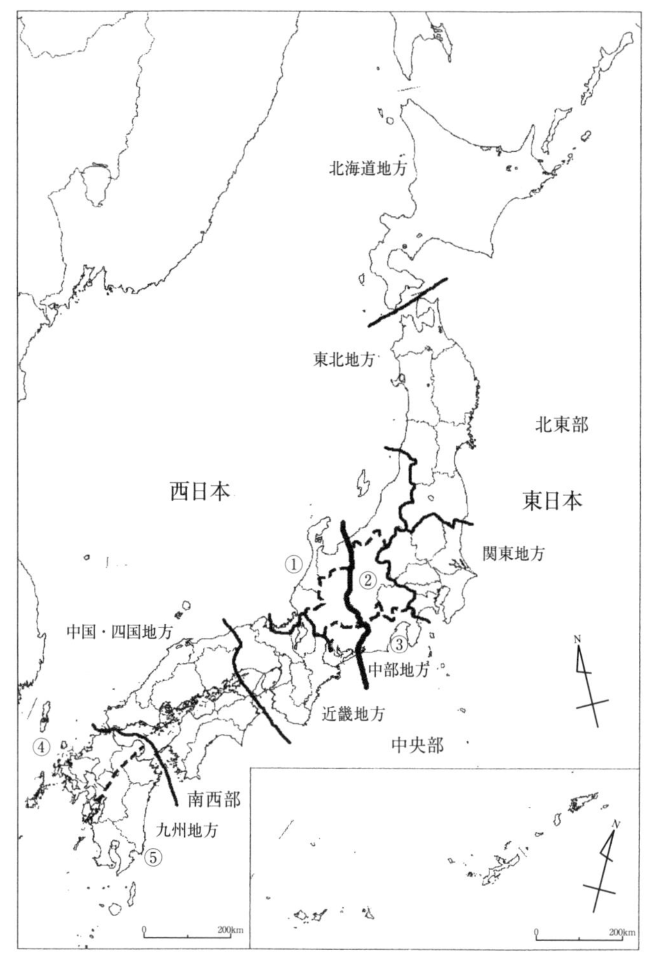

第4図　1996（平成8）年検定主流区分

ほとんど変わることのない区分として，東北地方（①東奥羽，②西奥羽），中部地方（③北陸，④中央高地，⑤東海），近畿地方（⑥北部山地，⑦中央低地，⑧紀伊半島），中国・四国地方（⑨山陰，⑩瀬戸内，⑪南四国），九州地方（⑫北九州，

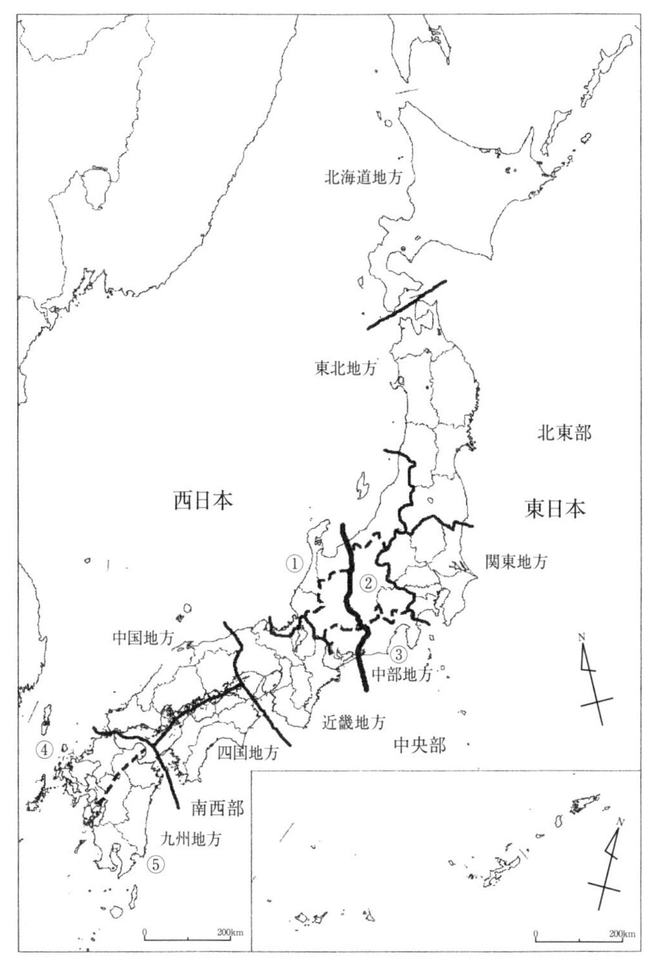

第5図　2005（平成17）年検定主流区分

⑬南九州）の13区分が中学校地理的分野の教科書で主流とされ続けてきたことが明らかとなった。一方，第4図・第5図では，1996（平成8）年検定以降の主流区分に変化が見られ，中部地方（①北陸，②中央高地，③東海），九州

地方（④北九州，⑤南九州）の５区分が主流となっていることが明らかとなった。したがって，中学校地理的分野の教科書において1965（昭和40）年検定から主流とされてきた区分は，1996（平成８）年検定以降を区分の転換期として，大まかな区分へ変化していったことが，掲載地図分析からも明らかとなった。

４．学習指導要領分析と教科書分析結果との比較考察

学習指導要領分析と教科書分析において以上のように得られた知見を，関連付けて比較考察する。第４表は，知見概要を整理したもので，右端欄には比較考察した結果を簡潔に記している。

1958（昭和33）年版の学習指導要領は，旧来からの伝統的な地域区分による学習（地誌的な学習）であることが特徴的である。その為，1965（昭和40）年検定の地理的分野の教科書は，日本を形式地域で地方を細分化し，地誌学習による知識重視の時期となっていた。1969（昭和44）年版の学習指導要領に伴った1971（昭和46）年検定の地理的分野の教科書も地誌的な学習に重点をおいている。しかし，注目すべきことは，学校図書が全国を３地域に大別したうえでの12区分（３大別区分12地方）していることであった。学校図書は，日本の地域間の諸事象を考慮し，様々な特色や観点から日本を区分したのである。しかし，この区分方式は他社には採用されないだけでなく，同社でも引き継がれず，1977（昭和52）年版の学習指導要領に対応した1980（昭和55）年検定の教科書は旧来の７地方区分をベースにしている。但し，人々の生活や地域の特色などに関連させて地誌的に記述・区分している傾向はみられる。1989（平成元）年版の学習指導要領に伴った1996（平成８）年検定の地理的分野の教科書は，行政区分による記述よりも，特定の指標による地域区分の記述が多い。これは，地域の変容により旧来からの伝統的な地域区分による知識重視の学習が困難となり，特定の指標に基づいた地域区分の学習に比重が向けられてきているからである。地域区分の能力が育成される学習への転換期であるといえる。1998（平成10）年版の学習指導要領は，地域区分能力の

第４表　学習指導要領分析と教科書分析結果との比較

地域区分の知識	学習指導要領	特　徴	地理教科書	特　徴	学習指導要領と地理教科書の比較考察結果
	1958（昭和33）年版	郷土からの地誌的な学習	1965（昭和40）年検定	日本を形式地域で地方を細分化している。また，実質地域である北九州工業地帯，瀬戸内工業地域，中京工業地域が，８社全てにおいて地図を載せ詳細に区分されている。	郷土を地誌学習の中心として，教師によって採用した地域区分で地誌を学ぶといった知識重視の時代である。
	1969（昭和44）年版	教師によって採用された地域区分で地誌的な学習	1971（昭和46）年検定	一般的・総合的な地域区分による地誌的な学習に重点をおいている。なお，学校図書が，日本の地域間の諸事象を考慮し，正しく理解させるため，位置・地形・気候・生活の特色などから日本を大きく３地方・12地方に分けた方式（「３大別区分12地方」方式）は，画期的であり注目される。	詳細に地域区分されているが，必ずしも８地方区分にこだわることなく，工業地帯，首都圏のような地域区分に考慮している。地域の特色を等質地域および機能地域の面から考察させるといった指導観点がある。
	1977（昭和52）年版		1980（昭和55）年検定	一般的・総合的な地域区分は，細分化することない７地方区分で，大まかな地域区分による地誌的な記述となっている。また，特定の指標による地域区分の記述も少ない。	従来の７地方区分の大まかな地域区分を採用している。日本の諸地域における人々の生活および地域の特色と動向を他地域と比較，関連付けて理解させる学習であるが，地誌的な要素が強い。
	1989（平成元）年版		1996（平成８）年検定	一般的・総合的な地域区分による記述よりも，特定の指標による地域区分の記述を，地図を挿入しながら重視している。地域の変容により，地誌的な地域区分による知識重視の学習から，特定の指標に基づいた地域区分の学習に比重が向けられてきている。	教師によって採用された地域区分で，地誌的な学習が行われるが，特定の指標に基づいた地域区分の学習にも比重が向けられてきている。地誌的な学習が中心ではあるが，地域区分の能力が育成される学習への転換期であると考えられる。
地域区分の能力	1998（平成10）年版	地域区分の能力の育成が重視された学習	2005（平成17）年検定	一般的・総合的な地域区分による記述数は，５時期の中では最も少ない。都道府県を基にして７・８地方区分しているが，それ以上には細分化されていない。生活・文化などの諸条件の変化に伴って日々変容している地域に考慮し，多種多様な地域区分についての記述となっている。したがって，特定の指標による地域区分に重点を置いている。	現代の日本は都道府県などを基にして大小様々に地域区分できることを理解させ，一般的・総合的な地域区分にこだわらずに，地域区分の能力を育成させることに重点を置いている。

育成が重視され，それに伴い2005（平成17）年検定の地理的分野の教科書は，行政区分による記述が5つの時期で最も少ない。生活・文化などの諸条件の変化に伴って日々変容している地域に配慮した多種多様な地域区分の記述となっており，行政区分にこだわることのない地域区分の能力を育成させることに重点を置いている。

5．おわりに―今後の研究課題―

本稿では地理教科書における地域区分の扱いの変遷を，生徒が身に付ける地域区分能力の側面にも注視しながら解明した。この成果をふまえて，実際に生徒がどのような地域区分能力を有しているのか，地理学習を通して地域区分能力はどのように変容しているのか，といった臨床的研究が次の課題となる。本課題の重要な先行研究には作花（1971）があり，そこでの能力類型や調査方法が有効である。

＊本稿は，筆者の2008年度上越教育大学修士論文「中学校社会科地理的分野における日本の地域区分能力育成に関する基礎的研究」の前半部である。後半では，作花（1971）を参考に中学生の地域区分能力の実際を臨床的に調査し分析したが，割愛した。

文献

作花典男（1971）：中学校における地域概念の育成．地理，16（4），pp.31-35.
中川浩一（1963）：ベルト地帯の地理を考えよう―そのとらえ方をめぐって―．中川浩一・佐藤仁朗・寺沢正巳著『地理教材のとらえ方』古今書院，pp.41-49.
中川浩一（1964）：“日本の諸地域”の学習と地域区分．地理，9（3），pp.102-107.
中川浩一（1967）：明治期の地誌学習における地域区分と学習順序．社会科教育研究，25，pp.18-26.
中川浩一（1978）：尾留川正平先生と地理教育．新地理，26（1），pp.55-62.

第３章　地理的認識を育成し公民的資質を養う中学校社会科地理的分野のカリキュラム開発

池下　誠

研究対象学年・内容

・中学校社会科地理的分野のカリキュラム

研究目的

中学校社会科地理的分野の学習では，豊かな世界像を構築し，構築した広い世界観を踏まえて自国への認識を深める過程で，地理的見方・考え方を育成するとともに，よりよい地域や国家，地球を創造することのできる能力を養うことが必要である。そこで，「社会科地理教育論」の立場に立ち，地理的認識と公民的資質の両者の統一的形成を目指すべきとの観点から，地理的認識を育成し，公民的資質を養う中学校社会科地理的分野のカリキュラム構造を示すことを研究目的とする。

Ⅰ．目的設定の理由

工業化の進展や人口の増大，交通や通信の発達により地球は相対的に縮小し，多様な生き方や価値観をもった人々が相互に関連しあいながら生きていく時代となり，従来よりも地理の役割が重要になってきた。中学校社会科地理的分野の学習では，豊かな世界像を構築し，それを踏まえて自国への認識を深める過程で，地理的見方・考え方を育成するとともに，よりよい地域や国家，地球を創造することのできる能力を育成することが求められるようになってきた。

しかし，1998（平成10）年に学習指導要領が改訂され，中学校社会科地理的分野の授業時数が大幅に削減されることになった。日本も世界も地誌的な学習ではなく，２～３の都道府県や国家規模の地域的特色をとらえる視点や方法を学ぶことになったため，世界像を構築することや国土認識を育成することは難しくなった。同時に，それらを踏まえて価値判断したり意思決定したりするといった公民的資質を養うことも，より一層，難しくなった。

社会科教育の一部を構成する地理的分野の目標は，ローカルなスケールからナショナルスケール，グローバルスケールまで地域に即し，よりよい地域や国家，地球を創造することのできる公民的資質を身につけた人間を育成することである。

すなわち，中学校社会科地理的分野の学習では，豊かな世界像を構築し，構築した広い世界観を踏まえて自国への認識を深める過程で，地理的見方・考え方を育成するとともに，よりよい地域や国家，地球を創造することのできる能力を培うことが重要である。そのためには，地理的認識を育成し，公民的資質を養う中学校社会科地理的分野のカリキュラムを開発することが必要であると考えた。

Ⅱ．研究方法

１．中学校社会科等の学習指導要領内容の変遷を分析することを通して，社会科の学習構造を「社会認識」と「公民的資質」という二つの側面を中心に検討し，両者の関連を明らかにする。
２．明らかになった社会科の学習構造を踏まえ，地理的分野の学習構造を「地理的認識」と「公民的資質」の２側面から解明する。
３．解明した地理的分野の学習構造をふまえた中学校社会科地理的分野のカリキュラムを開発・提案する。

Ⅲ．研究内容

1．学習指導要領の分析

1．1．小・中・高等学校社会系教科の学習指導要領における目標の変遷

社会科は，「社会認識の育成を通して，公民的資質を養う教科である」といわれている。中学校で行われる地理的分野の学習は，歴史的分野，公民的分野とともに，社会科を構成する一つの分野である。したがって，地理的分野のカリキュラムを開発するには，その前提となる社会科のカリキュラムを分析することが必要である。

中学校社会科の学習指導要領の目標が明確になったのは，1969（昭和44）年版から（小学校は1968（昭和43）年版，高校は1970（昭和45）年版）である[1)]。そこで，1969年版から1998（平成10）年版までを中心に，中学校社会科の学習指導要領の変遷を，小学校社会科の学習指導要領や高校社会科（地理歴史科，公民科）の学習指導要領と比較しながら，「社会認識」と「公民的資質」という観点から整理した（第1表）。

「社会認識」は，1969年版では地理，歴史，および政治・経済・社会などに関する学習を通して，「社会生活に対する理解と認識を養い」とされていたのが，1977年版以降，広い視野に立って「わが国の国土と歴史に対する理解を深め，公民としての基礎的教養を養い」という，生活面を重視した内容から教科面を重視した内容になった[2)]。

「公民的資質」という文言が使用されるようになったのは，1968年版の小学校学習指導要領からである。「公民」とは，市民社会の一員としての市民，国家の成員としての国民という二つの意味を含んだことばであるとされ，「公民的資質」とは，正しい国民的自覚をもって国家や社会の発展に尽くそうとする態度や判断力などのことである，と記された（文部省，1969）。小・中・高が一貫して，「公民的資質（の基礎）」を養うこととされたのは，1977

第1表　学習指導要領における社会科の目標の変遷

	小学校		中学校		高等学校	
	社会認識	公民的資質	社会認識	公民的資質	社会認識	公民的資質
1969年版（昭和44年版）*	社会生活において正しい理解を深め，	社会の成員として必要な公民的資質の基礎を養う。	地理，歴史および政治・経済・社会などに関する学習を通して，社会生活についての理解と認識を養い，	民主的，平和的な国家・社会の形成者として必要な資質の基礎をつちかう。	社会生活についての理解と認識を深め，	民主的，平和的な国家・社会の有為な形成者として必要な資質を養う。
1977年版（昭和52年版）**	社会生活についての基礎的理解を図り，我が国の国土と歴史に対する理解と愛情を育て，	民主的，平和的な国家・社会の形成者として必要な公民的資質の基礎を養う。	広い視野に立って，我が国の国土と歴史に対する理解を深め，公民としての基礎的教養を培い，	民主的，平和的な国家・社会の形成者として必要な公民的資質の基礎を養う。	広い視野に立って，社会と人間についての理解と認識を深め，	民主的，平和的な国家・社会の有為な形成者として必要な公民的資質を養う。
1989年版（平成元年版）	社会生活についての理解を図り，我が国の国土と歴史に対する理解と愛情を育て，	国際社会に生きる民主的，平和的な国家・社会の形成者として必要な公民的資質の基礎を養う。	広い視野に立って，我が国の国土と歴史に対する理解を深め，公民としての基礎的教養を培い，	国際社会に生きる民主的，平和的な国家・社会の形成者として必要な公民的資質の基礎を養う。	（地理歴史科）我が国及び世界の形成の歴史的過程と生活・文化の地域的特色についての理解と認識を深め，	国際社会に主体的に生きる民主的，平和的な国家・社会の一員として必要な自覚と資質を養う。
					（公民科）広い視野に立って，現代の社会について理解を深めさせるとともに，人間としての在り方生き方についての自覚を育て，	民主的，平和的な国家・社会の有為な形成者として必要な公民としての資質を養う。

1998年版（平成10年版）	社会生活についての理解を図り，我が国の国土と歴史に対する理解と愛情を育て，	国際社会に生きる民主的，平和的な国家・社会の形成者として必要な公民的資質の基礎を養う。	広い視野に立って，社会に対する関心を高め，諸資料に基づいて多面的・多角的に考察し，我が国の国土と歴史に対する理解を深め，公民としての基礎的教養を培い，	国際社会に生きる民主的，平和的な国家・社会の形成者として必要な公民的資質の基礎を養う。	（地理歴史科）我が国及び世界の形成の歴史的過程と生活・文化の地域的特色についての理解と認識を深め，	国際社会に主体的に生きる民主的，平和的な国家・社会の一員として必要な自覚と資質を養う。
					（公民科）人間の尊重と科学的な探究の精神に基づいて，広い視野に立って，現代の社会と人間についての理解を深めさせ，	現代社会の基本的な問題について主体的に考え公正に判断するとともに自ら人間としての在り方生き方について考える力の基礎を養い，良識ある公民として必要な能力と態度を育てる。

（注１）*1959（昭和44）年版は，小学校では1958（昭和43）年版，高等学校では1960（昭和45）年版となる。
（注２）**1977（昭和52）年版は，高等学校では1978（昭和53）年版となる。
（注３）下線，網掛けは筆者による。

（筆者作成）

年版（高校は1978年版であるが，以下では高校も含め1977年版としてまとめて表記する）の学習指導要領からである。したがって，1977年版の学習指導要領から，社会科は，教科的な側面を重視した「社会認識」の育成を通して，「公民的資質」を養うことになった。

しかし，1989（平成元）年になると，小学校では１・２学年の「社会科」と「理科」にかわって「生活科」が新設された。中学校においては，公民的分野の授業時数が，選択社会が新設されたことにより年間105時間から70～105時間と実質削減された。高校においては，「社会科」が廃止され，「地理歴史科」と「公民科」に分けられた。これによって，小学校，中学校，高等学校と一貫したカリキュラムであった「社会科」が解体され，「生活科」→「社会科」→「地歴科・公民科」といった系列のカリキュラムになり，社会科としての一貫性がなくなるとともに，社会認識の育成が危惧されるようになった。社会科の目標である公民的資質の育成という観点からみると（第2表），新たに生まれた「生活科」では，「公民的資質」といった観点はほとんどみられない。しかし，高校の「公民科」では，「公民的資質」の文言が残っており，また「地理歴史科」においても，その目標が「国際社会に主体的に生きる民主的，平和的な国家・社会の一員として必要な自覚と資質を養う。」という「公民的資質」の内容を示したものであると解釈できる。したがって小学校中学年から中学校にかけて実施される「社会科」と，高等学校の「地理歴史科・公民科」においては，これまで同様「公民的資質」を育成することが求められていると解釈できる。また，その「公民的資質」も，国際社会も考えたより広い視野に立った資質になったといえる。

1998（平成10）年版の学習指導要領では，中学校では社会科の授業時数が1・2学年であわせて70時間，3学年で従来どおり上限の時数をとっていた学校では20時間削減された（第3表）。また目標に「諸資料に基づいて多面的・多角的に考察し」という文言が加わり（第1表），学び方を学ぶことが重視されるようになり，結果的に社会認識に関する内容が大幅に削減されることになった。また，「公民的資質を養う」という教科の目標は貫かれているものの，授業時数が大幅に削減されていること[3)]，学び方を学ぶことが重視されていることから，公民的資質を養うという観点は相対的に軽視されるようになったといえる。

以上の整理から，1977年版の学習指導要領（高校は1978年）が，小・中・高を一貫して，「社会認識」と「公民的資質」の両者を最も重視していると判断される。その後，1989年版では社会認識の育成に関わる内容が削減され，1998年版では社会認識の育成に関わる内容がより一層削減されるとともに，方法知が重視されるようになったことなどから，公民的資質を養うことも難しくなったといえる。そこで，社会認識と公民的資質の両者を重視した最もバランスのとれた内容であると考える1977年版の学習指導要領を中心に，本稿の考察をすすめることとする。

第2表　1989（平成元）年版学習指導要領における
生活科・社会科（小学校，中学校）・地理歴史科・公民科の目標

学年	科目	目　標
小学校	生活科	具体的な活動や体験を通して，自分と身近な社会や自然とのかかわりに関心をもち，自分自身や自分の生活について考えさせるとともに，その過程において生活上必要な習慣や技能を身に付けさせ，自律への基礎を養う。
	社会科	社会生活についての理解を図り，我が国の国土と歴史に対する理解と愛情を育て，国際社会に生きる民主的，平和的な国家・社会の形成者として必要な公民的資質の基礎を養う。
中学校	社会科	広い視野に立って，我が国の国土と歴史に対する理解を深め，公民としての基礎的教養を培い，国際社会に生きる民主的，平和的な国家・社会の形成者として必要な公民的資質の基礎を養う。
高等学校	地理歴史科	我が国及び世界の形成の歴史的過程と生活・文化の地域的特色についての理解と認識を深め，国際社会に主体的に生きる民主的，平和的な国家・社会の一員として必要な自覚と資質を養う。
	公民科	広い視野に立って，現代の社会について理解を深めさせるとともに，人間としての在り方生き方についての自覚を育て，民主的，平和的な国家・社会の有為な形成者として必要な公民としての資質を養う。

（注）下線は筆者による　（学習指導要領より作成）

第3表　中学校社会科の授業時数の変遷

	1947（昭和22）年版	1951（昭和26）年版	1958（昭和33）年版	1969（昭和44）年版	1977（昭和52）年版	1989（平成元）年版	1998（平成10）年版
1年	175	140～210	140	140	140	140	105
2年	140	140～280	175	140	140	140	105
3年	140	175～315	140	175	105	70～105	85

（筆者作成）

1．2．社会認識を通して公民的資質を養う学習構造

1977年版の学習指導要領から，小・中・高一貫して，社会科は「社会認識の育成を通して，公民的資質を養う教科である」となった。社会認識とは，「社会について知るはたらき」と「その結果得られる知識」との両面を意味する文言である。「社会について知るはたらき」とは，個々ばらばらな個別的記述的知識を説明的な知識や概念的知識に高めるための見方や考え方のこ

とで，「その結果得られる知識」とは，社会的な知識のことを意味する。森分（1978）は，社会科は社会的事象や出来事を科学的に説明できるようにすることであるとし，公民的資質と大きく関連する価値判断などの態度形成まで求めることを批判している。他方，岩田（1993）は，社会科の授業は基本的には法則や法則性を子どもに探求させることによって構成されるとしつつも，子どもは将来必ず社会に出て行くことから，価値判断の場に立たされた時の合理的意思決定が必要であるとし，社会科の授業では，価値判断にかかわることまで求められるべきであると主張した[4)]。価値判断にかかわることについては，両者の見解は大きく異なるが，事実をもとに科学的に知識の質を高めるという社会認識に関する点では，両者の見解に大きな相違はないと考える。そこで，岩田（1993）と森分（1978）の研究をもとに，社会認識について分析する。

岩田（1993）の「問いと習得される知識との関係」（第1図）と森分（1978）の「科学的知識の構造」（第2図）とを分析すると，社会科は，個々ばらばらの知識（記述的知識）から，その事実を分析し，そこから得られた知識（分析的知識）がみられる背景や要因を説明するための知識（説明的知識）を求め，さらにそこで得られた知識（説明的知識）を一般化したり理論化したりして，概念的知識にまで知識の質を高めることが必須である，と両者は考えていると解釈できる。すなわち，知識の質を高めるためには，「記述的知識」→「分析的知識」→「説明的知識」というように社会認識を深める（以後，「社会認識を深める」と記述する）ことが必要である。

しかし，そこでみられる事象は，そこだけでみられる特殊な事象なのかもしれない。そのため，社会科では，個々ばらばらにみえる事象を一般化したり，理論化したりするなど，概念的な知識にまで高めることが重要である。したがって，他の地域で起きている事象や過去の事象と比較することによって，「個別的説明的知識」を一般化したり，理論化したりすることが求められる。すなわち，他の地域や過去の事例と比較する，というように社会認識

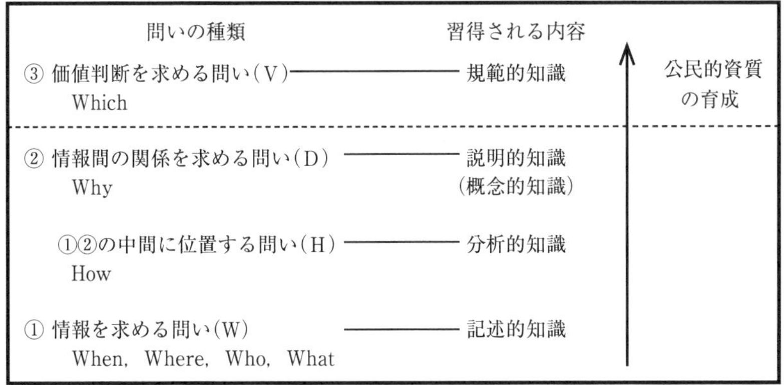

第1図　問いと習得される知識との関係

（岩田一彦（1993）『社会科の授業分析』．東京書籍，p.29 をもとに筆者が加筆）

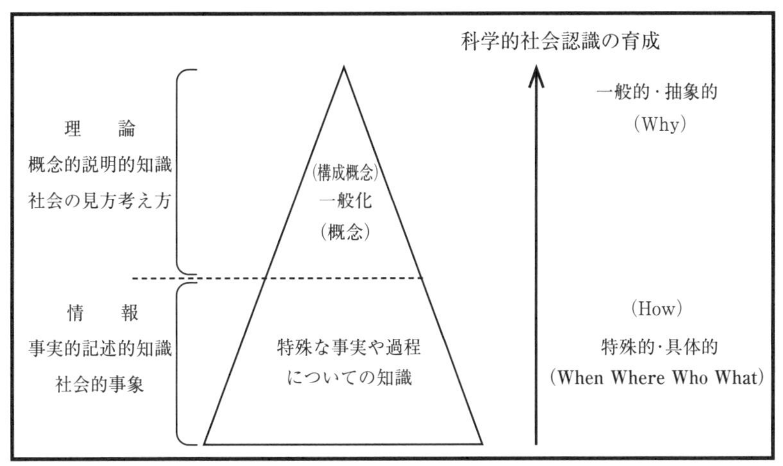

第2図　科学的知識の構造

（森分孝治（1978）『社会科授業構成の理論と方法』．明治図書，p.103をもとに筆者が加筆）

を広い見地からとらえる（以後，「社会認識を広げる」と記述する）ことによって，「概念的知識」に高めることが必要なのである。

これまでの社会科の授業では，記述的知識や分析的知識にとどまった内容が多く，網羅的な学習を行うことが少なくなかった。森分（1978）や岩田

(1993) は，それを第1図，第2図にあるような，「Why」という問いに基づき原因を考え，「説明的な知識」にまで知識の質を高めること，さらに，「Why」という問いに導かれた「説明的知識」を他地域の事例や過去の事例と比較，検証するという「社会認識を広げる」ことによって，「概念的知識」にまで知識の質を高めることの必要性を述べている。

そのうえ，森分 (1978) は，社会的事象や出来事をまちがいなく説明し，予測することができる能力を社会科の授業で育成することの重要性を指摘している。実際，変化の激しいこれからの時代にあっては，過去の文化遺産を学ぶだけでなく，将来を予測するところまで求めるような学習指導が必要である。ところで，義務教育段階のすべての児童・生徒が目指すのは，よりよい社会を形成するための資質である公民的資質を養うことである。したがって，社会認識を育成するだけでなく，態度形成にかかわる側面からのアプローチが求められる。一方，岩田 (1993) は社会科は社会認識を通して，公民的資質を養うことが必要であるとしている。それは，将来社会に出て行く子どもたちにとって，必ず意思決定する場面に出会うことになるからである。したがって，合理的意思決定するためには，価値判断できる能力を育成することが重要であり，社会科の授業ではそこまで，求めることが必要であることを指摘している。岩田の考える知識の構造には，「事実的知識」と「価値関係的知識」があり，「事実的知識」を踏まえて，「価値関係的知識」を育成することとしている。

公民的資質の育成と関連が深い，価値判断したり合理的意思決定したりするためには，社会的な認識を深めるとともに，空間的なスケールや時間的なスケールを広げることによって，概念的な知識を身につけ，それを踏まえて価値判断したり，よりよい将来を考えて，合理的に意思決定したりすることが必要なのである。特に，変動の激しい価値観の多様化するこれからの時代にあっては，価値判断したり意思決定したりすることが，ますます増えてくることが予想される。

すなわち，社会科は個別的記述的知識から，分析的知識，説明的知識というように，社会認識を深め，それを他地域や過去の事象と比較することにより，概念的知識に高めるとともに，価値判断したりよりよい社会の在り方を考え意思決定したりすることが求められるのである。

2．地理的分野と公民的資質

2．1．社会科の学習構造と地理的分野の学習構造との関連

次に，1977年版の学習指導要領をもとに，社会科の教科構造の中に地理的分野の学習構造がどのように位置付けられているのかを考察する（第3図）。

1977年版の社会科の学習指導要領の社会認識に関わる部分は，「我が国の国土に対する理解を深め」という地理的分野の内容，「歴史に対する理解を深め」という歴史的分野の内容，「公民としての基礎的教養を培い」という

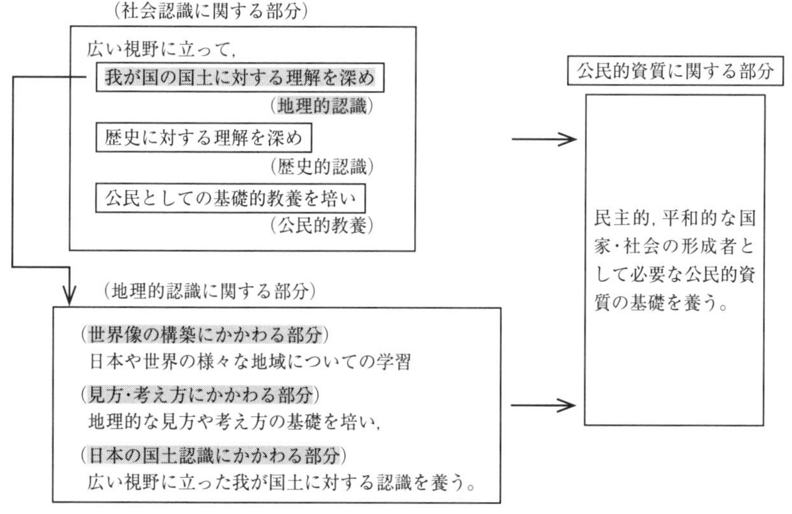
（社会認識に関する部分）
広い視野に立って，
我が国の国土に対する理解を深め
（地理的認識）
歴史に対する理解を深め
（歴史的認識）
公民としての基礎的教養を培い
（公民的教養）
公民的資質に関する部分
民主的，平和的な国家・社会の形成者として必要な公民的資質の基礎を養う。
（地理的認識に関する部分）
（世界像の構築にかかわる部分）
日本や世界の様々な地域についての学習
（見方・考え方にかかわる部分）
地理的な見方や考え方の基礎を培い，
（日本の国土認識にかかわる部分）
広い視野に立った我が国土に対する認識を養う。

第3図　1977年版の中学校社会科学習指導要領の教科構造

（岩田一彦（2000）社会科地理における基礎・基本構成の理論と実際．新地理47　第3・4号 pp.54-63を参考にまとめた）

公民的分野の内容の３つの社会認識から成り立っている。

そこでは，第３図に示すように，社会認識のうち地理的分野に関わる「我が国の国土に対する理解を深め」にあたる部分が，地理的分野の目標にある「日本や世界の様々な地域についての学習」という世界像の構築にかかわる部分，「地理的な見方や考え方の基礎を培い」という見方・考え方にかかわる部分，「広い視野に立った我が国土に対する認識を養う」という日本の国土認識にかかわる部分の三つの部分の地理的認識から成り立っている。すなわち「日本や世界の様々な地域についての学習」を通し世界像を構築し，その過程で「地理的な見方や考え方の基礎」を培い，「広い視野から日本の国土認識」を養うことが「地理的認識を深めること」と捉えられる。したがって，地理的分野の学習構造は，これらの「地理的認識」の育成を踏まえて「公民的資質の基礎」を養うことなのである。

そこで次に，地理的認識と公民的資質との関連が，どのように変化してきたのかを考察する。

２．２．地理的認識と公民的資質との関連の変遷

中学校社会科の学習指導要領の目標が明確になった1969年版以降の中学校社会科及び地理的分野の目標における地理的認識と公民的資質との関連を，以下のように分析した（第４図）。

1969年版では，「地理的認識に関する部分」のみではなく，「わが国の発展に努力しようとする態度を育てる」という態度形成に関する内容が示されている。また，「地理的認識に関する部分」の「国土認識にかかわる部分」にも，「国土を高度かつ合理的に利用することが大切であることを理解させ」というように開発を重視した価値観を形成することが求められている。すなわち，1969年版の地理的分野は，開発を重視した価値観形成にかかわる地理的認識を養うことが，「民主的，平和的な国家・社会の形成者としての資質の基礎」である公民的資質を養うことになるとの学習構造であると捉えられる（第

４図－１）。

一方1969年版では，学問的系統性が重視されたことから学習内容が多くなり，「詰め込み教育」「教育内容の消化不良」などの問題が指摘された。そのため，1977年版では基礎的・基本的な内容が重視されるようになり，地理的分野の内容は地理的認識にとどまり価値観形成に関する内容は示されなくなった（第４図－２）。

1989年版以降は，「公民的な資質に関する部分」に，「国際社会に生きる」という文言が加えられ，国際化への対応を付加した資質の育成が求められるようになった。また1989年版では，1977年版の「日本や世界の様々な地域についての学習を通して」という部分が，「世界を大観させる学習」を背景に，「日本の様々な地域についての理解を深めること」になり，世界は２～４の国や地域を学習するだけになるなど，世界像を構築することは難しくなった。また，世界の面的な理解を踏まえないで，日本の地域的特色を理解することが求められるようになり，日本の国土認識も深まりにくくなったといえる（第４図－３）。

さらに，1998年版は内容知よりも方法知が重視されるようになり[5)]，授業時数が大幅に削減されることになった。また，「日本や世界の地理的事象に対する関心を高め」というように，世界だけでなく日本の諸地域学習も行われなくなり[6)]，世界像だけでなく日本の国土認識も育成しにくくなり，公民的資質を養うことも難しくなったといえる（第４図－４）。

以上のことから，社会科と同じように地理的分野においても，1977年版の学習指導要領が，地理的認識と公民的資質の両者を重視したバランスがとれた学習構造であるといえる。そこで，1977年版の学習指導要領をもとに，地理的認識と公民的資質との関連を考察したい。

地理的分野の目標

地理的認識に関する部分

(世界像の構築にかかわる部分)
日本や世界の様々な地域についての学習

(見方・考え方にかかわる部分)
地理的な見方や考え方の基礎を培い，

(日本の国土認識にかかわる部分)
広い視野に立った我が国土に対する認識を養う。

(公民的資質に関する部分)
国土を高度かつ合理的に利用することがたいせつであることを理解させ，

→ 公民的資質に関する部分
わが国の発展に努力しようとする態度を育てる。

→ 社会科の目標
公民的資質に関する部分
民主的，平和的な国家・社会の形成者として必要な資質の基礎を培う。

第4図－1　1969（昭和44）年版

公民的資質の色彩が強い

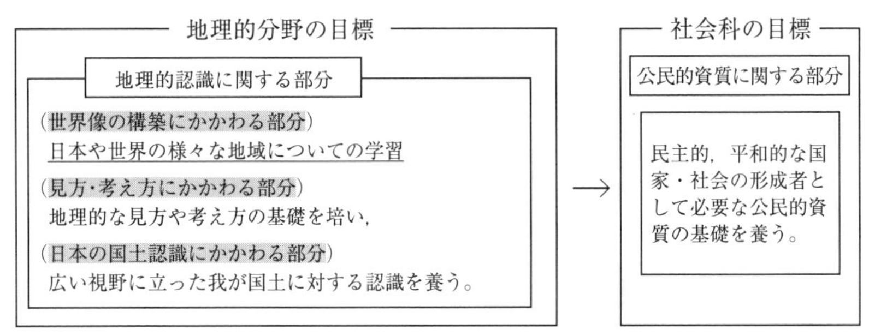
地理的分野の目標
地理的認識に関する部分
(世界像の構築にかかわる部分)
日本や世界の様々な地域についての学習
(見方・考え方にかかわる部分)
地理的な見方や考え方の基礎を培い，
(日本の国土認識にかかわる部分)
広い視野に立った我が国土に対する認識を養う。
社会科の目標
公民的資質に関する部分
民主的，平和的な国家・社会の形成者として必要な公民的資質の基礎を養う。

第4図－2　1977（昭和52）年版

地理的認識を重視し公民的資質を養う

第4図　中学校社会科地理的分野の

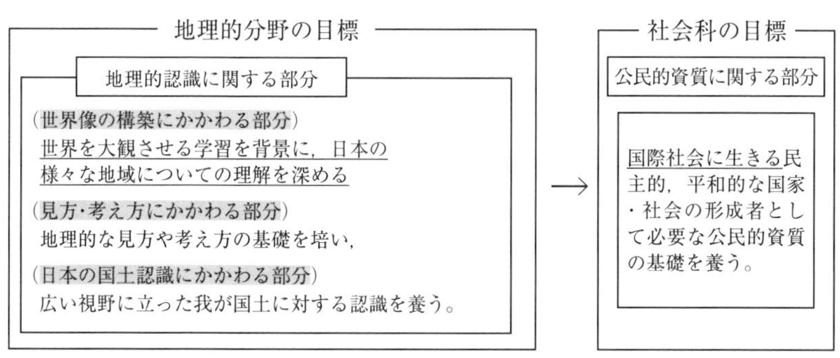
地理的分野の目標
地理的認識に関する部分
（世界像の構築にかかわる部分）
世界を大観させる学習を背景に，日本の
様々な地域についての理解を深める
（見方・考え方にかかわる部分）
地理的な見方や考え方の基礎を培い，
（日本の国土認識にかかわる部分）
広い視野に立った我が国土に対する認識を養う。
社会科の目標
公民的資質に関する部分
国際社会に生きる民
主的，平和的な国家
・社会の形成者とし
て必要な公民的資質
の基礎を養う。

第4図－3　1989（平成元）年版

事例地域を選び地理的認識が弱まる

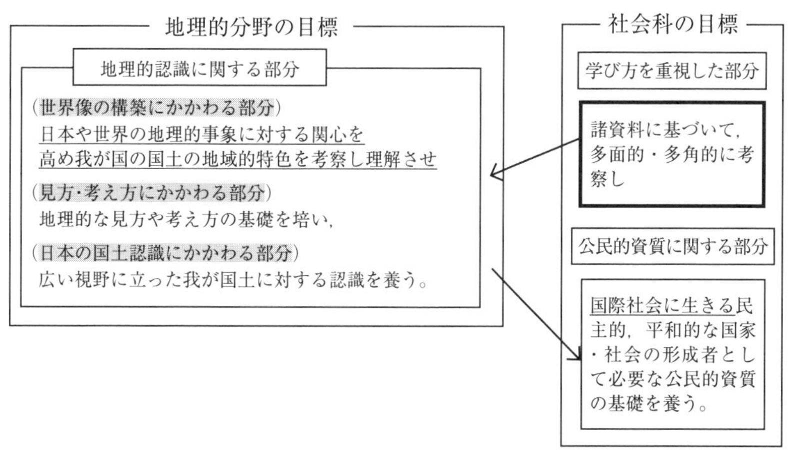
地理的分野の目標
地理的認識に関する部分
（世界像の構築にかかわる部分）
日本や世界の地理的事象に対する関心を
高め我が国の国土の地域的特色を考察し理解させ
（見方・考え方にかかわる部分）
地理的な見方や考え方の基礎を培い，
（日本の国土認識にかかわる部分）
広い視野に立った我が国土に対する認識を養う。
社会科の目標
学び方を重視した部分
諸資料に基づいて，
多面的・多角的に考
察し
公民的資質に関する部分
国際社会に生きる民
主的，平和的な国家
・社会の形成者とし
て必要な公民的資質
の基礎を養う。

第4図－4　1998（平成10）年版

学び方を重視し地理的認識を軽視，公民的資質の育成も難しい

学習構造の変遷（筆者作成）

3．地理的認識と公民的資質

3．1．地理的認識と公民的資質の関連

前節では，1969年版以降の中学校社会科及び地理的分野の目標に示された地理的認識と公民的資質の関連がどう変遷したのかを分析した。その結果，方法知が重視されるようになったのに対して，内容知が軽視されるようになり，公民的資質を養うことは難しくなったことが捉えられた。本節では，地理的認識を構成する「世界像の構築」「地理的見方・考え方」「日本の国土認識」という三つの地理的認識と公民的資質とが，どのような関係性になっているのかを1977年版学習指導要領を中心に考察する（第4表）。

「世界像の構築」は，他の地域の文化やその地域の人々の生き方を学ぶなど視野を広げることができる。しかし，世界像を構築するには，個別的記述的知識の網羅的な学習になりかねないという問題点がある。「地理的見方・考え方」については，それぞれの地域における個々ばらばらの個別的記述的知識を，地理的見方・考え方というプロセスを経ることによって，説明的知

第4表　地理的認識と公民的資質との関連

地理的認識		育成する公民的資質の側面		学習指導上の問題点
各地域の地理的認識	世界像の構築	・他の地域の文化を学ぶ ・他の地域の人々の生き方を学ぶ	→	・個別的記述的知識の網羅的な学習になりがち。 ・認識にとどまりよりよい世界観を構築することにならない。
	日本の国土認識の育成	・視野を広げる ・自国の文化を学ぶ ・自国の人々の生き方を学ぶ ・自国への認識を深める ・国家に対するアイデンティティの育成 ・国家に対する自覚と責任の育成	→ →	・個別的記述的知識の網羅的な学習になりがち。 ・国土認識にとどまり，よりよい地域，国家観を形成することにならない。
見方・考え方	地理的見方・考え方の育成	・個別的記述的知識を説明的知識，概念的知識に高める ・規範的知識にまで高める		・価値判断や意思決定まで求められていない。 ・規範的知識にまで高められていない。

（筆者作成）

識や概念的知識に高めることが可能である。しかし，現状では概念的知識にまで高められておらず，そのうえ価値判断，意思決定といった公民的資質に関連する態度形成にも踏み込んでいない。

「日本の国土認識」については，視野を広げるとともに，自らが生活している地域に関する認識を高め，地域や国家へのアイデンティティを醸成するなど，よりよい地域や国家の創造に貢献することが期待できる。しかし，個別的記述的知識の網羅的な学習になりがちで，よりよい地域のあり方を考えるといった点にまでいたっていない。

すなわち，「世界像の構築」，「地理的見方・考え方」，「日本の国土認識」といった三つの地理的認識が，公民的資質の育成にまで高められていないのである。そこで，三つの地理的認識を，公民的資質の育成にまで高めるために，以下のように地理的分野の学習を構造化することを考えた。

「世界像の構築」と「日本の国土認識」は，それぞれの地域における地理的認識に関わる内容であり，ともに，個別的記述的知識の網羅的な学習になりがちであり，よりよい地域や国家，世界を構築することまで踏み込んでいない。一方，「地理的見方・考え方」は，個別的記述的知識を説明的知識や概念的知識にまで高めることを可能にする概念であるが，汎用性のある概念的知識や価値判断，意思決定といった規範的知識にまで高められてはいない。

すなわち，公民的資質を養うには，①「世界像の構築」「日本の国土認識」といったそれぞれの地域における地理的認識に関わる部分を，「地理的見方・考え方」というプロセスを通して，個別的記述的知識から説明的知識や概念的知識に高めることが重要である。さらに，②よりよい地域を創造していく資質を育成するには，個別的知識を概念的知識にとどめるのではなく，価値判断したり意思決定したりするなど，公民的資質との関連の深い規範的知識に高めることが必要なのである。

3．2．地理的見方・考え方

網羅的，羅列的な教材構成による知識・技術の習得，受動的な学習ではこれからの急激に発展する社会に対応できないため，創造力に富んだ学力を身につけることが必要とされるようになり，1969年版の学習指導要領から，「地理的見方や考え方」という文言が使われるようになった（井田，2003）。

すなわち，「世界像の構築」「日本の国土認識」を育成するのに，網羅的で受動的な学習になることを避け，変動する社会に対応できるようにするために，「地理的見方・考え方」が地理的分野の学習の中に位置付けられるようになったのである。したがって，「世界像の構築」「日本の国土認識」と「地理的見方・考え方」との関連を明らかにすることが，網羅的で受動的な学習からの転換を図ることにつながることになると考え，地理的見方・考え方とは，どのようなものかを整理する。

地理学習で扱う対象は政治，経済，文化など，他の様々な分野と共有する領域をもっており，また，同一の事象を扱ったとしても，様々な角度から対象を探求する点で他の分野と異なる。つまり，「地理的見方・考え方」とは，地理的事象に接したとき，その事象を様々な角度から探求する視点ととらえることができる。

地理的見方・考え方は，地理的事象に様々な視点からアプローチする仕方であるために，これまで学習との関連を図ることが難しかった。ところが1998年版の学習指導要領は，地理的な見方と考え方とを分けることによって，学習との関連を図りやすくした点で，画期的である。

また，中学校社会科地理的分野の学習は，公民的資質を養うことを目標としており，価値判断，意思決定など公民的資質と関係の深い態度形成の視点を位置付けることが必要だと考える。

篠原（1984）や矢島（1999），1969年版，1977年版，1989年版学習指導要領などで示された地理的見方・考え方は，地理的見方と考え方を一体的にとらえていたため，学習指導との関連を図ることは容易ではなかった。しかし，菊地（1969），1998年版学習指導要領，戸井田（1999）などで示された地理的見方・考え方は，地理的見方と考え方とを区別し，地域の特色を容易にとらえるものから深く考察するものへと認識を深められるようになっており，学習指導との関連が図りやすくなっている。また，中学校社会科地理的分野の学習は，公民的資質を養うことを目的としている。そのため吉田（2002）が示したように，価値判断したり意思決定したりといった態度形成を含んだ学習が必要である。

４．地理的認識を育成し公民的資質を養う地理的認識の学習構造

地域を捉えるには，個別的記述的知識を説明的知識や概念的知識に高めるなど，地理的認識を深めるとともに，公民的資質を養うことを目標にすべきである。そのためには，深めた地理的な認識を踏まえて，価値判断したり意思決定したりするなど態度形成を含んだ指導を行うことが重要である。したがって，「世界像の構築」，「日本の国土認識」で学習した個別的知識を，地理的見方・考え方を深める過程で説明的知識に高めるとともに，空間軸や時間軸をマルチスケールに広げることを通して，概念的知識に高める。さらに，将来あるべき姿を考え，価値判断，意思決定するといった態度形成を踏まえた指導を行うことが公民的資質を養うことになるのである。

すなわち，公民的資質を養うには概念的知識を踏まえ，価値判断したりよりよい地域のあり方を考えて意思決定したりすること。そのためには，より多くの地域や人々の生き方を学び，視野を広げたり自国への理解を深めたりすることが大切である。それゆえ，1998年版の学習指導要領で示された２～３の都道府県や国家規模の地域的特色の捉え方を学ぶだけではなく，より多くの国や地域などに住む人々の生き方を学ぶことが重要である。

しかし，授業時数が大幅に削減され，日本や世界を網羅的に学習することは容易ではない。そこで，公民的資質を養うためには，どういった観点を生徒に育成するべきなのか，そのためにはどのような地域を事例として取り上

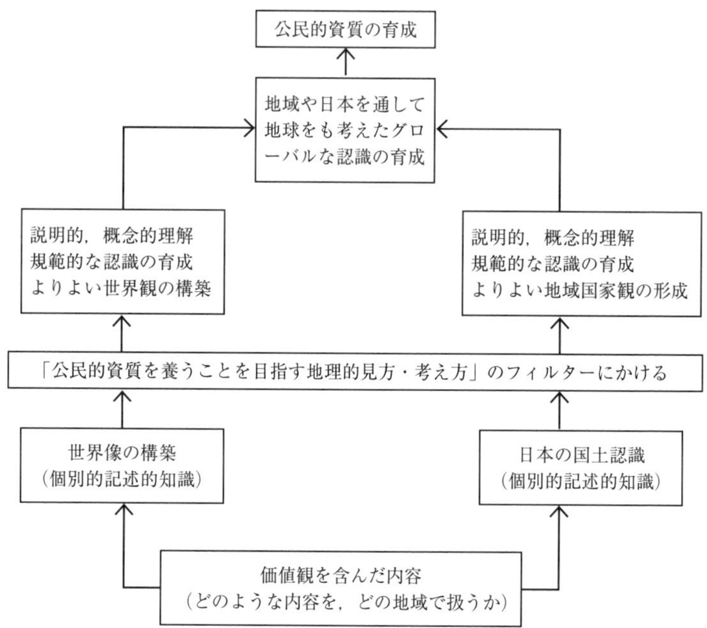

第５図　地理的認識を育成し公民的資質を養う学習構造（筆者作成）

げるべきかを考えることが必要であり，以下のような地理的認識を育成し公民的資質を養う中学校社会科地理的分野の学習構造を考えた（第５図）。

第５図の「地理的認識を育成し公民的資質を養う学習構造」について説明する。よりよい地域や国家，地球の在り方を考えるためには，世界像を構築するとともに，日本の国土認識を育成することが必要である。しかし，限られた授業時数の中ですべての地域を網羅的に扱うことは難しい。そこで，現在，世界や日本で起きていることで，よりよい地域や国家，地球の在り方を考えるのに相応しい事象や地域を設定する。さらに，世界や日本においてそれぞれ設定された事象を学習することを通して，世界像を構築したり，日本の国土認識を養ったりする。しかし，個々ばらばらな個別的記述的知識のままでは，世界や日本を網羅的に学習することになってしまう。

それゆえ，その過程で，地理的見方・考え方のプロセスを通して，個別的記述的知識を説明的知識や概念的知識に高める。さらに，よりよい地域や国家，地球の在り方を考え，価値判断したり意思決定したりといった態度形成をも含めた指導を行い，地域や日本及びグローバルな認識を育成することを通して公民的資質を養うのである（第5図）。

5．研究のまとめと今後の課題

中学校社会科地理的分野では，地理的認識の育成を通して，公民的資質を養うことが求められている。そこで本稿は，中学校社会科地理的分野において，「地理的認識」と「公民的資質」との関連を整理した。また，「地理的認識」は，「世界像の構築」と「日本の国土認識」におけるそれぞれの地域における地理的認識と地理的見方・考え方とから成り立っていることを示した。さらに1998年の学習指導要領では，地理的見方と考え方とを分けることによって，学習との関連が図られるようになったものの，学び方を学ぶことが重視され，世界像の構築，日本の国土認識といったそれぞれの地域における地理的認識が軽視され，公民的資質を育成することも難しくなった。その上，学習指導要領に示された，世界像の構築，日本の国土認識といった地理的認識が地理的見方・考え方のプロセスを通して概念的知識まで高められるべきであるが，個別的知識の理解にとどまり，よりよい地域のあり方を考え，価値判断したり意思決定したりといった公民的資質との関連の深い態度形成までは求められていないことが捉えられた。そのため，地理的認識を育成することも公民的資質を養うことも難しくなったといえる。

授業時数が削減される中で，地理的認識を育成し，公民的資質を養うためには，どのような価値観を生徒に育成するべきなのか，また，そのためにはどのような地域を事例として取り上げるべきかを授業実践レベルで考えることが，今後の課題である。

＊本稿は，筆者の2006年度上越教育大学修士論文「地理的認識を育成し公民的資質を養う中学校社会科地理的分野のカリキュラム開発」を基にしており，記載内容はその時点のものである。

注

1）1958年版の学習指導要領までは，現在のような能力的な内容が目標ではなく，５項目にわたる態度的な側面が目標とされ，その内容は抽象的な内容が多く明確ではなかった。

2）1969年版以前は，生活面に生かすことが重視されていたが，1977年版以降は地理，歴史，公民といった教科面が重視された内容になった。

3）地理的分野，歴史的分野が140時間から105時間に削減され，公民的分野が上限をとっていると，105時間から85時間に削減されることになる。

4）岩田（1993）は個人の意志を尊重して「意志決定」と表現しているが，本稿では一般的に使われている「意思決定」として表現する。

5）文部省（1999）:『平成10年版学習指導要領（平成10年12月）解説―社会編―』大阪書籍，pp.5 -7 によると，「自ら学び，自ら考えること」の一環として学び方を重視した改訂を行った。

6）140時間から 105時間に削減された。世界は２～３の国家規模の地域を，日本は２～３の都道府県規模の地域をとらえる視点や方法を学習するようになった。

文献

井田仁康（2003）: 地理的な見方・考え方．村山祐司編『21世紀の地理―新しい地理教育―』朝倉書店，pp.26-52.

岩田一彦（1993）:『社会科の授業分析』東京書籍.

岩田一彦（2000）: 社会科地理における基礎・基本構成の理論と実際．新地理，47，第３・４号，pp.54-63.

菊地利夫（1969）:『地誌学習の改造と基本的指導事項』明治図書.

篠原昭雄（1984）:『地理教育の本質と展開』明治図書.

戸井田克己（1999）: 地理的見方・考え方の基礎的考察．井上征造・相澤善雄・戸井田克己編著『新しい地理授業のすすめ方』古今書院，pp.8-23.

森分孝治（1978）:『社会科授業構成の理論と方法』明治図書.

文部省（1969）:『小学校指導書　社会編』大阪書籍.

文部省（1978）:『中学校指導書　社会編』大阪書籍.

文部省（1989）:『中学校指導書　社会編』大阪書籍.

文部省（1999）:『平成10年版学習指導要領（平成10年12月）解説―社会編―』大阪書籍.

矢島舜孳（1999）: 地理的な見方・考え方. 二宮書店編『魅力ある地理教育―ユニークな地理授業とその教育理論―』二宮書店, pp.186-190.

吉田剛（2002）: 地理的見方・考え方, 地理的技能を育成する社会科地理授業のための学習指導システム―世界像イメージ形成のための方策から―. 兵庫教育大学大学院連合博士論文.

第Ⅱ部：授業実践実態と授業開発

実践されたカリキュラムとしての授業

志村　喬

第Ⅱ部は，小学校及び中学校の現職派遣院生の研究成果である。

「第４章　小学校社会科における市区町村の学習での野外調査の実際と活用―群馬県前橋市を事例に―」は，第３学年社会科における市町村学習と野外調査の意義を理論的に確認し，授業開発に向けて学習を構成する事柄（目標，学習内容，見方・考え方，技能）を構造的に整理する枠組を開発した。さらに，群馬県前橋市での市町村学習の実践実態を，アンケート調査・教材分析のみならず，実践授業の参与観察を通して解明し，野外調査を活用した市町村学習の改善方向を提案している。普遍的枠組に基づいて前橋市を事例としている本研究成果は，前橋市以外の授業開発・改善にも有効である。

「第５章　1998（平成10年）年版中学校社会科学習指導要領で導入された選択的「都道府県」学習の理論と実際」は，1998年版でのみ導入された，２～３の都道府県のみを選択して学ぶ「日本地誌」学習方式の開始期である2002・2003年度に研究・執筆されたものである。選択的「都道府県」学習と称されるこの新しい方式は，理論的にも実践的にも大きな議論と混乱を招いたが，当時の現場にあった実践的問題意識から時宜を得たテーマ設定がされ，全国教材調査もまじえ遂行された研究である。次の改訂（1998年）において選択的「都道府県」学習は廃止されたが，しっかりとした前半の基礎理論研究からはじまる内容は，現在にも示唆を与えるものであるとともに，ESD・SDGsの先駆けをなす提言もある。

このような実践実態調査・分析をふまえ課題を把握することは，授業開発の出発点であり，次にあげた授業づくりに関する書籍は参考になる。

荒井正剛（2019）：『地理授業づくり入門―中学校社会科での実践を基に―』古今書院．
泉貴久・梅村松秀・福島義和・池下誠編（2012）：『社会参加の授業づくり―持続可能な社会に向けて―』古今書院．
井田仁康編（2017）：『教科教育におけるESDの実践と課題』古今書院．
地理教育システムアプローチ研究会（2021）：『システム思考で地理を学ぶ―持続可能な社会づくりのための授業プラン―』古今書院．
中山修一・和田文雄・湯浅清治編（2011）：『持続可能な社会と地理教育実践』古今書院．
日本社会科教育学会編（2016）：『社会科教育の今を問い，未来を拓く―社会科（地理歴史科，公民科）授業はいかにしてつくられるか―』東洋館出版社．

第4章　小学校社会科における市区町村の学習での野外調査の実際と活用

―群馬県前橋市を事例に―

大崎賢一

研究対象学年・内容

・小学校第3学年
・市区町村の様子の学習の実際と野外調査の意義

研究目的

・小学校第3学年社会科における市区町村の様子をはじめ地域の特色を理解する学習（本稿では以下，市町村学習と記す）についての理論及び実践実態を解明し，それをもとに市町村学習に野外調査を効果的に取り入れたカリキュラムを開発・提案する。

Ⅰ．目的設定の理由

小学校3・4年生の社会科学習は，学習の対象地域が学習者の居住する市町村や都道府県であることから「地域学習」と呼ばれ，社会科の学習が始まる第3学年では，主に市町村の範囲までを扱う。児童の通学する学校のまわりの様子を知る学習から始まり，市町村の様子，身近な地域での販売，生産活動，昔のくらしなどを学習する。身近な地域で見られる自然的事象や社会的事象を野外に出て観察・見学・調査などを行う直接経験による学習であるこの「野外調査」（指導者が中心となって説明や観察を行う巡検や社会科見学なども本稿では含む）は，地理学習において重要な学習方法であり，身近な地域であるからこそできる学習方法である。しかし，小学校社会科における野外調査の実態として，篠原（1992）は市町村の様子を学習する単元では野外調査の実施数が少ないと述べている。また，2005年頃をピークに進んだ市町村合併（平成の大合併）で市町村域が広域化したことにより，身近な地域の学習で市町村域を扱う困難さが増してることを伊藤（2008），池（2008），小林・山口（2010）らは指摘しており，野外調査の実施が容易ではない状況が生じている。そこで本研究は，小学校社会科の市町村学習と野外調査双方の理論的・実践的側面から実態を解明し，野外調査を取り入れた小学校第３学年社会科の市町村学習のカリキュラムを開発することを目的とする。なお，本研究での「市町村学習」とは，学習者の居住する市町村の様子だけでなく，販売・生産活動・歴史の学習を通してその地域（市町村）の特色を理解するという幅広い学習を意味している。

Ⅱ．研究の方法

1．小学校社会科における身近な地域の学習（市町村学習）・野外調査を理論的に整理する。
2．市町村学習における野外調査の授業実践実態を，群馬県前橋市を事例に明らかにする。
3．市町村学習における野外調査の課題をふまえ，野外調査を取り入れた市町村学習のカリキュラムを提案する。

Ⅲ．研究内容

1．小学校社会科における市町村学習の価値・内容についての理論的整理

1．1．市町村の範囲（広義の身近な地域）を学習する理由

市町村学習が小学校第３学年で扱われる理由としては，山口（2002）をもとにすると，児童の地理意識の発達において第３学年が低学年の空間的視野

の狭い段階から急速に広がる段階にあたること，郷土意識の広がりは生活圏よりも行政区域に規定されていること，行政単位としての市町村という地域は現実として住民の生活に大きなかかわりを持っていることが挙げられる。したがって，形式地域と地理学的には称される市町村という行政区域であっても，これを学習範囲とすることに意味があると判断される。

1．2．身近な地域の教育的価値と目標，市町村学習の理論的枠組

「身近な地域」が示す範囲については，「身近な」という概念に意識的要素が含まれるためその地理的範囲を厳密に定義することは容易でなく，狭義では日常の生活空間である学校・住居のまわりであり，広義では市町村域，都道府県域までが含まれるとされる。本研究では，前項の理由を踏まえ，形式地域である市町村の範囲の意で用いる。この身近な地域の教育的価値には，知識・理解を図ったり，態度の育成を図ったりするという目的概念的価値と，地理的な見方や考え方を身に付けさせたり，調査の方法を身に付けたりするといった方法概念的価値の双方が含まれている。そこで，身近な地域の学習の目標（ねらい）を，①身近な地域の特色の理解，②身近な地域の発展に貢献しようとする態度の育成，③身近な地域に対する見方・考え方の育成，④身近な地域を調査するために必要な技能の4点とする。

これら目標と，先行研究をもとにした社会科学習内容要素とを関連付ける枠組を次のように作成した。まず，学習内容である①「身近な地域の特色の理解」では，地理学で身近な地域を理解するために必要な景観の構成要素について述べた中村ほか（1991）をもとに，地理的内容，歴史的内容，公民的内容に大別し，地理的内容で言えば等質地域である農地，工業地，商業地，住宅地などに細分化した。③「身近な地域に対する見方・考え方の育成」では社会科地理教育の立場から検討した山口（2002），桜井（1999）をもとに，身近な地域とその他の地域との比較，自然事象や社会事象との関連，他の地域との関連を考えることとしてまとめた。④「身近な地域を調査するために

必要な技能」では，1992年に制定された地理教育国際憲章をもとにして，小学校中学年社会科において必要と思われる野外調査，地図の読図，記述的資料の活用，写真の活用などとしてまとめた。また，態度育成である②は，社会科教育全体の観点からの俯瞰的な要素とした。このように作成されたものが市町村学習の理論的枠組（フレーム）であり，次項で示す第１表の構造を形作っている。

１．３．理論的枠組による学習指導要領・教科書・副読本内容の整理

市町村学習の理論的枠組は，学習指導要領，教科書，さらに地域副読本の具体内容と参照・関連付けられることで具体化され授業実践が行われる。そこで，理論的枠組を用い，2008（平成20）年版の小学校学習指導要領解説社会編，同年版対応の小学校社会科教科書（４社・５種類），さらに本研究で事例として取り上げる群馬県前橋市で使われている副読本「わたしたちの前橋」における内容を整理・分析した。その結果が第１表である。本表からは，①学習内容では，地誌的・系統地理的な構成にかかわらず地理的内容，歴史的内容，公民的内容の全てが含まれていること，②見方・考え方では，他地域と比較したり・関連を見つけ出したりすること，③技能においては，野外調査・地図の読図・地図等での表現など様々な技能を使うこと，といった具体が明確に示され，社会科地理教育的な市町村学習のカリキュラム開発・授業開発の理論的枠組として本表内容は有用である。

２．小学校社会科における野外調査の価値・内容の理論的整理

２．１．野外調査とは

地理学において野外調査は重要な活動の一つである。地理学における野外調査は研究者自身が研究対象地域に出かけて資料を集めるという主体的な活動であり，観察や観測をすることだけでなく，聞き取り調査やアンケート調査，文献などを収集するなど研究対象地域についての資料を収集する活動である。

第1表　社会科教育理論及び教科書等の分析より作成した市町村学習のフレーム

<table>
<tr><td colspan="7">目　標(ねらい)</td></tr>
<tr><td colspan="7">①身近な地域の特色の理解　②身近な地域の発展に貢献しようとする態度の育成</td></tr>
<tr><td colspan="7">③身近な地域に対する見方･考え方の育成　④身近な地域を調査するために必要な技能</td></tr>
<tr><td colspan="5">学　習　内　容</td><td>見方・考え方</td><td>技　能</td></tr>
<tr><td rowspan="10">景観及び景観の構成要素</td><td></td><td colspan="2">地誌的</td><td>系統地理的</td><td rowspan="10">・学校のまわりの様子と特色ある地域との比較や特色ある地域同士の比較

・地形と土地利用との結びつき，交通と土地利用の結びつき

・鉄道や高速バス，船による他地域とのつながり</td><td rowspan="10">・野外調査　(市内巡検／グループ活動)

・地図の読図

・観光パンフレットの読み取り

・写真の読み取り

・観察したことの記録(スケッチ，メモなど)

・他者とのコミュニケーション(現地での聞き取りやインタビュー／電子メール／電話／手紙)

・地図にして表現する(白地図にまとめる／ガイドマップを作る)</td></tr>
<tr><td rowspan="7">地理的内容</td><td rowspan="5">土地利用</td><td>農地</td><td rowspan="5">土地のようす</td></tr>
<tr><td>商業地</td></tr>
<tr><td>工業地</td></tr>
<tr><td>住宅地</td></tr>
<tr><td>その他</td></tr>
<tr><td>交通</td><td>道路，鉄道</td><td>交通のようす</td></tr>
<tr><td>地形</td><td>河川，山，斜面，平地など</td><td>土地のようす</td></tr>
<tr><td>歴史的内容</td><td colspan="2">城跡，歴史的建造物）など</td><td>市のみどころ</td></tr>
<tr><td>公民的内容</td><td colspan="2">公共施設，健康・安全に関わる施設</td><td>市の施設</td></tr>
</table>

（筆者作成）

2．2．野外調査の教育的価値と目標，野外調査の理論的枠組

社会科教育・学校教育での野外調査は，地理学のそれと同じではない。地理教育における野外調査とは研究対象地域に出かけて行って観察や観測を行うことや聞き取り調査，アンケート調査，現地で得られる文献等の資料の収集だけでなく，教師の指導のもとで行われる巡検や社会科見学，体験活動も含んだ活動である。このように定義される社会科教育における野外調査の目標（ねらい）を本研究では，位野木・沢田（1972），犬井（2009），篠原（2001）らの先行研究をもとに，①地域の様子や実態を理解するための思考法を育成すること，②調査技能を習得すること，③社会的資質の育成ができること，

の3点とした。なお，興味や関心について，野外調査は「地域の事象」について興味や関心をもたせること自体に目的があるのではなく，野外調査を行うことで児童・生徒は「地域の事象」について興味や関心をもつようになるという副次的な効果と考え，野外調査のねらいには含まれないと判断した。

これら目標を，犬井（2009）の研究をもとに社会科学習内容要素と関連付け理論的枠組を次のように作成した。①の内容を「具体的な地域の様子や実態の理解」として，身近な地域で見られる様々な要素を関連させて考えることや他の地域との結び付きから身近な地域が成り立っていることを考えることとし，②の内容を「基本的な調査技能の習得」として，観察眼，スケッチ，写真撮影，聞き取り調査（インタビュー）等とし，③の内容を「社会生活の基本的なルールやマナー」として，交通ルールを守ることや挨拶を交わすこと，身近な地域で働く人への尊敬や感謝等とした。また，野外調査の形態（純然たる調査型，合科的・総合的な調査型，巡検型，社会科見学，オリエンテーリングなどのスポーツ・ゲーム的な学習との併用）はねらい①から③の何れにもかかわることとしてまとめた。このように作成されたものが野外調査の理論的枠組（フレーム）であり，次項で示す第2表の構造を形作っている。

2．3．理論的枠組による学習指導要領・教科書・副読本内容の整理

野外調査の理論的枠組も，市町村学習の理論的枠組同様に，学習指導要領，教科書，地域副読本の具体内容と参照・関連付けられることで具体化し授業実践が行われる。そこで，2008（平成20年）年版の学習指導要領解説社・小学校社会科の教科書（4社・5種類）・副読本「わたしたちの前橋」（前橋市教育委員会，2003）の内容を同枠組で整理・分析した。その結果が第2表である。本表では，前項で示した野外調査の3つの目標に対し，野外調査の内容がより具体的に示されている。①地域の様子や実態を理解するための思考法育成は，他地域との結びつき，社会事象や自然事象との関連，歴史的事象との関連から地域の特色を考えることであることが，②調査技能の習得では，学習

第2表　社会科教育理論及び教科書等の分析より作成した野外調査のフレーム

	野外調査の３つの目標（ねらい）		
	①地域の様子や実態を理解するための思考法を育成すること	②調査技能を習得すること	③社会的資質を育成すること
教科書等で示されている内容	・身近な地域と他の地域とが結びついて互いに成り立っていることを考える。	《観察・見学》 ・高い場所から地域を観察する ・町探検をする ・巡検を行う ・店や工場，農家を見学する	《安全に関わるもの》 ・交通ルールを守る ・きけんな場所には近よらない
	・地形と土地利用，交通と土地利用の関連を考える。 ・気候など自然的条件や交通などの社会的条件と生産の仕事を関連させて考える。	《調査》 ・聞き取り調査 ・インタビューをする ・アンケートをとる ・数に着目して調べる ・形態に着目して調べる	《マナーに関わるもの》 ・元気よくあいさつをする ・話をしっかり聞く ・他人の迷惑になるような行為をしない ・あいさつとお礼を必ず言う ・お礼の手紙を書く
	・文化財や祭りについての由来や願いを調べ，歴史的な視点から地域の特色を考える。	《地図利用》 ・見つけたことや分かったことを地図にかく ・白地図に，自分で決めたマークを使って書きこむ	《グループ活動に関わるもの》 ・自分勝手な行動をしない ・約束をきちんと守って行動する など
		《その他》 ・文書資料を収集する ・写真をとったり，スケッチしたりして記録する ・じっさいにふれてたしかめる ・五感を使って調べる など	
形態	純然たる調査型，合科的・総合的な調査型，巡検型，社会科見学，オリエンテーリングなどのスポーツ・ゲーム的な学習との併用		

（筆者作成）

方法「観察・見学」「調査」「地図利用」「その他」別での習得技能が，③社会的資質の育成では，「安全にかかわるもの」「マナーにかかわるもの」「グループ活動にかかわるもの」として場面別に野外調査で育成すべき社会的資質が，それぞれ明示される。この社会科教育の理論枠組みと学習指導要領等の分析枠組みを合わせた本表は，市町村学習で野外学習を計画したり実施したりする場合に有用である。

2．4．野外調査を組み込んだ市町村学習の内容枠組―前橋市を事例に―

以上の理論的分析結果をふまえ，次節では群馬県前橋市を事例に，市町村学習における野外調査の実態を解明する。その際の基礎資料として，社会科教育理論及び教科書等の分析より作成した市町村学習のフレーム（第1表）に，前橋市を総合的に理解する場合に必要な地域教材として取り上げることができそうなものを，前橋市の地誌をもとに組み込んだ。その結果が第3表である。本表には，学習内容を地理的要素・歴史的要素・公民的要素と大別したうえで複数の具体的場所・対象が記されており，取り上げる事例を取捨選択することができる。また，見方や考え方においても事例（事象）を示し，扱うことが適切な事例地が分かる。技能の欄では，野外調査のフレーム（第2表）をふまえ，野外調査を中心にして習得させたい技能を示している。前橋市で市全体の様子を学ぶ単元で，野外調査を組み入れて学習計画を作成する際には，本表で示されている具体内容が活用できる。さらに，前橋市以外の他市町の市町村学習においても，この学習枠組は汎用的に使用できる。

3．市町村学習における野外調査の実態―群馬県前橋市の第3学年の場合―

3．1．実態アンケート調査の目的・実施方法

理論的には前章までのように意義づけられる市町村学習・野外調査であるが，実践現場の実態はどうであろうか。小学校第3学年の社会科の授業における市町村学習・野外調査の実態解明を目的に，群馬県前橋市の全小学校の第3学年担当教諭（各校1～2名）を対象とし，アンケート調査を行った。調査は2014年2・3月に志村ほか（2014）での調査用紙に準じたA4版8ページのアンケート用紙を使った郵送方式で実施し，対象校の76％の53人から回答を得た。以下では，属人での集計分析結果を述べる。

3．2．アンケート調査の分析結果

社会科授業で使用する教材についての質問（複数回答可）では，使用頻度

第3表　前橋市の地誌をもとに作成した前橋市のようすの学習枠組

<table>
<tr><th colspan="6">目　標(ねらい)</th></tr>
<tr><td colspan="6">①市の様子はどのようになっていて，どんな違いが見られるのか【特色の理解】</td></tr>
<tr><td colspan="6">②市のよさは，どのようなところか【地域の発展に貢献する態度】</td></tr>
<tr><td colspan="6">③市の様子の違いが見られるのはなぜなのか考える【身近な地域に対する見方や考え方】</td></tr>
<tr><td colspan="6">④市のさまざまな場所をどのように調べたらよいか【調査するための必要な技能】</td></tr>
<tr><th colspan="4">学　習　内　容</th><th>見方・考え方</th><th>技　能</th></tr>
<tr><td rowspan="9">景観・景観を構成する要素</td><td rowspan="7">地理的内容</td><td>農地</td><td>田，畑，果樹園，畜産農家など</td><td rowspan="2">(地形との関連)
市北部の斜面の棚田
市南部の平地の水田
→違いを比較できる
市北部や東部にある畑</td><td rowspan="2">観察に行く（巡検）
高い建物から観察する</td></tr>
<tr><td>商業地</td><td>旧前橋市の中心商店街
旧町村の商店街
ショッピングモール</td></tr>
<tr><td>工業地</td><td>1号・2号・3号工業団地，東前橋，力丸，芳賀，五代，下川淵工業団地など</td><td></td><td>高い土地のところから観察する</td></tr>
<tr><td>住宅地</td><td>広瀬団地，南橘団地，ローズタウンなど</td><td rowspan="4">(社会的な関連)
市北部の畜産農家
→住宅の少ないところに立地
公共施設の集まるところ
→前橋城の跡地周辺(昔からの中心地)</td><td>働いている人に話を聞く</td></tr>
<tr><td>山林・原野</td><td>赤城山の山林など</td><td></td></tr>
<tr><td>道路，橋，鉄道，用水路など</td><td>JR両毛線，上毛電気鉄道，関越自動車道，北関東自動車道，国道17号，50号　など</td><td></td></tr>
<tr><td>自然・地形など</td><td>土地の高いところ（斜面），土地の低いところ，谷，赤城山，利根川</td><td>地図で調べる</td></tr>
<tr><td>歴史</td><td>城跡，歴史的建造物など</td><td>臨江閣，龍海院，前橋城跡の石垣，大胡城跡，古墳，製糸にかかわる建物　など</td><td rowspan="2">(交通との関連)
国道などの主要道のそばに工場
高速道のインターのそばにショッピングモール
→他地域とのつながり</td><td></td></tr>
<tr><td>公民</td><td>公共施設健康・安全に関わる施設</td><td>県庁，市役所，警察本部，裁判所，グリーンドーム，駅，老人福祉センター，中央公民館など</td><td></td></tr>
</table>

（筆者作成）

が最も高いのは副読本「わたしたちの前橋」(48人：90%) で，次が教科書 (21人：40%) であった。副読本の活用方法としては「資料として用いる」との回答が多いものの，学習問題の作成から学習のまとめに至るまで，多様な方法で用いられていた。

野外調査の実践実態に関して，第３学年社会科の単元別に野外調査の実施回数についてまず質問したところ，単元「わたしたちの学校のまわり」では全回答が１回以上野外調査を実施し，２回が38%，３回以上が49%に上り，複数回実施が８割以上であった (第１図)。単元「市ぜん体のようす」でも，野外調査をしている割合は96%に達した。但し，実施回数は１回だけが87%であった。単元「昔の道具とくらし」での実施率 46%，「地域にのこしたいもの」での実施率 48%と比べると，「市ぜん体のようす」の実施率は高いといえるが，広い範囲を学習するにもかかわらず実施回数はほぼ１回であり，十分とは言えない状況と思われた。

単元毎に実施回数に違いがみられたが，これらと教師の意識の関連性を調べるために野外調査の単元別重要性を質問した結果が第４表である。第３学

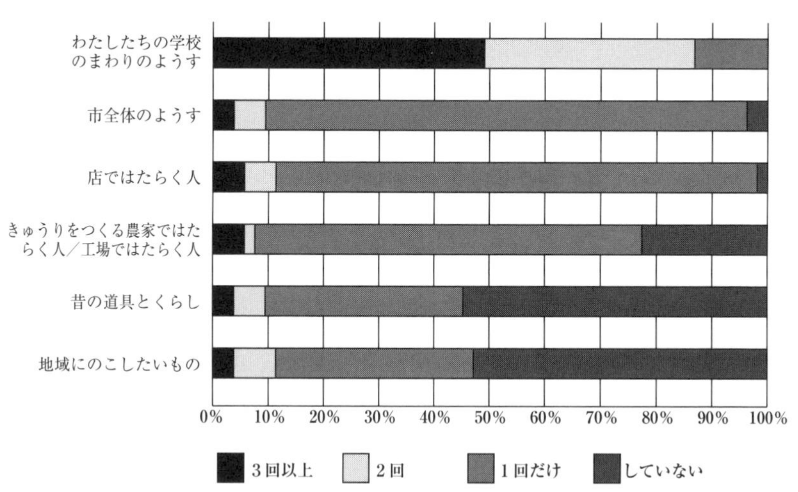

第１図　野外調査の単元別実施回数割合 (全回答数53)

年社会科での野外調査が重要であると考える人数は，全ての単元において重要ではないと考える人数を上回っていた。特に，「わたしたちの学校のまわりのようす」と「市ぜん体のようす」は，他の単元よりも重要であると考える程度が高く，教師の意識と野外調査の実施には相関があった。

続けて，野外調査の活動形態について4類型の複数回答で尋ねた結果が第2図である。全体に巡検型の野外調査（クラスで一緒に行動しながらの野外調査）

第4表　野外調査を重要と考える程度

	きわめて重要である（4ポイント）	重要である（3ポイント）	あまり重要ではない（2ポイント）	重要ではない（1ポイント）	平均ポイント
わたしたちの学校のまわりのようす	31人	19人	2人	0人	3.6
市全体のようす	33人	19人	0人	0人	3.6
店ではたらく人	26人	26人	0人	0人	3.5
きゅうりをつくる農家ではたらく人／工場ではたらく人	22人	29人	0人	0人	3.4
昔の道具とくらし	10人	24人	18人	0人	2.8
地域にのこしたいもの	8人	38人	6人	0人	3

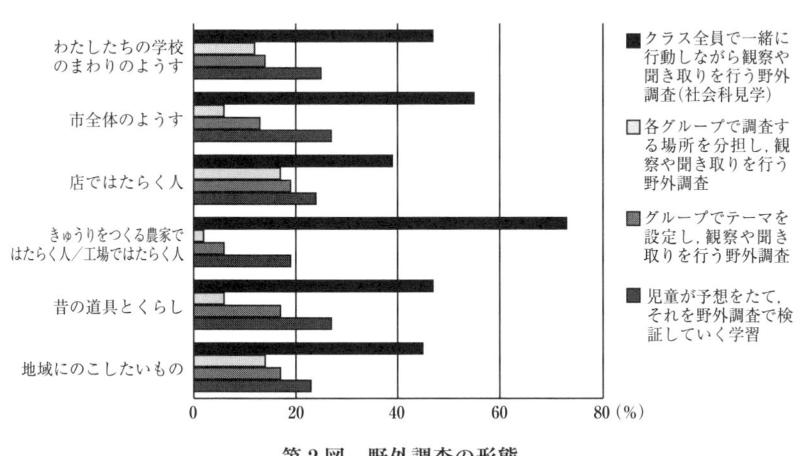

第2図　野外調査の形態

が卓越するが，学校周辺のより身近な地域を対象とした単元「わたしたちの学校まわり」・「店ではたらく人々」に比べ「市ぜん体のようす」は，グループ活動形態が少なく，広範囲な地域を学習対象とした，野外調査を効率的に実施する形態である巡検型になっているといえる。

単元「市ぜん体のようす」の野外調査で訪れている場所を尋ね，回答と副読本での例示場所とを比較した結果が第５表であり，副読本と同じ場所を訪れていることが多い。「特色ある場所」からみると，地理的内容である土地の低いところや高いところ，商業地などの等質地域の観察や，県庁などの公共施設には多く訪れているが，鉄道や道路など他地域とのつながりを示すものや歴史的内容に関わるもの（古くから残る建物や城址など）を訪れている数は少ない。

さらに単元「市ぜん体のようす」で重視する学習目標を調べてみると，地

第５表　副読本の例示と前橋市の市全体の様子で訪れている場所

特色ある場所	副読本の例示	野外調査で訪れている場所	回答数
土地の低いところ	JAビル周辺（下川淵地区）	JAビル周辺（下川淵地区）39 上川淵地区２，その他３	44
土地の高いところ	滝窪小金丸分校周辺（大胡ぐりーんふらわー牧場を含む）	大胡ぐりーんふらわー牧場・滝窪小金丸分校31，峯公園７，その他８	46
商店街のあるところ	中央通り商店街	前橋市の中心商店街29　その他３	32
工場の集まっているところ	力丸工業団地	芳賀工業団地15，力丸工業団地12，２号工業団地・総社町付近12，１号工業団地３，下川淵工業団地３，その他５	50
住宅団地のあるところ	広瀬団地	広瀬団地36，芳賀団地３，南橘団地１，天川大島１	41
交通が便利なところ	（記述で，北関東自動車道と前橋駅）	北関東自動車道７，前橋駅６，県庁前４，国道17号・50号３，市中心部３，新前橋駅周辺２，上武国道１	26
歴史的建造物があるところ	臨江閣	県庁周辺13（臨江閣７，県庁周辺５，前橋城跡１），大室公園１，日輪寺・菅原神社１，赤城大鳥居１，総社神社周辺１，その他３	20
公共施設のあるところ	県庁	県庁30，市役所４，JAビル２，中央公民館（元気プラザ）２，その他５	43

域の特色を見つけるといった理解にかかわる目標，並びに，地形や交通と結び付けて土地利用を理解するといった地理的な見方や考え方は，多くの教師が重視していた。一方，技能や態度の目標を重視する程度は，それらに比べ相対的には低かった。

３．３．アンケート調査からみえる野外調査と市町村学習の主要課題

野外調査の実施には「十分な時間を確保することができない」という課題がある中で，野外調査は重要な学習活動であるという意識から野外調査を実施しているといえる。単元「市ぜん体のようす」における野外調査では，限られた時間の中で市内めぐりをすることから，市の特色ある地域である等質地域を重視して回り，その形態も巡検型となっている。さらに，観察場所も副読本で例示された場所がほとんどである。その結果，歴史的建造物や交通の便利なところの調査が十分でないという課題が生じている。また，野外調査で育成できる技能や態度に対する目標があまり重視されていないことも課題である。

４．市町村学習における野外調査の授業の参与観察

４．１．実践授業の参与観察の目的と方法

前章の知見・課題は，アンケート調査に基づくものであるが，実際の授業実践がどのようなものであるかを臨床的に把握分析することは，具体的な実態をもとにした課題解決に資する。そこで，単元「市ぜん体のようす」において，①単元全体における野外調査の位置づけと学習での役割，②野外調査の実際と児童の観察の仕方についての実態と課題を明らかにすることを目的として参与観察を行った。実施校は，前橋市立O小学校（全児童数約500名の中規模校）の第３学年の１クラス（児童数25名）の単元「市ぜん体のようす」全授業であり，野外調査にも同行した。観察の期間は2014年６月上旬から７月中旬で，野外調査は2014年６月13日実施である。以下，単元計画の概要である（第６表）。

第6表　参与観察した「市ぜん体の様子」（前橋市）の単元概要

時間	ねらい	主な学習活動
1	【市のいろいろな場所】 前橋市について話し合い，単元のめあてを知る。	○前橋市について知っていることを発表する。 ○前橋市の形を知る。 ○次の学習について確認する。
2	【市のいろいろな場所】 前橋市の土地の高さの違いを知ることで，地形による様子の違いへの関心を高める。	○白地図に土地の高さごとに色を塗り分ける。 ○３つの写真（ぐりーんふらわー牧場，県庁，JAビル）の場所がどこにあるのかを白地図で確認する。
3	【市のいろいろな場所】 前橋市の土地利用の違いを知ることで，地域の様子が違うことへの関心を高める。	○白地図に，「家の集まっているところ」「工場が集まっているところ」「店や公共機関の集まっているところ」を色分けして塗る。 ○道路や鉄道にも色を塗り，前橋市の土地がどのように利用されているかを確認する。
4～8	【市内めぐり】 市内めぐりを通して，市内の特色ある地域の様子を理解する。	○バスに乗って市内めぐりをしながら，地域の様子について分かったことをメモする。 ○県庁など，バスを降りて観察ができるところでは，歩いたり，高いところから観察したりする。
9	【市内めぐりのまとめ】 市内めぐりでメモしたことをノートにまとめることで，見学場所の様子を確認する。	○市内めぐりで訪れたところを確認し，白地図に書き込む。 ○しおりにメモしてきたことをノートに整理する。
10	【土地の低いところ】 土地の低いところの様子について分かったことを話し合い，その特色を理解する。	○土地の低いところの様子について，市内めぐりで分かったことを発表する。 ○土地の低いところの様子について分かったことをプリントにまとめる。
11	【土地の高いところ】 土地の高いところの様子について分かったことを話し合い，その特色を理解する。	○土地の高いところの様子について，市内めぐりで分かったことを発表する。 ○土地の高いところの様子について分かったことをプリントにまとめる。
12	【いろいろな建物のあつまるところ】 公共機関の集まるところの様子について分かったことを話し合い，その特色を理解する。	○公共機関の集まるところの様子について，市内めぐりで分かったことを発表する。 ○公共機関の集まるところの様子について，分かったことをプリントにまとめる。
13	【お店／工場のあつまるところ】 商店街と工場の集まるところの様子について分かったことを話し合い，その特色を理解する。	○商店街と工場の集まるところの様子について，市内めぐりで分かったことをそれぞれ発表する。 ○商店街と工場の集まるところの様子について，分かったことをそれぞれプリントにまとめる。
14	【前橋市のあん内図をつくろう】 ガイドマップ作りをすることを通して，市全体のようすについての特色を理解する。	○住宅団地の様子についてプリントにまとめる。 ○ガイドマップの作り方を知り，ガイドマップ作りをする。

4．2．市町村学習における野外調査の授業の実態

4．2．1．単元「市ぜん体のようす」の学習の概要

1時間目は，前橋市の形を把握させることから始まった。前橋市の白地図を切り取らせてどんな形に見えるかを考えさせ，市の形のイメージをもたせた。2時間目では，学習のめあて「前橋市にはどんなところがあるのか」を児童にもたせ,前橋市にはどんなところがあるのかを調べるために，見学（野外調査）に行くことを知らせた。野外調査で訪れる土地の高いところ（大胡ぐりーんふらわー牧場），土地の低いところ（JAビル周辺），公共施設の集まるところ（県庁）の3か所の写真を示し，それぞれの様子を写真から読み取らせた。3時間目は，土地利用について取り上げ，白地図に色をぬることで，違いを把握できるようにした。

野外調査（4～8時間目）はバスを使って市内をめぐる巡検の形で実施された。野外調査のコースは，見学を受け入れる施設の都合や各学校の立地場所の違いから一律ではなく，各学校の判断で決められる。O小学校の場合は第3図のように学校を出発後，①県庁（32階の展望ホールから周辺の観察），②中央商店街（徒歩による観察），③前橋大島駅と④広瀬団地（バスの中から観察），⑤大胡ぐりーんふらわー牧場（土地の高いと

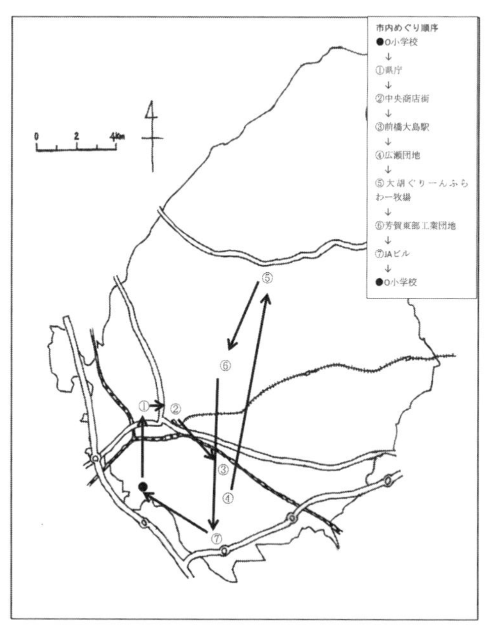

第3図　市内めぐりのコース
（『わたしたちの前橋』平成25年版に掲載地図より筆者作成）

ころの様子を観察)，⑥芳賀東部工業団地（工場の集まるところ)，⑦JAビル（土地の低いところ／10階から周辺の観察）の順番で野外調査が行われた。

なお，児童が野外調査時に持参するO小学校作成の『見学のしおり』はA４版８ページで，第４図のような内容構成である。市内めぐりで訪れる順

O小学校の「見学のしおり」の構成
（筆者作成）

【表紙】
見学の約束……p.1
社会科見学の日程……p.2
はんのメンバーと約束……p.3
①群馬県庁……p.4
②中央通り商店街……p.5
③天川大島駅・広瀬団地
④大胡ぐりーんふらわー牧場……p.6
⑤はが東部工業団地
⑥JA農協ビル……p.7
見学のまとめ(かんそう)……p.8
【裏表紙】

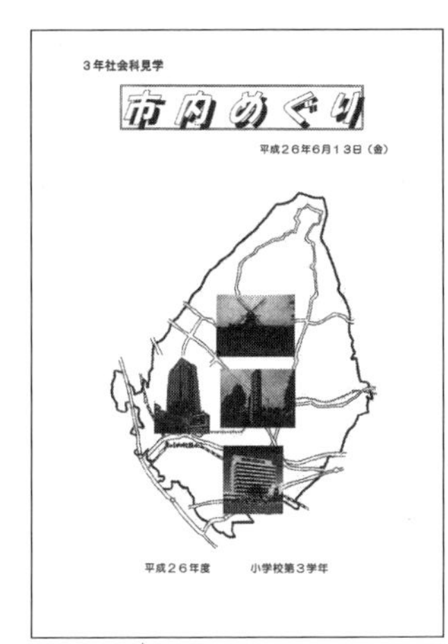

① 群馬県庁【32階から、前橋市の様子をよく見よう】
<北>赤城山や　利根川が　見えるかな？　目立つ　たて物は　何かな？
<東>役所の　たて物が　いくつも　見えるはずだよ。
<南>前橋駅と　両毛線が　見えるよ。
遠くに　土地の低い所が　広がっているはずだよ。
<西>真下に　利根川が　あるはずだよ。
−4−

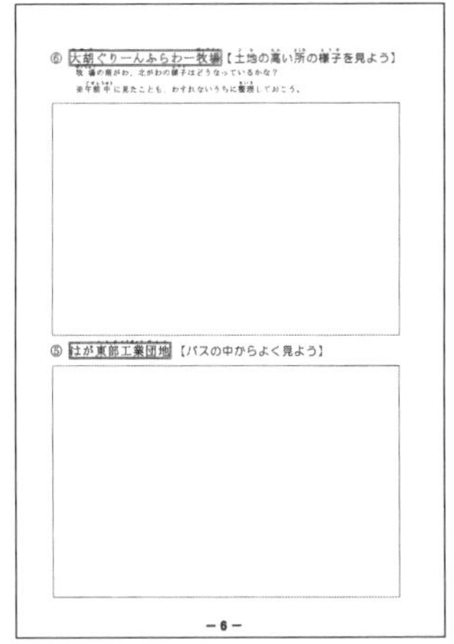
⑥ 大胡ぐりーんふらわー牧場【土地の高い所の様子を見よう】
牧場の南がわ、北がわの様子はどうなっているかな？
※午前中に見たことも、わすれないうちに整理しておこう。
⑤ はが東部工業団地【バスの中からよく見よう】
−6−

第４図　O小学校が作成・使用した『見学のしおり（市内めぐり）』
注）上段左：構成（目次）　上段右：表紙　下段：見学場所での記入ページ（p.4，p.6）

にページが作られており，枠の中に観察できたものを記録していく形となっている。

事後学習（9～13時間目）では，副読本に示されている５つの事例地「土地の低いところ」「土地の高いところ」「いろいろなたてもののあつまるところ」「工場のあつまっているところ」「じゅうたくだん地のあるところ」を順番に様子を確認し，特色をまとめた。そして，単元の最後（14時間目）には学習のまとめとして，前橋市の案内図を作る作業を行った。副読本でガイドマップのつくり方を確認し，学習してきたところの様子を白地図に書きこむ作業を行った。

４．２．２．児童の観察の傾向

本単元の学習の中で，野外学習は「市内めぐり」として位置付けられ，児童の学習への関心を高めるとともに，実際に観察してきたことをまとめて市の特色を理解する際の根拠を得ることが目的となっている。ついては，野外調査を組み込んだ市町村学習の内容構成枠組をふまえて児童の観察傾向を把握・分析し，目的達成について検討した。具体的には，野外調査で児童が使用した見学のしおりに書かれたメモを，(1)景観及び景観を構成する要素による分類，(2)形態（点的・線的・面的）による分類，(3)児童が観察した景観の観察地点からの距離による分類，から分析を行い検討した。その結果みいだされた，児童の観察における主要傾向は，次の通りである。

①ショッピングモールといった商業施設や児童に親しみのある公園や小学校といった施設など，児童は景観の観察において，身近に感じるものや親しみのあるものを観察する傾向がある。同時に，点的な見方をする傾向が見られ，面的な捉え方はあまりできていない。

②高い建物からの観察では，観察地からの距離に関係なく説明者の説明があったものをメモする傾向がある。しかし，児童は近くで見られるものと遠くで見られるものを同時に認識することで，すべて「周りに見える

もの」としてまとめてしまい，その結果，遠近という距離次元をふまえた周辺の特色の理解は正確にできなくなっている。

③徒歩で観察を行った場合，視覚だけではなく，においや体の感覚で特色に気付く児童もいる。徒歩で観察して回ることで視覚以外の気づきが得られる情報もある。他方，バスからの観察では，メモの数が少なく十分な観察ができていない。

４．３．市町村学習における野外調査の実践上の課題

参与観察から得た知見をもとにすると，単元「市ぜん体の様子」における野外調査の実践には，理論枠組要素毎に次のような課題がみられる。

学習内容では，地理的内容において建物個々の点的な観察が多く，面的な観察にはなっていない。交通の様子や歴史的建造物，公共施設の働きについての観察や学習も十分でなく，結果として，市の総合的な特色の理解はできていない。

身近な地域に対する見方・考え方の育成では，土地利用と地形を結び付けた考察はしているものの，交通と土地利用の結びつきについての考察はできていない。

技能では，野外調査において，徒歩で歩いて観察をしたところは周辺の様子をよく調べているが，バスの中からでは周辺の様子を十分に観察できていない。また，自由観察では，どんな視点で観察をしたらよいかが身に付いていない。

態度については，身近な地域の発展に貢献しようとする態度の育成につながる活動が，単元全体の学習を通してできていない。

5．小学校第３学年社会科市町村学習における野外調査を取り入れたカリキュラムの提案

5．1．市町村学習における野外調査の課題の解決方策

第１節で用いた市町村学習の理論枠組を基礎に研究を進めた結果，市町村学習における野外調査実践上の課題が前述のように見いだせた。同枠組をふまえて課題を解決する方策としては，身近な地域や特色ある地域，特色ある地域同士を比較・関連させたり，自然事象や社会事象を結び付けたりしながら地域の特色を理解することが可能になるように，野外調査を取り入れた市町村学習のカリキュラムを作成することが有効であり，その際の具体的配慮事項としては，次の２点が重要となる。

①児童の生活に関連した学習内容，観察地を考慮したり，内容によっては他単元での学習の中で地域の特色を理解する内容の関連を図ったりするようにすること。

②「地域の発展に貢献しようとする態度の育成」と「身近な地域を調査するための技能」については，第３学年の社会科単元全体を通してカリキュラムに配置すること

5．2．小学校第３学年社会科市町村学習における野外調査を取り入れたカリキュラムの提案

上記配慮事項を反映して，具体の学習内容と活動を組み込んだ「小学校第3学年社会科における野外調査を取り入れた市町村学習のカリキュラム」を第７表として提案する。本カリキュラムは，市町村学習における野外調査実践の課題解決を図ることで，市町村学習における市町村の総合的な理解を実現するものである。なお，本表の「市町村全体の様子の理解に関連する学習目標や内容」欄では，市の特色の理解に直接関係する内容のみ記し，働く人の仕事の様子や工夫，願いの理解などは紙幅の関係から割愛してある。

第7表　小学校3年生社会科における野外調査を取り入れた市町村学習のカリキュラム

学習単元（学習地域のスケール）	市町村全体の様子の理解に関連する学習目標（○）や内容（◇）	身近な地域に対する見方・考え方	野外調査	身近な地域を調査するための技能	地域の発展に貢献しようとする態度の育成
A 身近な地域のようす （学校区周辺）	○学校のまわりの様子を調べ，身近な地域には生活に関わる様々な土地利用がされていたり，公共施設があったりすることを知る。 ◇地理的内容／歴史的内容／公民的内容	《比較の元となる身近な地域の把握》 地理的内容／歴史的内容／公民的内容について，個別事象を観察し，多く見られたものや特徴的なもの（地域の特色）を考える。	身近な地域を観察する視点を知り，地域を知るための観察眼を養う 身近な地域の観察の仕方や調べるための方法など，基礎的な技能を知り，実践する。	《観察や調査の基礎的な技能》 ・建物，交通，土地利用の観察 ・スケッチや白地図への書き込み ・においや音など，五感を活用した観察 ・インタビューや聞き取り調査	・身近な地域の人との関わりをもとうとする態度を育てる。 ・身近な地域のよいところを見つける。
B スーパーマーケットや商店での販売 （学校区周辺）	○販売を通じた他地域とのかかわりがあることを理解する。 ○スーパーマーケット周辺の様子を観察し，地域の特色を理解する。	スーパーマーケット周辺と学校のまわりの様子を比較する。販売されている物の仕入れ先から，他地域との結びつきを考える。	スーパーマーケット周辺の観察により，スーパーマーケットや商店の立地が住宅地や幹線道路に近いことなどを観察する。	《調査の技能》 ・店の中を見学・観察する ・商品を観察する ・インタビューする ・記録の方法（スケッチ，写真） ・店のまわりの様子を観察する	・身近な地域での生活を維持するには，スーパーマーケットの販売の仕事が必要であることを理解する。
C 生産の学習 （農業または工業の学習） （学校区周辺～旧市町村の範囲）	○生産を通じた他地域とのかかわりがあることを理解する。 ○農地や工場周辺の様子を観察し，地域の特色を理解する。	《比較の元となる農地や工場のある地域の把握》 農家や工場のある地域の特色を考える。 農家や工場のまわりの様子から，地形や交通と土地利用の結びつきを考える。	農家や工場周辺を徒歩で観察し，農家や工場の立地が地形や交通と関係していないか考える。	《調査の技能》 ・農地や工場の中を見学・観察する ・インタビューする ・記録の方法（スケッチ，写真） ・農家や工場のまわりの様子を観察する	・身近な地域には，生活に欠かせない製品を作っているところがあり，生活と深く関わっていることを理解する。
D 市町村の様子① ―土地の様子と公共施設の様子― （旧市町村の範囲）	○自分たちの住んでいる身近な地域や市について，特色ある地形，土地利用の様子，主な公共施設などの場所，交通の様子から場所による地域の様子の違いを理解する。 ◇土地の高いところのようす／土地の低いところのようす／交通のようす／公共施設のあるところ	学校のまわりや農家や工場のまわりの様子を観察場所と比較し，観察地の特色を考える。 交通の様子から地域のつながりを考える（地図の活用，行き先を調べる）。	地形と土地利用の様子，交通と土地利用の様子を結びつけて地域の特色を考える。 地域の特色の見つけ方について，観察眼を育成する。 車の数や人通りなど，生の様子を観察し，特色を考える。	《観察の技能》 ・観察眼 ・高所からの俯瞰 ・インタビュー ・記録の方法（スケッチ，写真） 《調査の技能》 写真や地図の読図 観光パンフレットなどの資料の収集 （電話や手紙Eメールで聞く。インターネットで調べる）	自分たちの市には様々な商店，農家，工場があり，自分たちの生活を支えていることを理解する。 自分たちの市町村のよさを考え，話し合うことで，市町村のよさを見つける。

E かわってきた人々のくらし （身近な地域～市町村）	○地域の人々が受け継いできた文化財や年中行事などから，地域の人々の生活の移り変わりや地域の特色を理解する。 ◇市町村内の文化財や行事／昔の道具とくらしの様子	地域に残る行事や文化財から地域の人の願いを調べ，その願いがどのように生まれたのかを調べることで，地域の特色を考える。 市町村のうつりかわりの様子から，市町村の歴史的な特色を考える。	古くから残る建物や行事，郷土芸能を見学したり，聞き取りをしたりして調べる。 資料館や博物館の見学を通して，昔の道具や地域の移りかわりの様子を調べる。	《調査の技能》 ・観察や見学 ・聞き取り ・写真屋メモに記録 ・地図の活用	地域の人々が受け継いできた文化財や年中行事などから，地域の人々の生活の様子や願いを理解し，伝統行事などに参加しようとする態度を育てる。
F 市町村の様子② —総合的なようす— （市町村全体）	○自分たちの住んでいる市町村について，土地利用の様子，他の地域とのつながり，公共施設の働き，市町村に残る歴史的建造物の様子をまとめ，地理・歴史・公民的内容から，市全体の特色を総合的に理解する。 ◇ 市町村の様子①よりもさらに広い範囲の市町村の様子	市町村内の自然を生かした産業について調べ，市の特色を考える。 市町村内にある代表的な歴史的建造物の場所を調べ，市の特色を考える。 市町村内の公共施設について位置や働きを調べ，施設と生活の関わりや施設同士のつながりを考える。 交通の様子から市町村内や市外とのの地域同士の結びつきを広い視野で考える。	市の様子で児童が関心をもったところや観察が不足しているところを訪れて，追加の学習をする。	《観察の技能》 ・観察眼 ・聞き取り ・インタビュー ・記録の方法（スケッチ，写真） 《調査の技能》 写真や地図の読図 （図書資料を活用した調査電話や手紙Eメールで聞く。インターネットで調べる）	自分たちの住んでいる身近な地域や市について，地理的要素，歴史的要素，公民的要素から市の特色について総合的な理解をすることで，市町村に対して愛着をもち，行事等に進んで参加しようとする態度を育てる。

（筆者作成）

6．本研究の成果と課題

先行研究に比べた場合の本研究の主要成果は，市町村学習における野外調査の実践実態について前橋市を事例に臨床的に明らかにしたことである。そこでは，野外調査が市町村学習を通した市町村の総合的な理解を図るための有効な手段であることが示され，野外調査を市町村学習に位置づけたカリキュラムも提案することができた。今後の課題は，①具体的な単元計画を作成すること，②今回作成したカリキュラムに従って授業実践を行い，市の総合的な理解を図り，身近な地域に対する見方や考え方を育成できたかを検証すること，③作成した野外調査を取り入れた市町村学習のフレームが他の学習に転用できるかを検証すること，である。

＊本稿は筆者の2014年度上越教育大学修士論文「野外調査を取り入れた小学校市町村学習のカリキュラム開発に関する研究―群馬県前橋市を事例として―」の内容を再構成したものである。

文献

池俊介（2008）：市町村合併に伴う社会科副読本の課題．早稲田大学大学院教育学研究科紀要18号，pp.1-14.

伊藤裕康（2008）：社会科副読本に関わる実践及び研究の歴史から見た社会科地域学習の現状と課題．香川大学教育実践総合研究，17，pp.1-13.

位野木寿一・沢田清（1972）：野外観察の目的．位野木寿一・沢田清編著『指導のための野外観察』中教出版，pp.2-11.

犬井正（2009）：野外調査のあり方と課題．中村和郎・高橋伸夫・谷内達・犬井正編『地理教育講座第Ⅱ巻　地理教育の方法』古今書院，pp.319-330.

小林沙織・山口幸男（2010）：市町村合併に伴う小学校社会科副読本の変化と課題―群馬県の前橋市，みどり市を事例に―．群馬大学教育実践研究第27号別冊，pp. 1-12.

桜井明久（1999）：『地理教育学入門』古今書院.

篠原重則（1992）：小学校３学年「身近な地域」の授業実態と教師の意識―香川県の事例―．新地理，40(3)，pp.14-27.

篠原重則（2001）：『地理野外調査のすすめ―小・中・高・大学の実践をとおして―』古今書院.

志村喬・茨木智志・山本友和・大﨑賢一（2014）：社会科授業実践と教師の社会科専門性の実態分析研究―新潟県上越地方における調査からの知見―．上越社会研究，29，pp.31-40.

中村和郎・手塚章・石井英也著（1991）：『地理学講座４　地域と景観』古今書院.

前橋市教育委員会（2013）：『わたしたちの前橋　3・4上』前橋市教育委員会(第16版).

山口幸男（2002）：『社会科地理教育論』古今書院.

第5章　1998(平成10年)年版中学校社会科学習指導要領で導入された選択的「都道府県」学習の理論と実際

戸田佳孝

研究対象学年・内容

・中学校第1学年及び第2学年（地理的分野）
・1998（平成10）年版学習指導要領のみで導入・施行された選択的「都道府県学習」の理論
・地理教科書及び全国の都道府県作成教材における選択的「都道府県学習」の扱い

研究目的

・本研究は，1998（平成10年）年版中学校学習指導要領期にのみ導入・施行された選択的「都道府県」学習について，育成学力目標の基底にある「地理的見方・考え方」に関する概念の理論的検討を行った上で，同年版対応の教科書及び各都道府県が開発・作成した教材における選択的「都道府県学習」の扱いを分析し，学習実態を解明する。さらに，実態の総合的考察を通して「地理的見方・考え方」を踏まえた選択的「都道府県」学習の実践的な在り方を提言すること，を目的とした。

Ⅰ．目的設定の理由

1998年版学習指導要領では，「地理的な見方や考え方」の育成が一層重視されるとともに，従前中学校社会科地理的分野の中核をなしてきた世界と日本の「諸地域学習（地誌学習）」が，２～３の州・国あるいは都道府県のみを選択的に学ぶ「地域の規模に応じた調査」に大転換し，社会科・地理教育界では大きな論点となった。「地理的見方・考え方」については，滝口（1973），桜井（1999），山口（2002）の指摘のように様々な立場からの見解があるうえに，選択的「都道府県」学習に対しては，中学校地理的分野の目標を日本の国土認識としながらも「基礎・基本」と「方法・視点」が分離したこと，カリキュラム原理や「日本」の学習の中における「都道府県」学習の位置付けが不明瞭になったこと，に重大な問題があるとの指摘・問題提起がされた（例えば，戸井田，1998）。

このように，「ゆとり教育」の中で，生きる力を育むために教科の授業時間が削減され学習内容が厳選された1998年版学習指導要領下であるがゆえに，「都道府県」学習の基本原理を改めて確認する必要があると考える。なぜならば，社会の変化に主体的に対応できる人間形成のためには，社会科地理教育においても知識内容を教え込むのではなく，学び方やものの考え方の育成がこれまで以上に重視されるからである。

Ⅱ．研究の方法

1．「地理的見方・考え方」に関する概念の整理・分析
2．新旧学習指導要領における「都道府県」学習の整理・分析及び位置付けの検討
3．1998年版学習指導要領対応の地理教科書における選択的「都道府県学習」の扱いの分析
4．収集した都道府県版学習教材（各都道府県で独自開発している教材）における「都道府県」の扱い及び授業実態の調査分析（各校の実態調査結果は本稿では割愛）
5．「地理的見方・考え方」・「カリキュラム編成」・「事例学習」の視点からの「都道府県学習」の課題整理及び改善方向提言

Ⅲ．研究内容

1．「地理的見方・考え方」の検討

1．1．教育論から見た「地理的見方・考え方」

佐島（1984）は，「教育学は，人間形成における『実質陶冶的側面』と『形式陶冶的側面』から総合的に研究がなされる学問的性格をもっている」としている。このことから地理教育の目標は，実質陶冶と形式陶冶の二つの側面から考えることができる。篠原（1949，pp. 347- 355）は，「陶冶には第一，一定の文化内容を獲得せしめ，第二，之と共に精神諸能力を練磨し，第三，創造的に外界に発動する一定の堪能を興えることへの三方面ある。この中，一般に，第一を実質的陶治，第二を形式的陶冶，第三を技能と称する」とし「実質的陶冶と技能はいつまでも並進すべきものであり，この両者を媒介として結合するものは形式的陶冶である」と指摘する。また，高田（1996，pp.1-19）は，「学習指導には，習得された文化内容の客観的側面と人間諸能力の主観的側面，すなわち知識の習得を主とする内容的側面と，知識に働きかける能力の育成に重点を置く精神の形式的側面とに区別される」とし，前者を実質陶冶，後者を形式陶冶と定義付けている。そして，歴史的には「実質陶冶か，形式陶冶かのいずれに重点をおくか」という問題が絶えず論議されてきた。しかし，高田（1996，pp.6-15）の指摘の通り，「各教科の基本的な内容を学習させながら，その過程で同時に思考，判断，問題解決等の能力を訓練することによって，はじめて生きて働く知性や知力を効果的に形成できる」と考える。

社会の変化に主体的に対応できる人間の育成のためには，「実質陶冶」と「形式陶冶」，さらに「技能」をうまく組み合わせた学習指導が必要である。地理教育を前述の陶冶に照らし合わせてその価値を探ると，地理教育の内容は，世界や日本の国土に関する「地理的な知識の獲得とその理解（実質陶冶）」と，「『地理的見方・考え方』の育成（形式陶冶）」及び，地図等に関する読図・

描図や地図・グラフ化等の「地理的技能」の３面からとらえられる。

山口（2002，pp.24-36）は，知的側面，態度的側面のいずれに比重を置くかによって地理教育の理念・目標は，確定していない現実があるとするが，公民的資質を育成することを主目的とする社会科地理教育においては，社会認識と公民的資質とを統一的に形成するところに本質がある。これを踏まえて地理教育を「実質陶冶」と「形式陶冶」との二側面から考えると，地域に関する情報を入手し，その分析に基づいて地域的特色を理解すること（実質陶冶），地域的特色を理解するために必要な地理的考察の方法を身に付けること（形式陶冶）が先ずは指摘できる。よって，公民的資質との関連にも目を向けながら「実質陶冶」としての地理的認識と「形式陶冶」としての「地理的見方・考え方」，さらに「地理的技能」との関係を明らかにすることは，山本（1997，pp.175-176）が述べる「社会科の究極の目標である，公民（市民・国民・国際人）たるに必要な知識・理解を踏まえて思考し，主体的に価値判断し，行動できる能力や意識を育成する」うえで，極めて重要な意義がある。

１．２．先行地理教育研究における「地理的見方・考え方」の分析

「地理的見方・考え方」は，地理的意識，地理意識，地理的学習能力や地理的認識，地理的思考，地理的つかみ方，など様々な用語に象徴されるように多義的内容を擁している。そして，「地理的見方・考え方」の内容に関する研究は，児童・生徒の「地理的見方・考え方」の実態調査を行い，その結果を分析する実証的研究（①）と，今日に至るまでの提案・主張されてきた理論や実践報告を分析する理論的研究（②）に分けられる。

①　実証的研究

石沢（1953）は，小・中学生約2,000名を対象に分布有機的関係がいかに発達するかを，斑目（1968）は，小・中学生50名ずつを対象に地理的認識の発達段階を分析した。また，尾崎（1970）は，小・中学生1,481名を対象に地理的意識の発達を分析し，出石（1970）は，小・中学生2,485名を対象に「地理

的見方・考え方」の発達傾向を明らかにしようとした。鳥海（1973a・b・c・d, 1974）は，小5から高1の計1,200名を対象に「地理的見方・考え方」の内容の発達傾向の特色を分析した。その結果，地域性形成における競合関係，人間主体の考え方や地域の他律変化を広い視野で把握することが児童・生徒にとって難しいものであり，小・中・高等学校の一貫性の中で教材編成を考える必要性があることを示した。

② 理論的研究

「地理的見方・考え方」に関する理論的研究は多いが，桜井（1999, pp.4－14）・戸井田（1998）はじめ各論者の主張からは，「地理的見方・考え方」の基盤は，地理学の学問的側面（地理的基本概念）から導出されなくてはならないことが明らかである。したがって，「分布〈場所・位置〉」・「環境」・「地域」という地理的基本概念の視点から見たり考えたりすることが，地理教育の目的の1つである地域的特色の認識には必要である。加えて，社会科地理教育として「地理的見方・考え方」をとらえる際には，各論者が主張しているように，態度化の視点を盛り込むことが求められる。

1.3.「地理的見方・考え方」を培う学習方法：サンプル＝スタディの援用

1998（平成10）年学習指導要領改訂によって中学校地理的分野では，日本の諸地域学習が都道府県スケールの学習（以下「都道府県」学習）となり，従前の「世界の諸地域」学習に加えて，この「都道府県」学習でも事例学習（2～3の都道府県のみを事例地域として取り上げた学習）が行われるようになった。そして，事例地域の選択に関しては，サンプル＝スタディ的手法がとられるようになった。

イギリスで提唱されたサンプル＝スタディに関する，わが国における先行研究には，岩田（1971）の地理教育史研究，朝倉（1975, 1981）の概説的論稿，山口（2002）・伊藤（2002）のサンプル＝スタディ用教科書の考察等がある。サンプル＝スタディがもつ地理教育上の意義・特性を，これら先行研究から

第1表　サンプル＝スタディの意義・特性

・サンプル＝スタディは，陶冶の観点から言えば形式陶冶の立場にあり，児童・生徒の「地理的認識能力」の育成を，各サンプル地域の学習の中で行っていこうとしている。 ・サンプル＝スタディは，具体的事象を扱うものであるが，児童・生徒に詳細な知識を与えようとするものではない。 ・サンプル＝スタディは，大縮尺図・図表・写真などの技能を豊富に活用する，いわゆる“教室での野外学習”を実現する。 ・サンプル＝スタディの地理的単位は，人間の環境への関わり方をよく表しているものとして選ばれる。

（岩田（1971），朝倉（1975，1981），山口（2002）をもとに，戸田が作成）

抜粋したのが第1表であり，そこでの学習過程は，①既知から未知へ　②単純から複雑へ　③具体から抽象へ　④特殊から一般へという教授原理を背景としているとされる。

なかでも，岩田（1971）は，子どもの自己活動の中，また具体的な事象との関連の中で，明確に認識された地理的用語・地理的分析方法の理解こそ重要であるとしたうえで，このような理解ができれば，子どもたちを単なる認識能力の発達にとどまらせないで，子どもたちに態度・行動の変容をもたらすことができると指摘している。山口（2002，pp.172-179）の*Study Geography*の分析では，サンプル＝スタディでは，人物（家族）が登場し，その人物の活動を通して認識次元に留まらない内容をも学習していると説明している。これらの研究は，サンプル＝スタディが，具体的な事例から事象の典型性や一般性を理解することはもちろん，具体的な事例に見られる人間の生き方を学ぶことで態度・行動の変容をも目指し，社会のあり方を考えることができる学習方法であることを示唆している。一方，朝倉（1981）は，サンプル＝スタディにおける指導上の留意点として次（ア～エ）を挙げたうえで，「世界の諸地域学習」への適用においては総合指標による世界の地域区分を基に地域区分を行う必要があるとの問題提起をしていた。

ア　取り上げる事例は，地域または類型のサンプルとしてかなり広い意味で適応できるものであること。

イ　学習の対象となる事例は地理的な意味をもつものであること。

ウ　事例を通して重要な事実を理解させるとともに，地理的見方・考え方，学び方を指導することが大切であること。（個々に事例の暗記だけにとらわれると“岬と湾（地名物産）”の地理に逆行してしまう）

エ　事例の所在地を地図で確認し既習の事例と比較考察させること。（「特殊」を通して「一般性」を発見させることが肝要）

この指摘・提起には多くの示唆・課題が含まれているが，サンプル＝スタディにとって，一定の性格をもった地域（統域）を有効に設定しうるかどうかが，学習成果に大きな影響を与える最も重要かつ深刻な課題であることが確認される。したがって，「都道府県」学習においても，サンプルとしての事例都道府県を，慎重に選択する必要があると考える。

2．中学校「都道府県」学習に関する教科書及び都道府県版副教材の検討

2．1．「都道府県」学習に必要な視点

山口（2002，pp.124-128）によれば，人間・社会の存在する空間は郷土，国家・国土，国際・世界であり，国際化，グローバル化が進めば進むほど，学校教育における国家・国土，郷土に関する学習が重視される。一方，日本の学習指導要領下における地理学習は，「地理的見方・考え方」を基にして，地誌的な方法と系統地理的な方法によって行われてきた。

このようななか「都道府県」学習は，身近な地域学習と深いかかわりがあり，特に「学校所在地の都道府県」学習は，篠原（1984）・朝倉（1985）が定義付ける「地域学習」[1)]の一環としても位置付けられてきた。かつて郷土学習について“郷土を学ぶ”のか“郷土で学ぶ”のかが問題となったが，前者は郷土それ自体の理解を学習の主なねらいとする目的概念として，後者は

「地理的見方・考え方」の基礎を直接経験可能な郷土の学習で育てることを主眼とする方法概念として，郷土をとらえたものである。このような二分法的なとらえ方は地域学習においても議論されたが，二つの概念が別々ではなく一体のものとしてとらえることが実際には重要である。

したがって，「都道府県」学習においてもその概念は相互に関連しあうものでなくてはならない。本研究が対象としている選択的「都道府県」学習の学習指導要領を教科調査官として作成した渋沢は，かつて，日本地誌学習のねらいを，日本の各地域がもつ性格の把握・総合的解明により地域の一般共通性と地方特殊性を明確にすることとし，それぞれの地域に居住し活動する人間や社会の実態等から総合的に把握していこうとするところに日本地誌学習の意義があるとしていた（渋沢，1984）。しかしながら，1998・99年版小・中・高等学校学習指導要領の日本の学習に関連した「内容」を比較すると，学習対象とする内容領域については，小学校においては学習領域を次第に拡大する内容が設けられているが，中学校地理的分野では，「内容」の厳選，学び方を学ぶ学習の充実という観点から，世界先習の構成を改め，各大項目の中に世界と日本に関する「内容」が含まれるようになり（文部省，1998：澁澤，2000），各地域がもつ性格の把握・総合的解明により地域の一般共通性と地方特殊性を明確にすることが困難になった。その結果，「都道府県」学習の位置付けが不明瞭になり，日本の学習という同一課程の中で「地理的見方・考え方」を基にして地理的認識を形成することが困難な状況になった。

学習指導要領においては，「内容」の「(2)地域の規模に応じた調査」における「イ　都道府県」のねらいは，「地域的特色をとらえさせるとともに，都道府県規模の地域的特色をとらえる視点・方法を身に付けさせる」こととされている。澁澤（2001，pp.82-85）も，「地域の規模に応じた調査」はあくまでも「学び方を学ぶ」項目であると主張している。授業者の立場から堀内（2000）や小笠原（2002）も，実践に即してそのねらいを「地域的特色の理解ではなく，事象の調査方法や意義を学ぶこと」と主張する。しかし，松尾

(2001) の「技術・態度を目的としていることに新学習指導要領の問題点がある」や鈴木 (2002) の「都道府県の調べ学習を行わせるだけでは，地理的事象に関する認識を深めることは困難である」といった意見のように，教育現場では学び方を学ぶことのみならず，地域的特色をとらえることによって日本の国土認識をも深めていこうとする意識は強い。このことは，従前の学習スタイルを積み重ねてきた現場教師が，今まで地誌学習を柱に編成されてきた日本の学習から決別することの困難さを含んでいる。

これらのことから筆者は，学び方を学ぶことによって転移性をねらった学習指導要領改訂の意図は十分理解できるものの，「地理的見方・考え方」や「地理的スキル」,「事例学習（サンプル＝スタディ）」原理を「都道府県」学習に反映させ，地域的特色をとらえることによって日本の国土認識をも深めていこうとする意識を生徒に持たせなければならないと考える。そして，最終的には「都道府県」学習において，都道府県規模の地域的特色を地理的認識としてとらえ，その認識を基に人間の生き方と社会のあり方を思考する態度化を図ることが重要と考えている。

2．2．教科書の分析・考察

2．2．1．教科書分析の目的と方法

事例学習によって，「二つ又は三つの都道府県」が事例として扱われるようになった。本来，教科書に見られる教育目標・内容・方法は学習指導要領に基づいている。しかしながら，内容の「(2)地域の規模に応じた調査」における事例の選択は，各教科書発行社に委ねられている。そこで，認識対象である「都道府県」の各教科書（7社7冊）での選択について検討する。その際，前述のように「地理的見方・考え方」に盛り込むことが望ましい態度化の視点が，どのように取り扱われているかも検討する。方法としては，「都道府県」が，どのような視点で取り扱われているかを分析し，その結果をサンプル＝スタディの原理と照合し，課題を析出する。並行して，態度化

に関連する記述も分析し，課題を抽出する。

2．2．2．教科書分析

どの「都道府県」を事例として取り上げたかを示す第２表の通り，事例として多く選ばれている「都道府県」は，東京都と福岡県である。その理由としては，日本の首都，九州の中心県として取り上げられたことが推察される。

学習指導要領によれば，「都道府県」は，異なる視点・方法による追究の仕方を学ぶ単元として位置付けられている。実際，担当教科調査官であった澁澤（2001）の「新地理学習への批判，疑問」と題された執筆部分（pp.9-22）では，「イ　都道府県」のねらいはあくまでも「学び方を学ぶ」ことであるから，中単元のタイトルを「○○を調べよう」とすると，県の特色を知ることが主目的になりやすいと指摘している。そこで先ず，教科書に見られる対象単元中項目のタイトルや選択地域の特色を見てみると，３社が「○○県を調べよう」，３社が「△△して調べよう　○○県を例に」である（１社は，どちらにも相当しない）。本単元で身に付ける追究の仕方（都道府県の調べ方）で重要なことは，追究の視点であり，追究の視点に応じて「都道府県」の地域的特色が得られると想定される。そこで，教科書記述における追究の視点と描かれている地域的特色について分析整理した。

教科書で取り上げている各「都道府県」の地域的特色を整理したものが第

第２表　各教科書発行社　中学校社会科地理的分野　教科書一覧

発行社		A社	B社	C社	D社	E社	F社	G社
事例地域	身近な地域	愛知県	東京都	神奈川県	東京都	石川県	東京都	茨城県
		小牧市	八王子市	大和市	八王子市	金沢市	調布市	ひたちなか市
	都道府県	愛知県	東京都	神奈川県	東京都	岩手県	長崎県	茨城県
		滋賀県	北海道	北海道	山形県	福岡県	大阪府	東京都
		福岡県	長崎県	—	福岡県	東京都	北海道	福岡県

注）—は記述なし　　（1998年版　各中学校社会科地理的分野の教科書から戸田が作成）

第3表　教科書で取り上げた各「都道府県」の地域的特色

発行社	A社	B社	C社	D社	E社	F社	G社
都道府県	愛知	東京	神奈川	東京	岩手	長崎	茨城
項目名	産業 ・工業 ・地形気候 ・農業 ・移動と交通	東京の商業 ・首都交通 ・全国の商業 ・商業鉄道	都市化 ・人口移動 ・農業面積	土地利用 ・人口 ・資源産業 ・地域間	多面的 ・自然 ・自然→産業 ・地域と産業 ・結びつき	特色 ・地形 ・観光 ・都市と産業	特色 ・環境 ・農業 ・工業 ・都市
都道府県	滋賀	北海道	北海道	山形	福岡	大阪	東京
項目名	環境 ・自然と産業 ・琵琶湖 ・水利用	農業 ・歴史開発 ・農業特色 ・各地の農業	農業 ・全国における位置付け ・北海道のようす	統計資料 ・自然 ・資源産業 ・結びつき ・生活・文化	テーマ ・県の特色 ・歴史と産業 ・中心地 ・交流の拠点	特色 ・イメージ ・産業 ・地域開発	大都市 ・政治・経済 ・人口 ・産業 ・まちづくり
都道府県	福岡	長崎		福岡	東京	北海道	福岡
項目名	移動 ・アジアの窓口 ・自然と産業 ・九州の中心	自然・環境 ・自然 ・環境問題 ・観光と産業		自由な調査 ・結びつき ・資源産業	比較・関連 ・日本の首都 ・人口 ・結びつき	特色 ・自然と開拓 ・農業 ・都市くらし	地方中心都市 ・自然 ・産業 ・社会環境 ・東アジア

（1998年版　各中学校社会科地理的分野教科書の記述から戸田が集計・作成）

3表である。タイトルとは関係なく，従来のように自然，人口・産業について並列にその視点を記述する静態地誌的な取り扱い（B社，C社，F社，G社）と，ある産業・人口に関する視点を切り口に地域的特色を探究する動態地誌的な取り扱い（D社・E社）が見られた。また，その視点としては自然，人口・農業・交通等系統地理的視点（例えば，E社）が用いられて，特に環境や地域間の結びつきを視点として取り上げている傾向（例えば，D社，E社）が見られた。

認識内容及び追究技能に加え，学習指導要領地理的分野の「目標(4)」には，「公正に判断する態度」や「適切に表現する態度」といった態度化の目標がある。しかし，「都道府県」学習が位置づけられている「内容　(2)地域の規模に応じた調査」は，ねらいを調べ方や学び方を身に付けさせることとしている。この中で，態度化につながるねらいとしては，「環境条件や人間の営みなどと関連づけて考察する」ことを重視して追究（調べ学習）を行うことは態度化につながるとあげられている。しかし，「都道府県」学習における，認識・技能育成と態度化との間には乖離があり，この隔たりを埋める必要があるとともに，そのヒントはサンプル＝スタディの学習原理にあると筆者は考える。

前述のように，サンプル＝スタディは，具体的な事例に見られる人間の生き方から態度・行動の変容をも目指し，価値判断・意思決定を通して社会のあり方を考えることまでもねらっている。そこで，教科書に見られる態度化の視点（価値判断，意思決定）が含まれている内容を抽出した。その結果が第4表である。

態度化につながるねらいとしての「環境条件や人間の営みなどと関連付けて考察する」ことに関して，教科書の記述では，「寒いところで稲を栽培する工夫が積み重ねられて（B社）」といった自然環境のみならず，「工業団地を造成して，工場の誘致をおこなってきた（G社）」といった社会環境と人々のくらしを関連付けている記述は見られる。しかし，「公正に判断する」，

第4表　教科書にみられる態度化の視点

発行社	A社	B社	C社	D社	E社	F社	G社
都道府県	愛知	東京	神奈川	東京	岩手	長崎	茨城
態度化に関する記述	—	商品の買い方や買う場所を考える	—	都市のごみ問題	岩手県の未来構想	—	県の学習をまとめる
都道府県	滋賀	北海道	北海道	山形	福岡	大阪	東京
態度化に関する記述	開発と課題について考える	—	—	農業と環境問題	—	—	どんな問題を抱え解決しようとしているか
都道府県	福岡	長崎		福岡	東京	北海道	福岡
態度化に関する記述	—	調べたところ→確かめに行ってみたい		環境問題への取り組み	—	—	—

注）—は記述なし　　（1998年版　各中学校社会科地理的分野教科書の記述から戸田が作成）

「適切に表現する」といった態度化に関する記述は，第4表の通り，それほど多くの記述を見ることができない。

2．2．3．教科書分析結果の考察

分析結果から，選択された地域は，日本において特徴的な「都道府県」であるので「地域サンプル」と捉えることができるが，地理的諸法則を習得させるために選ばれた「都道府県」であるとは言い難く「系統サンプル」と捉えることはできない。また，自然・産業・人口といった視点から見れば，日本において特徴的な「都道府県」であるが，それが即「日本」の代表的な地域（「地域サンプル」）になりうるかは疑問である。（Honeybone ed., 1962, pp.5-8）　また，サンプル＝スタディにおける「地域サンプル」としての本来のサンプル地域は，一般的承認を得られるような総合的な指標による地域区分に基づいた大地域を代表するところの小地域である。しかし，現実にはサンプル地域の選択は困難を極めるので（岩田，1971），イギリスの*Study Geography* に見られるような人口密度に基づいて，サンプル地域を体系化する（山口，2002，pp.172-179）などの工夫が必要である。ここから，中項目「ア　身近な地域」，「ウ　世界の国々」との関連をはかり，地域選択を行っていくことが重要であると考える。

また，態度化につながる「環境条件や人間の営みなどと関連付けて考察する」視点・方法に関する記述は幾つか見られたものの，価値判断・意思決定を促す記述は，それほど多くは見られなかった。但し，学習指導要領では示されていない態度化の記述が教科書に見られたことはサンプル＝スタディの原理と照らし合わせると示唆が得られる。即ち，事例学習において「環境条件や人間の営みと関連付けて考察」させ地域的特色をとらえることはもちろんのこと，その認識を基に価値判断や意思決定を促すことは，態度化へ繋げるための重要な視点であるといえる。

以上のように教科書に見られる記述から「都道府県」事例の選択，態度化

第5表　教科書の記述から明らかになった課題

①各教科書で事例として取り上げている「都道府県」は，日本において特徴的な「都道府県」であり，「地域サンプル」ととらえることができる。
②地理的諸法則を習得させるために選ばれた「都道府県」であるとは言いがたい。このことから「系統サンプル」ととらえることはできない。
③総合的にみて「日本」の代表的な地域になりうるかは疑問である。
④今後は「ア　身近な地域」，「ウ　世界の国々」との関連をはかりながら，地域選択を行う必要がある。
⑤「都道府県」学習において，「地理的見方・考え方」によって，環境条件や人間の営みなどと関連付けて考察することは重要である。
⑥さらに，「都道府県」学習においても，認識を基に価値判断や意思決定をうながすことは重要である。

に関する内容が明らかになるとともに，次のように課題が見いだされた（第5表）。地誌的研究方法に通じさせ地域的特色の認識を目的とするサンプル＝スタディ的学習[2)]によって，その視点・方法を学ばせることは当然必要である。しかし，具体的な事例を通して地域的特色を理解することによって，地理的な思考力を育成させるサンプル＝スタディの原理を踏まえて，「学び方」のみならず，実質陶冶としての「地域的特色を踏まえた国土認識」と結び付けること，さらにその認識を基にした態度化を目指すことが重要である（第5表）。

2．3．「都道府県」作成の副教材の分析・考察

2．3．1．副教材分析の目的と方法

「都道府県」学習副教材は「学校所在地の都道府県」を学習する目的で従来から開発・使用されてきた教材である。学習指導要領の改訂によって，「都道府県」学習は，「視点・方法」を学ぶ「方法概念」がねらいとなった。

しかし，「学校所在地の都道府県」は，生徒が住む「身近な地域」と密接に関係しているため，その取り扱いには，「目的概念」的な取り扱いや「態

度化」の視点も必要である。そこで，「都道府県」学習副教材の質的な分析を行うことによって，「学校所在地の都道府県」の取り扱いや態度化の視点がどのように取り扱われているかを検討する。方法としては，全国各都道府県及び政令指定都市教育委員会に対して「都道府県」学習副教材の著作・編集に関する調査を行った。その結果，独自に作成が12委員会，副教材出版社に依頼して作成が4委員会，未作成が21委員会という状況であった。ついては，読み物的な副教材を除いた8県の副教材を量的・質的に分析し，上記観点から現状を明らかにするとともに課題を抽出する。

2．3．2．副教材分析

副教材に見られる記載事項を整理した第6表にあるように，すべての県が地名や詳細なデータ等を具体的に記載している。気候，地形，人口，都市，資源・産業，生活・文化に関するデータを静態的に網羅している県が多く見られ，教科書と比べてみても，データが豊富であることが分かる。しかし，データ等を「具体的に記載」しているだけではなく「視点・方法」の併記（鳥取県，島根県，山口県，徳島県，香川県，熊本県）が見られる。一方，「具体的な記載」は最小限にとどめ，「視点・方法」を強調している県として，佐賀・大分の2県があげられる。特に，大分県は「比較・関連」の視点に焦点を絞って，地域的特色を考察させている点が注目される。

態度化につながるねらいとしては，教科書と同様に「環境条件や人間の営みなどと関連付けて考察する」ことが重視されている。そこで，「環境条件や人間の営みなどと関連付けて考察する」に関して副教材の記述を分析してみると，インタビュー形式で自然環境と人々のくらしを関連付けたり，「うどんは，年中行事や仏事などに登場してくるハレの日の食べ物であったが，しだいに常の日にも食べられるようになった（香川県）」のように社会環境と人々のくらしを関連付けたりする記述が見られる。

しかし，副教材は教科書とは異なり，記述よりも資料を用いて作業する部

第６表　副教材にみられる記載事項

都道府県	名　称	記載事項（視点）	記載の特徴
鳥　取	鳥取県版　中学白地図	市町村名・位置・データ，気候，人口，ホームページ一覧，農業，交通，生活文化	具体的地名・データ 視点・方法の記載
島　根	島根県　地理資料集	自然，気候，人口，生活・文化，農業，水産業	具体的なデータ 視点・方法の記載
山　口	地域調査　やまぐち	気候，地形，人口，都市，資源・産業（農業，水産・林業，工業），生活・文化，地域間の結びつき，	具体的なデータ 視点・方法の記載
徳　島	中学校社会科学習用白地図　改訂版（１年生）	地形，気候，行政区分，人口・移動，交通，産業（農業，商工業）	具体的なデータ 視点・方法の記載
香　川	1年用　中学生の社会科白地図(地理ノート)	地形，自然，人口，産業，生活・文化，地域間の結びつき	具体的なデータ 視点・方法の記載
熊　本	〈熊本県版／地理資料〉熊本県をもっと知ろう	自然，人口，農業，工業，観光，生活・文化	具体的なデータ 視点・方法の記載
佐　賀	佐賀県版地理資料集　佐賀を探す本	地理的な考え方，全国との比較，変化，地域差，他地域との結びつき，イラストマップ，インターネット情報	具体的な記載は最小限 視点・方法が強調
大　分	中学校社会科　地理ノート　上巻・下巻	行政区域，市町村データ，地形図，景観写真，産業，生活と文化，海外との交流	具体的な記載は最小限 県内の地域間の比較関連の視点が強調

（2002年，戸田が調査・作成）

分へページがさかれているため，「環境条件や人間の営みなどと関連付けて考察する」記述がすべての副教材で見られた訳ではない。さらに，「公正に判断する」といった，価値判断や意思決定をうながすような視点は読み取れなかった。多くの場合，記載事項は，その単元のまとめとして活用されており，態度化に関する記述はほとんど見られない。

２．３．３．副教材分析結果の考察

「学校所在地の都道府県」学習には，地名を始めとする基本的な知識や自然・人文事象に関するデータを静態的に網羅することも必要であると判断されていることが，副教材の分析から分かった。また，網羅された資料をその

まま暗記して知識とするのではなく，「地理的見方・考え方」によって，地域的特色を考察することが必要とも指向されていた。したがって，「学校所在地の都道府県」を「方法概念」的に取り扱うことは重要ではあるが，資料を地図化・グラフ化することを通して，「目的概念」的に地域的特色をとらえることも同様に重要であるといえる。態度化に関してみると，「環境条件や人間の営みなどと関連付けて考察する」ことは，比較的扱われていた。例えば，「過疎対策や産業の発展のためあなたの住んでいる市町村では，どのような町おこし，村おこしが行われているか調べてみよう」（島根，山口）という記述である。但し，調べる視点として態度的な側面の視点がこのように用いられているものの，「公正に判断する」，「適切に表現する」など，価値判断や意思決定をうながすような視点は不足していた。

副教材は，教科書に比べると，その構成は著者・編集者の意図を反映しやすい。とするならば，学習指導要領が示す内容を柔軟に解釈しながら地理教材化を図ることも可能である。社会科地理学習としては，態度化に関する記述を盛り込むことが重要であろう。

3．事例学習としての「都道府県」学習の課題

学習指導要領の改訂によって，「都道府県」学習において，サンプル＝スタディ的な事例学習が行われるようになったが，「視点・方法」のみが重視されることによって，本来社会科学習として必要な「人間・社会」という態度的側面が薄れ，表面的なものになってしまった。このことは，教科書・副教材の分析の結果，「環境条件や人間の営みなどと関連付けて考察する」記述は見られるが，価値判断や意思決定といった態度化を促す記述はほとんど見られなかったことから裏付けられた。学習指導要領の改訂によって，事例の選択方法がとられるようになったが，「都道府県」学習ではサンプル＝スタディの「視点・方法」のみを採用しているので，サンプル＝スタディの本来の長所が生かされていない。これは，①教科書分析結果の知見：「都道府

県」の事例は地理的諸法則を習得させるために選ばれる「系統サンプル」にはなりうるものの，総合的な指標による地域区分に基づいた「地域サンプル」になりえないこと，②副教材分析結果の知見：認識を基にした態度・行動化の変容をも目指しているが，「視点・方法」だけの採用では，価値判断や意思決定といった態度・行動の視点が不足する，ことから明らかである。

社会の変化に主体的に対応できる人間形成のためには，どの単元・学習過程においても実質陶冶と形式陶冶をうまく組み合わせた学習指導が必要であり，「都道府県」学習においても「方法概念」と「目的概念」を上手く組み合わせた学習指導を構築する必要性が改めて確認されたといえ，その重要性を指摘したい。

4．1998（平成10）年改訂で導入された「事例学習としての「都道府県」」学習改善の方向性：本研究成果からの提言

「地理的見方・考え方」に視座をおいた「都道府県」学習の構築にあたり「地理的見方・考え方」，「カリキュラム編成」，「事例学習（サンプル＝スタディ的）」に関する上記課題に対する改善が必要であり，その改善策として以下の視点を盛り込むことを本研究として提言する。

4．1．「地理的見方・考え方」に関する課題に対して

社会科地理教育としての「地理的見方・考え方」には，その基盤として地理学の学問的側面（地理的基本概念）である「分布〈場所・位置〉」，「環境」，「地域」を用いるとともに，「人間・社会」という視点を組み込むこと。つまり，地理的基本概念である「分布〈場所・位置〉」，「環境」，「地域」を働かせる際に，それぞれ「人間・社会」という視点を組み込み「具体的な事象から分布〈場所・位置〉を知る」，「（自然・社会）環境と人間の関係をとらえる」，「社会のあり方，人間のあり方を含めた地域性を認識する」ようにすること，さらに，そこで獲得した「認識」を基に判断や意思決定を学習に組み込むこと

で態度化を促すことが重要である。その際，「環境」に関して，自然軽視に陥ることがないよう，正しい自然観（自然のもつ可能性を，人間生活との関係においてプラス面とマイナス面から観る）から検討することが肝要である。また，「読図・描図，地図化・グラフ化」といった「地理的技能」は，地理的認識には欠かせない重要な技能であることをおさえたうえで，技能だけでなく，分析，表現，意見交換，意思決定といった一般的な技能をも「地理的スキル」として包括し，その獲得を目指すことが重要である。その際，「比較・関連」によって特殊性のみを明らかにするのではなく，一般性を明らかにする視点が重要である。

4．2．カリキュラム編成に関する課題に対して

「基礎・基本」を身に付ける内容と「視点・方法」を身に付ける内容とに分離させるのではなく，「身近な地域」，「日本」，「世界」といった単元・学習過程において，実質陶冶と形式陶冶，さらに「技能」の獲得を同時に目指すことが重要である。そして，この考え方（目標）をもとに「都道府県」学習でも，基礎・基本的な知識（実質陶冶）を用いて「地理的見方・考え方」（形式陶冶）を培い，最終的に，実質陶冶としての地方的特色の認識まで行い，「国土認識」に結び付けることが必要である。これは，「日本」学習の中に「都道府県」学習を位置付けることである。その際，「一般的な技能」を含めた「地理的スキル」の獲得をも目指すこと，系統学習として取り上げたテーマに関する事例を実際の地域に即して考察するような「地誌」（「系統地理」的アプローチを統合した地誌）の視点を取り入れることが，適切である。

4．3．事例学習（サンプル＝スタディ的学習）に関する課題に対して

サンプル＝スタディの原理に則った教材開発を行う。「都道府県」を事例地域として選ぶ場合には地域・系統サンプルになりうるかを峻別しながら選択すること，学習過程では具体的な事例を用いながらも，特殊から一般化の

視点を取り入れること，が重要である。加えて，地域的特色を認識すること—「日本国土」や「世界」といった，より広い地域の認識に結び付けて地域的特色を認識すること—を通して，具体的な事例に見られる社会のあり方や人間の生き方から，態度・行動の変容をも目指す。とりわけ「学校所在地の都道府県」を扱う際には，「方法概念」だけでなく，「目的概念」と「方法概念」を融合させた視点が必要である。

学習指導要領で新たに設定された事例学習としての「都道府県」学習においては，形式陶冶の側面である「地理的見方・考え方」は，非常に重要である。しかし，その育成のためには，「地理的基本概念の認識」とそれに基づいた態度化が必要であり，それらを盛り込んだ「地理的見方・考え方」を「都道府県」学習に位置付けることが重要であることを最後に記しておきたい。

＊本稿のもとになった修士論文提出（2004年1月）以降のサンプル＝スタディに関する地理教育史研究には志村（2010）「事例地域学習「サンプル・スタディ」の考察」（所収：志村喬『現代イギリス地理教育の展開』風間書房，pp.226-240）がある。そこでは，サンプル・スタディが，イギリスでは1970年代以降にケース・スタディと称されるようになり内容的にも事例地域学習から事例事象学習へ変化したと指摘されており，本稿が対象とした選択的「都道府県学習」導入は，事例地域学習から事例事象学習への転換とも解せる。

注

1）篠原（1984）・朝倉（1985）によれば，「地域学習」という言葉は様々にとらえられているが，一般的には小学校中学年の市町村・都道府県程度の範囲にあたる地域社会の学習と中学校の「身近な地域」を中心に歴史や文化などを含めた学習を指す。本研究では「学校所在地の都道府県」学習には「地域学習」の視点が必要あると考えている。

2）本来の「サンプル＝スタディ」ととらえ方が若干異なるので，本稿では「サンプル＝スタディ的」と記す。

文献

朝倉隆太郎 (1975)：イギリスの地理教育．矢島仁吉・位野木寿一・山賀誠次編著『現代地理教育講座　第2巻』古今書院，pp.45-62.

朝倉隆太郎（1981）：サンプルスタディ．朝倉隆太郎・梶哲夫・横山十四男著『中学校社会科教育法』図書文化社，pp.63-78.

朝倉隆太郎（1985）：社会科教育と地域学習．朝倉隆太郎先生退官記念会論文集編集員会編『社会科教育と地域学習の構想』明治図書，pp.13-44.

石沢芳郎（1953）：地理的意識の発達．信濃教育研究所紀要，19，pp.62-108.

伊藤直之（2002）：サンプルスタディによる地誌教授の改革―イギリス中等地理教材Study Geographyの分析を通して―．社会科研究，55，pp.41-50.

岩田一彦（1971）：サンプル＝スタディ―イギリス―．内海巌編著『社会認識教育の理論と実際』葵書房，pp.308-317.

小笠原卓也（2002）：中学校地理の学習用語と指導のポイント“地域の規模に応じた調査”の重要用語と指導のポイント．社会科教育，513，pp.72-73.

尾崎乕四郎（1970）：地理的意識の発達．日本社会科教育学会編『地理的学習の進め方』東洋館出版社，pp.128-144.

桜井明久（1999）：『地理教育学入門』古今書院.

佐島群巳（1984）：地理教育と教育学の関係．町田貞・篠原昭雄編『社会科地理教育講座２　地理教育の内容』明治図書，pp.18-23.

渋沢文隆（1984）：日本地誌学習の視点と方法．町田貞・篠原昭雄編『社会科地理教育講座２　地理教育の内容』明治図書，pp.65-82.

澁澤文隆（2000）：地理的分野の改訂の趣旨と要旨．澁澤文隆・佐伯眞人・大杉昭英編著『改訂中学校学習指導要領の展開　社会科編』明治図書，pp.19-24.

澁澤文隆（2001）:『中学校社会科　新地理学習の方向と展開』明治図書.

篠原昭雄（1984）：地域学習の変遷と展開．町田貞・篠原昭雄編『社会科地理教育講座２　地理教育の内容』明治図書，pp.47-65.

篠原助市（1949）:『改訂理論的教育学』協同出版.

鈴木正行（2002）：国家規模の地域調査に関する授業実践―人間・産業・歴史の観点から―．新地理，50(1)，pp.20-31.

高田喜久司（1996）:『学習指導の理論と実践』樹村房.

滝口昭二（1973）：小中高における地理的見方考え方の系統．新地理，21(2)，pp.20-32.

出石一雄（1970）：地理的見方・考え方の発達に関する実証的研究―地理的能力調査

の一例として―．新地理，18(1)，pp.44-61.
戸井田克己（1998）：地理的見方・考え方の基礎的考察．井上征造・相澤善雄・戸井田克己編『新しい地理授業の進め方―見方・考え方を育てる―』古今書院，pp.8-23.
鳥海公（1973 a・b・c・d，1974）：地理的見方・考え方の発達とその啓発　第一報．房総研究，10，pp.54-63．第二報．新地理，21(1)，pp.34-48．第三報．新地理，21(2)，pp.33-39．第四報．新地理，21(3)，pp.27-35．第五報．房総研究，11，pp.1-12.
堀内一男（2000）：中学校で「地域の規模に応じた調査」をどう構成するか．地理，45(1)，pp.35-37.
松尾良作（2001）：日本地理の授業プラン―その視点について―．地理教育，30，pp.38-42.
斑目文雄（1968）：地理意識の発達過程と地理教育．木内信蔵・斑目文雄編『地理教育の理論と技術』明治図書，pp.102-129.
文部省（1998）：『中学校学習指導要領解説』大阪書籍.
山口幸男（2002）：『社会科地理教育論』古今書院.
山本友和（1997）：『多文化のなかでの教育』スターツ出版.
Honeybone, R. C. ed. (1962) : *Sample Studies*. Geographical Association.

第Ⅲ部：開発授業の実践分析と授業・カリキュラム改善

授業実践の分析から授業改善，そしてカリキュラム提案へ

志村　喬

最後の第Ⅲ部は，小・中学校の現職派遣院生の修士論文成果を再構成した6つの章からなっている。

「第6章　小学校第3学年「身近な地域」の学習でのフィールドワークにおける児童の認識・能力内容—探求型と見学型の臨床的比較分析—」は，小学校第3学年の冒頭単元で社会科全体の導入である「身近な地域」の学習におけるフィールドワークの価値を，自身の授業実践を通して解明した。先行研究を参考に，探求型と見学型フィールドワークにおける児童の認識・能力内容の違いをウェッビング法で収集した膨大な量のデータ分析をもとに実証的に明らかにしている。

「第7章　ESD構成概念を取り入れた小学校第4学年の授業開発と実践授業の分析—単元「廃棄物の処理」—」は，教育界全体で急速に浸透しブーム的にすらみえるESD・SDGsについて，根底の教育概念・思想を理論的に整理した上で，社会科としてのESD・SDGs授業を開発し検証した。価値規範を含むESD・SDGs構成概念と社会科教育目的・方法・内容とを交差させて授業開発・実践・分析したことに加え，長期的な価値変容を調査している点が特長である。

「第8章　小学校社会科における世界地誌的学習の開発と提案—第6学年における実践授業の分析をふまえて—」は，1970年代から小学校社会科カリキュラムで検討課題とされてきた，小学校における世界地誌学習の組み込み方について，現代社会の学校状況をも考慮しながら授業開発・実践し結果を考察した。本研究は，開発授業実践の分析結果をふまえて，さらに改善した改訂版

授業計画まで提案していることが特筆される。

「第９章　地理写真の読解力を図る中学校での授業開発—読解プロセスを踏まえた授業実践の分析—」は，能力育成が重視される中でも地理学習特有の景観を写したような地理写真の読解力について実践授業分析を通して解明した。開発された読解プロセスをはじめとした読解力の内容枠組は，地理写真での適用にとどまらず絵図・絵画をはじめとした画像教材への拡張性を持っており，他教材や他教科・領域へ転用できる。

「第10章　自校化された防災教育カリキュラムの開発と実践—中学校社会科地理的分野を中核にした授業実践・分析—」は，東日本大震災（2011年）以降の学校教育に強く要請された防災教育について，地理教育を中核に，学校の地域特性に応じたカリキュラム（自校化カリキュラム）を開発し，実践授業を分析考察した。防災が１つの柱となっている中学校地理的分野の最終単元「地域の在り方」と学校の避難訓練計画作成とを結びつけた本授業は，防災学習と防災指導とを有機的に連携させた統合的かつ実践的な防災教育実践研究であり，地理・地図学習の役割が実証的に示されている。

「第11章　小学校地図学習導入期（低学年）の授業改善—生活科との地図学習接続の観点からの合科的カリキュラム・指導計画の提案—」は，2006年度の筆者の修士論文成果・課題を学校教育現場に戻ってから継続的かつ臨床的に考究したものであり「実践的研究者としての教師」の具体的な姿とその成果である。地図学習をはじめとした第３学年の社会科導入期を実り多いものにするために必要な低学年での地図学習を，生活科を中心とした合科的カリキュラムとして全体的かつ具体的に提案していることが大きな特長である。そして，ここで提案されているカリキュラムには，第Ⅰ部第１章で解明された生活科開発期・開始期での実践と類似性がみられる。授業実践の分析結果をもとに臨床的考察を深めることで，新たな授業のみならず包括的なカリキュラムの構想・開発が提起される本書Ⅲ部の研究成果がⅠ部へ繋がるという実践研究の円環的発展を読者は想像できるであろう。

第Ⅲ部にあるような授業実践の分析考察，そこで見いだされた課題を解決する授業改善やカリキュラム開発を進め実践研究を発展させていく際には，次にあげた書籍が参考になる。

相澤善雄（2006）:『地理授業研究』古今書院.
桜井明久（1999）:『地理教育学入門』古今書院.
志村喬編著（2021）:『社会科教育へのケイパビリティ・アプローチ—知識，カリキュラム，教員養成—』風間書房.
中村和郎・髙橋伸夫・谷内達・犬井正編（2009）:『地理教育講座第Ⅱ巻　地理教育の方法』古今書院.
水野雅夫（2017）:『小学校における社会科地理教育の実践と課題』古今書院.

第6章　小学校第3学年「身近な地域」の学習でのフィールドワークにおける児童の認識・能力内容
―探求型と見学型の臨床的比較分析―

業田智行

研究対象学年・内容

・小学校第3学年
・「身近な地域」の学習におけるフィールドワーク実践効果を認識・能力面から実証的に把握し検討

研究目的

・2017（平成29）年版学習指導要領において単元「市の様子」と関連づけが重視された社会科第3学年の導入単元「身近な地域」の実践的課題解決に向け，フィールドワークを中核とする授業開発・実践を行い，その効果を探求型フィールドワーク授業と見学型フィールドワーク授業における児童の認識・能力面から比較分析し検討することを目的とする。

Ⅰ．目的設定の理由

社会科第3学年の冒頭単元「身近な地域」は，その後の社会科学習全体の導入単元として重要である。とりわけ，2017（平成29）年改訂学習指導要領では「身近な地域と市の様子」として，第3学年児童としては広範囲で認識が難しい「市の様子」の学習も一層重視された。小学校区を一般的に指す「身近な地域」から「市の様子」の学習接続は実践的課題であり，その解決の手立てを図るためには，次の2つの方向が考えられる。第一は，「身近な地域」の学習でなされてきたフィールドワークの内容を，「市の様子」と繋げるようにすることである。第二は，フィールドワークの効果を，児童の認識側面から実証的に分析し認識を生成する観察力（技能）を把握することである。そこで，市役所訪問を組み込んだ「身近な地域」単元を開発するとともに，池（2020）のフィールドワーク3類型において最も積極的なフィールドワークである探求型フィールドワークと，最も受動的なフィールドワークである見学型フィールドワークの双方を実施し，児童の認識内容とそこでの観察力（技能）の実態を把握することとした。

Ⅱ．研究の方法

1．勤務校地域におけるフィールドワーク実践実態に関する調査
2．実践的課題解決のために「身近な地域」の学習の学習構造を設定
3．設定した学習構造に基づいた授業の単元開発・実践
4．実践授業における児童の認識・能力（観察力・技能）内容のウェッビング法による把握と分析結果の考察

Ⅲ．研究内容

1．「身近な地域」の学習の学習構造

1．1．社会科第3学年の学習内容とフィールドワーク

本研究の開始最初に，勤務地である長野県中野・下高井郡内の全小学校（16校）の教員（対象は各校の校長，教頭，教諭，講師の全248名）に社会科教育実践に関するアンケート調査を2020年2月に実施した（回答率54％，詳細は修士論文中に記載）。第3学年という社会科を初めて学ぶ際の導入単元として位置づけられる単元「学校のまわり」で実施したフィールドワークに関しては，「実際に歩くことで，日常では気がつかない所まで目が行き，子どもの学習課題への意識（以下，学習意識）が高まる。学習意識が5年生の分野まで考えることにつながった。」との回答が得られた。社会科導入単元でのフィール

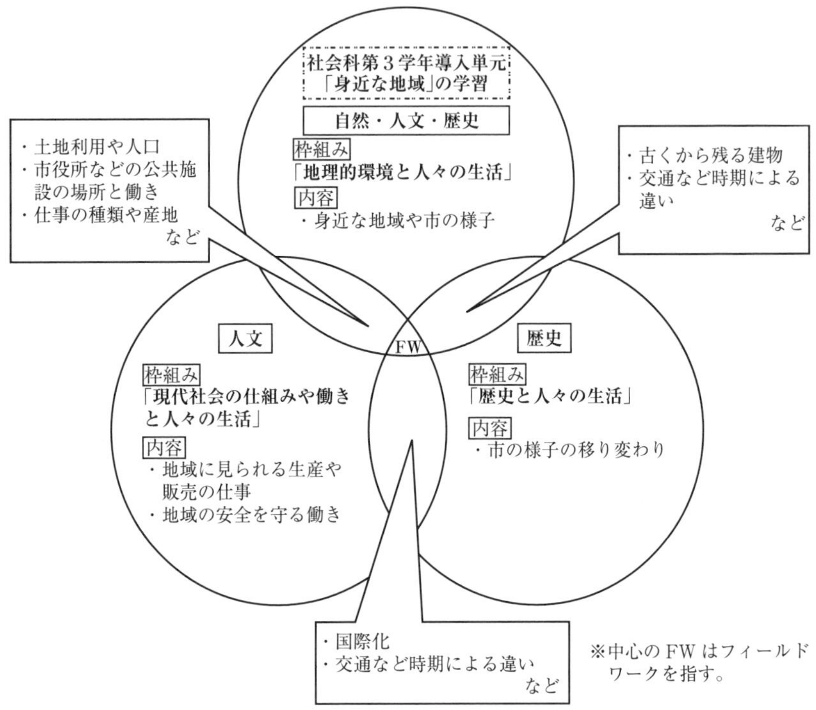

第１図　社会科第３学年の構成要素・学習内容とフィールドワーク

ドワークは，その先の社会科学習に向けて重要な意義を有しており，３学年はむろん，学年を超えて学習意識が高まることがその他の回答からも指摘された。したがって，フィールドワークは，３年生から６年生までの社会科の学習において，児童の学習意識を高めるための中核となる活動であり技能と判断される。そして，社会科第３学年の学習内容と，フィールドワークの関係は第１図のように示すことができる。第１図は地域学習と称される第３学年の学習内容を清水（2006）の言う地域の構成要素（自然・人文・歴史）の側面から大別し記したものである。円が重なり合っている部分が，社会科第３学年の学習で密接に関わり合う構成要素の部分である。第３学年の社会科で学ぶ内容は，単元の構成要素がそれぞれで独立しているわけではなく，密接に関わり合っているが，その関わり合っている部分同士をつなぐ役割をし，学習意識を高めるのがフィールドワークである。フィールドワークによる直接経験が，各単元の構成内容，さらには学年を超えて学習意識につながっていく。

1.2.「身近な地域」の学習の課題並びに解決方策

小学校教員アンケート調査からは，社会科第3学年のどの単元においてもフィールドワークは重要であると捉えられているが，次のような主要課題が寄せられた。

①行事などとの関係で時間がとりづらい。

②フィールドワークは時間がかかる。

③地図にまとめる時間が十分にとれない。

④見学してくることが定まっていないと，ただ行って終わりになってしまう。

⑤学校の周りの白地図を準備することが大変である[1)]。

課題①②③は時間的な問題であるが，根本には，この単元を指導する教員にとって「いつ・何をどのように指導するのか」が明確になっていないことがある。指導内容が明確になっていれば，授業の見通しが立ち，いつフィールドワークに行くことが可能なのかを考え，年間予定や他教科等と照らし合わせることによって調整が可能となり，限られた時間を有効に活用することができる。多忙な教育現場にあって，単元の指導内容を明確化する一つの手立てとしては，北（2015，pp.10-14）の提唱した知識の構造図を作成し，知識の構造図に基づいて授業を行うことが有効である。とりわけ，「市の様子」との関連づけが重視される学習指導要領下の授業では，この構造を十分把握しておくことが授業者には必要である。そこで，社会科第3学年の導入単元「身近な地域」の学習における知識の構造図（第2図）を作成した。

ところで，「身近な地域」の学習におけるフィールドワークによって児童

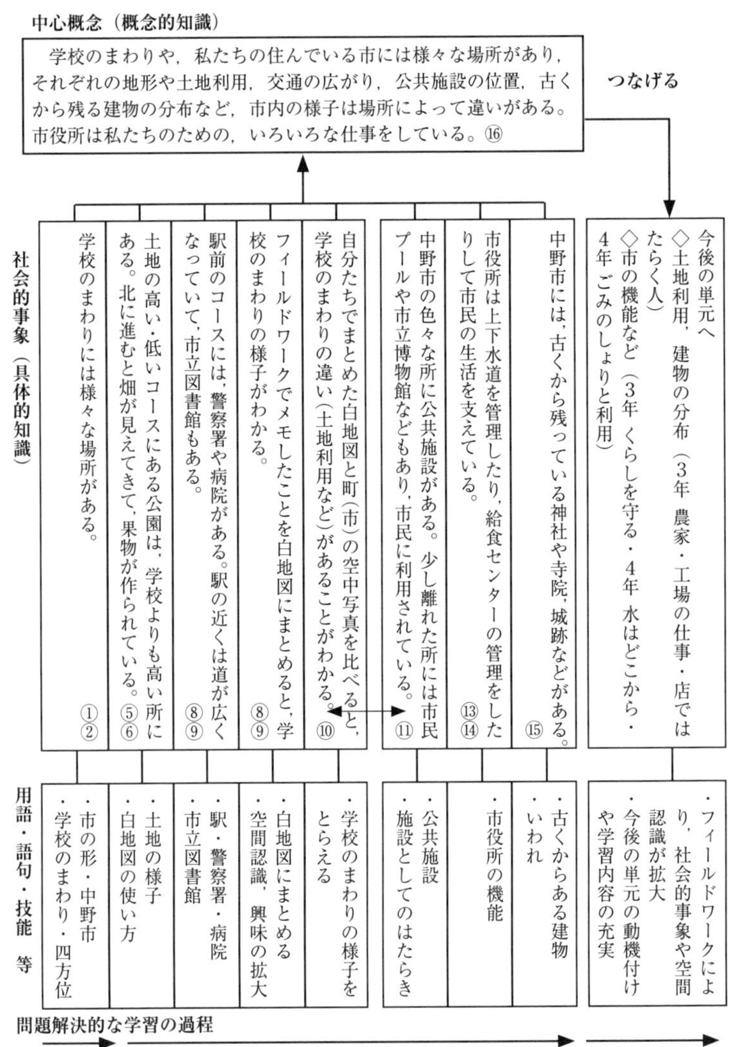

中心概念（概念的知識）
学校のまわりや，私たちの住んでいる市には様々な場所があり，それぞれの地形や土地利用，交通の広がり，公共施設の位置，古くから残る建物の分布など，市内の様子は場所によって違いがある。市役所は私たちのための，いろいろな仕事をしている。⑯
つなげる
社会的事象（具体的知識）
今後の単元へ
◇土地利用，建物の分布（3年　農家・工場の仕事・店ではたらく人）
◇市の機能など（3年　くらしを守る・4年　水はどこから・4年　ごみのしょりと利用）
中野市には，古くから残っている神社や寺院，城跡などがある。⑮
市役所は上下水道を管理したり，給食センターの管理をしたりして市民の生活を支えている。⑬⑭
中野市の色々な所に公共施設がある。少し離れた所には市民プールや市立博物館などもあり，市民に利用されている。⑪
自分たちでまとめた白地図と町（市）の空中写真を比べると，学校のまわりの違い（土地利用など）があることがわかる。⑩
フィールドワークでメモしたことを白地図にまとめると，学校のまわりの様子がわかる。⑧⑨
駅前のコースには，警察署や病院がある。駅の近くは道が広くなっていて，市立図書館もある。⑧⑨
土地の高い・低いコースにある公園は，学校よりも高い所にある。北に進むと畑が見えてきて，果物が作られている。⑤⑥
学校のまわりには様々な場所がある。①②
用語・語句・技能　等
・フィールドワークにより，社会的事象や空間認識が拡大
・今後の単元の動機付けや学習内容の充実
・古くからある建物
・いわれ
・市役所の機能
・公共施設
・施設としてのはたらき
・学校のまわりの様子をとらえる
・白地図にまとめる
・空間認識，興味の拡大
・駅・警察署・病院
・市立図書館
・土地の様子
・白地図の使い方
・市の形・中野市
・学校のまわり・四方位
問題解決的な学習の過程
つかむ
調べる
いかす
※③④⑦は予想し学習問題や町探検（フィールドワーク）の計画を立てる時間，⑫は市役所の仕事を予想し，調べる計画を立てる時間。

第2図　「身近な地域」の学習における知識の構造図

※北（2015）の知識の構造図を基に，筆者作成

に育成される観察力をはじめとした能力（技能），さらに観察力よりもたらされる認識内容をとらえることは，授業実践では必須である。それができない状況が，上記の問題④の「フィールドワークに行っただけで終わってしまう」という回答である。このフィールドワークによって児童にどんな技能（観察力）が育成されるのかを考える際には，佐島（1964）のフィールドワークにおける児童の観察力の分析研究が有効である。なぜならば，フィールドワークにおける児童の観察の実態と発達段階について，小学校1年生から6年生を対象に実証分析的に調査を行っている極めて臨床的な研究であるからである。佐島は，児童のフィールドワークにおける地域の観察力について，素朴的直観観察から比較観察，相関観察にまで高まると想定し，実践調査結果から，「比較，相関の観察力は野外で直接に訓練をすれば伸びることがわかる。」と結論づけた。本研究では，児童がフィールドワーク後にまとめたワークシート記述内容を，佐島のこの分析視点に照らし合わせることで，児童の観察力の実態や傾向を知ることができると考え，後述のような枠組での分析を行った。

1．3．「身近な地域」の学習における学習構造

「知識の構造図」によって学ぶ内容が明確化される中，フィールドワークによって観察力（技能）が身につき，関心意欲が高まり，社会的思考力・判断力が養われ，それに伴う知識が身につくといったスパイラルな関係が「身近な地域」の学習では見えてくる。それを構造的に示したのが，中野（1989）が示した社会科学力の構造図を，筆者が修正して作図した第3図である。本図は，「知識・理解」「フィールドワーク・資料活用の技能」「社会的思考・判断」の3つが三角錐の骨格となり，この骨格を児童の「関心意欲・態度」がスパイラルに関わり合うことで，児童の社会認識が形成され，単元や学年を超えて学習意識がつながっていくことを示している。これを実証授業で検証することを本研究は目指している。

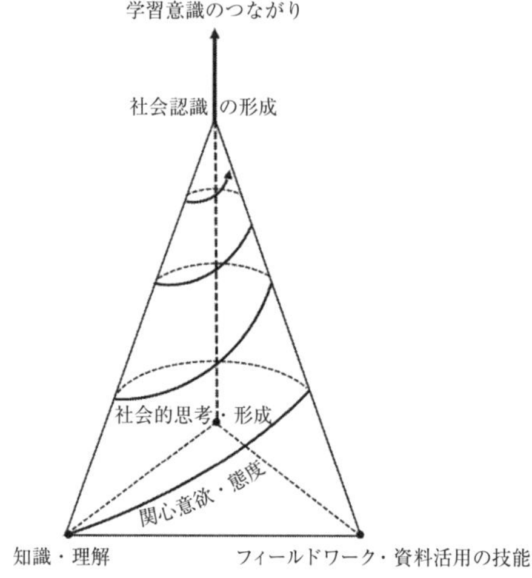

第３図　「身近な地域」の学習の学習構造の仮説
※中野（1989）掲載図を筆者一部修正

２．開発単元の構造と実践

フィールドワークによって技能（観察力）が身につき，関心意欲が高まり，社会的思考力・判断力が養われ，それに伴い知識が身につくといったスパイラルな関係（「身近な地域」の学習の学習構造）を解明するため，次のように構造化した単元開発を行い授業実践した。

単元開発は，新学習指導要領をふまえ単元「学校のまわり」と次の単元に当たる「市の様子」を関連付けること，フィールドワークの回数は一般的に実施が上限と想定される３回までとすることを前提に，研究目的が達成できる単元構造を目指した。そこで，最後のフィールドワークには，市役所見学を組み込むこととした。また，フィールドワークの類型別効果比較のため，最初の２回は探求型，市役所を組み込んだものは見学型とした。その他，新学習指導要領で第３学年から地図帳が配布されることとなったため，地図帳指導が社会科最初の本単元でも必要と判断し組み入れた。このような考え方

で最終的に開発した単元計画の基本構造が第１表（全16時間）である。

第１表　単元計画の基本構造

第１時	「身近な地域」の学習のオリエンテーション
第２時	地図帳の使い方，四方位，地図記号について
第３時	学校の高い場所から町の様子を観察
第４時	学習問題の設定
第５時	「探検」コースを決めて調べる計画を立てる
第６・７時	土地の高低のコースを探検（フィールドワーク１：探求型）
第８・９時	駅のまわりコースを探検（フィールドワーク２：探求型）
第10時	町探検での気づきを白地図にまとめ，白地図と空中写真を比べる
第11時	公共施設について調べる
第12時	市役所の働きについて考える
第13・14時	市役所へ見学（フィールドワーク３：見学型）
第15時	古くから残る建物について調べる
第16時	市の様子について自分の考えを発表

３．実証授業の実際

３．１．実証授業全体の概要

実証授業は，長野県中野市立Ａ小学校第３学年４学級136名を対象に，2020年４月から５月中旬までの全16時間を計画した。しかし，新型コロナウイルスの感染拡大の影響を受け，Ａ小学校でも臨時休校が続いたため，検証授業は通常授業が再開された６月となった。さらに，日常生活でのマスク着用・コロナ禍での熱中症予防や，他教科の学習状況を受け，学校の周りで２回を計画していた探求型フィールドワークを１回に減じ，２学級合同で実施した。このような単元計画の変更及び学習内容の保障から，実際に実施した単元内容は第２表に示す19時間となった。次は，本実践研究の鍵である探求型フィールドワークと見学型フィールドワークの実際を簡単に記す。

第２表　実際に実施した単元内容

時	内容
第１時	「身近な地域」の学習のオリエンテーション
第２時	学校の高い場所から町の様子を観察
第３時	学習問題の設定
第４時	「探検」コースを決めて調べる計画を立てる
第５時	探検する場所の様子を予想する
第６・７時	駅のまわりコースを探検（フィールドワーク１：探求型）
第８・９時	町探検での気づきを白地図等にまとめる
第10時	作成した白地図と空中写真を比べる
第11時	土地利用と交通の様子を調べる
第12時	公共施設について調べる
第13・14時	市役所へ見学（フィールドワーク２：見学型）
第15・16時	市役所見学についてまとめる
第17・18時	古くから残る建物について調べる
第19時	学習問題についてまとめる

３．２．探求型フィールドワーク「学校のまわりの町探検」（6・7時）の実際

第６・７時は，探求型フィールドワークである。「学校のまわりの町探検」と題し，地図を持って「身近な地域」を歩く学習活動において児童の気付いたこと（認識内容）及びそれらを育む観察力（技能）の実態を把握することを目的としている。歩くコースは，４時間目の授業で児童が探検したいとの記入が多かった「交通の様子」「建物」「お店」などを見学しやすいコースとして，「駅のまわりコース」（第４図）を設定した。なお，地図は，オンライン上で国土地理院が公開している地理院地図のVectorを使用して作成した。「身近な地域」の学習では前述のように「学校の周りの白地図を準備することが大変である」との問題が寄せられていたが，地理院地図Vectorの利用でこの問題は解決されると考える。

学校を出発すると①のセブンイレブンの駐車場に向かった。①の場所の向かいには警察署があり，①と警察署に面している通りは道幅が広くなってい

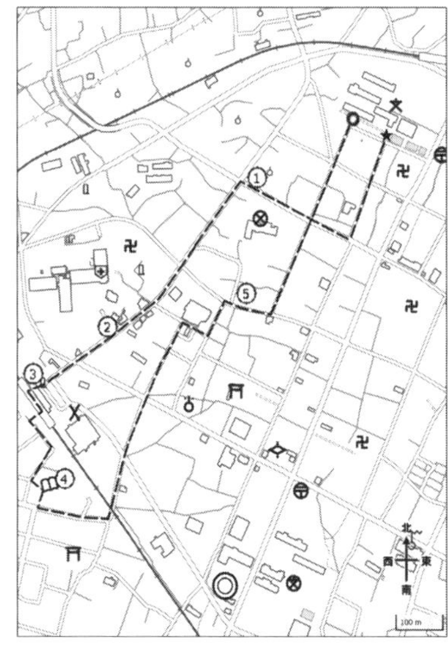

第4図の①〜⑤の場所
①セブンイレブンの駐車場
②北信病院の駐車場
③信州中野駅
④市立図書館
⑤中央通り商店街

第4図　町探検「駅のまわりコース」の地図　地理院地図をVectorで作成

写真1　⑤中央通り商店街

る。①の場所に到着後，少しの間観察を行った。児童の多くは，向かいの警察署やセブンイレブンの様子に注目し，気づいた事柄をワークシートに記述していた。中には出発地点★を出てから通った道と，①と警察署に面した道との幅や交通量に注目し，今観察している道の方が幅が広くて，車も多く通っているといった気づきを口にする児童もいた。なお，当初の予定では④の市立図書館の後，市役所の前を通って学校に戻る予定でいた。しかし，フィールドワーク実施日は気温と湿度が高く，児童の健康面を配慮して長めの休憩としたため，予定時間内に市役所の前を通ることはできないと判断し，ルートを短く変更した第4図掲載ルートとした（写真1）。

3．3．見学型フィールドワーク「市役所の見学」(13・14時) の実際

第13・14時は市役所見学（見学型フィールドワーク）を行った。学校の東側にある銀座通りを通って南に向かい，市役所を目指した。6・7時のフィールドワークでは通らなかった道であり，学校から市役所までは緩やかな下り坂になっている。道の高低や町の景観に注目させながら歩く中で，消火栓が点在していることに気づく児童もいた。

写真2　市役所5階で説明を聞く

市役所に到着し，5階の会議室で市役所職員の方の説明を聞いた（写真2）。市役所職員は，中野市の自然や産業，市役所がどんな仕事をしているのか説明してくれた。市役所の仕事を説明する場面では，市役所が学校を造る仕事をしたり，水道水や学校給食を作ったりしている話が出ると，意欲的にメモをとる児童の姿があった。

4．フィールドワークにおける児童の認識内容・観察力の分析

4．1．ウェッビング活動の採用と分析方法について

フィールドワークによって観察力（技能）が身につき，関心意欲が高まり，社会的思考力・判断力が養われ，それに伴う知識が身につくといったスパイラルな関係（「身近な地域」の学習の学習構造）を解明するため，本研究ではフィールドワーク実施後に児童がウェッビングを行い，その内容を分析する方法をとる。このウェッビング法を社会科の授業に活用した研究としては，關（2002）の実践的研究があげられる。關によると，ウェッビング（Webbing）法とは，インターネットのWWW(World Wide Web）のWebと同じ「クモの巣」という意味で，コンピュータ・ネットワークの視点から導き出された手法である。学問体系の論理に子どもの論理を組み込むための方法として，子どもの興味・関心を基にして，トピックを次々と展開させていく手法である

とされている。關は，このウェッビング法を社会科の授業で活用することによって，子どもは自分の見つけた「問い」をつなげていく面白さを感じ，自分の興味・関心の位置づけや社会を違った視点から見たり考えたりすることを可能にするとしている。また，『小学校学習指導要領（平成29年告示）解説総合的な学習の時間編』（文部科学省，2018，pp.84-86）にも，考えるための技法として明記されている。

本研究では次のような方法で活用し，結果を分析した。先ず，ウェッビングは初めてという学級・児童がほとんどであったため，実施の最初にウェッビングの方法について簡単に説明を加え，フィールドワークの直後の授業でＡ３のワークシート（第５図左側部分のみを中心に印刷した用紙）を配布し，フィールドワークで気付いたことのまとめとして自由に記述させた。

記入されたウェッビング図のモデル（第５図）は，次のように分析する。左部分「町たんけん」から繋がる６つの空欄の⬭（印刷済み）が，ウェッビングにおける１つ目の記述であり，児童にとって印象深い事物や気づきが記入される。さらに，各⬭から派生した記述を自由にさせ，それらの記述の分析から児童のフィールドワーク時の認識内容・観察力を捉えることができる。

分析では最初に，ウェッビングに出現した言葉を，記述された順番ごとに分ける。第５図にあるＷ１は，中央の図から出現した１つ目の言葉であるため，Ｗ（ワード）の１（１つめ）としている。したがって，Ｗ２は，２つめ

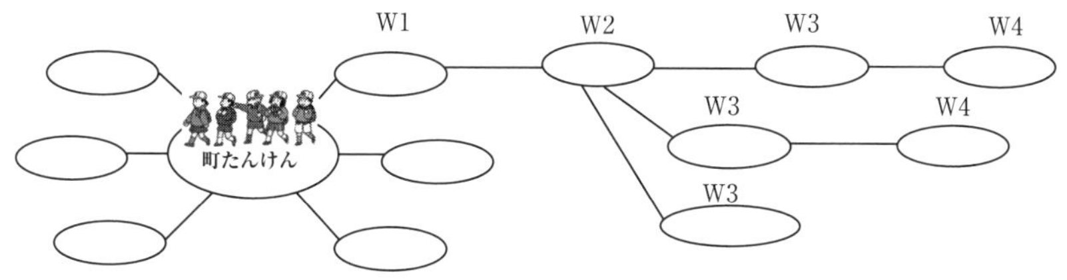

第５図　ウェッビングの分析例

に出現した言葉であり，以下同様にＷ３，Ｗ４ … と出現順に区分する。次に，記述内容を出現段階毎に，認識内容と観察力（技能）内容を把握するために筆者が開発した類型枠組み（第３表）で整理する。この枠組は，佐島（1964）の観察力の三類型（素朴的直観観察，比較観察，相関観察）を基礎にしつ

第３表　児童の観察力の分類

	類型１～７	野外観察及び受動的な見学における児童の解答	現行学習指導要領における資質・能力の観点	観察力
1	施設名（事実認識１）（施設名等の固有名詞を記述したもの）	・セブンイレブン ・市立図書館	知識・技能	素朴的直観観察
2	観察した事実について（事実認識２）（広い道など＋見たものの名前なども含む）	・お店がいっぱい。 ・電車が通った。	知識・技能	
3	感想（楽しかった，暑かったなど，フィールドワーク中の児童の気持ち）	・バスに乗りたかった。 ・足が疲れた。	思考，判断，表現	素朴的・情意的直観観察
4	興味・関心(～を知りたい，調べたい，疑問形も含む)	・図書館の中を調べたい。 ・警察署の中に何があるのか知りたい。	学びに向かう力，人間性	
5	比較観察	・学校よりも高い。 ・薬局が多い。	思考，判断，表現	比較観察
6	相関観察	・近くに病院があるからだと思う。 ・お年寄りは足が自由に動かないから。	思考，判断，表現	相関観察
7	その他（１～６までの分類に含まれないもの，関係の無い事柄を記述したもの）	・まるい→ボール→はねる（上記のように，フィールドワークを行った際に，観察した事物と関係の無い内容や，その事物から連想される事柄を記述したもの）		
A	説明を聞いて得た知識	・ゴミを処理してくれる。 ・引っ越し，結婚，出産の時に手続きしてくれる。	知識・技能	
B	説明を聞いてからの思考	・市役所がなかったら，学校が無い。	思考，判断，表現	
C	説明を聞いてからの感想	・市役所にも工夫があった。 ・市役所はなくてはならない。	思考，判断，表現	

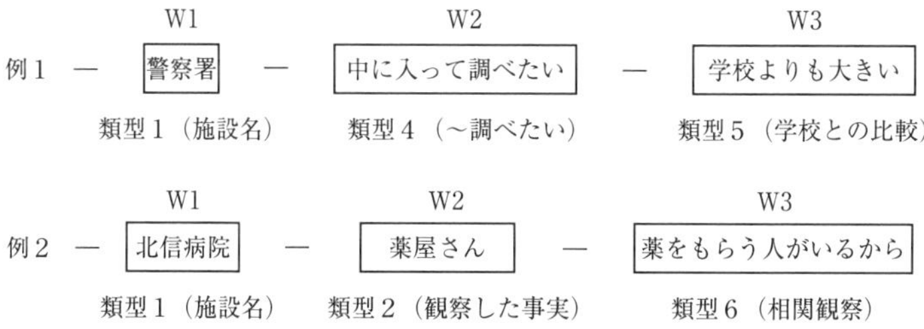

第6図　ウェッビングの記述内容例

つ，第三学年の発達段階実態をふまえ「素朴的直観観察」を「感想」のような曖昧な認識内容を含めて細分化するとともに，佐島に無かった情意的側面次元（「興味・関心」）を加え，学習指導要領上の資質・能力との関連づけを図ったものである。さらに，何れにも該当しない類型「その他」を含め，最終的に類型1から類型7の7区分となる。

以上の方法を，児童のウェッビング記載内容例（第6図）を事例に述べると次になる。第6図の例1の記述では，W1に施設名があるので類型1となる。W2には「〜したい」という興味・関心の内容が書かれているので類型4，W3は「〜よりも」と学校と比較した内容が書かれているため，類型5となる。例2のW2には「薬屋さん」と書かれており，児童が観察した事実についての記述なので類型2，W3はW2に書かれた内容を踏まえて，その理由が書かれているため，類型6となる。

4．2．探求型フィールドワーク「学校のまわりの町探検」のウェッビング分析結果

1回目のフィールドワーク（第6・7時）に続く授業（第8・9時）で，最初のウェッビングを行った。第4表が，記載された実数（類型別）を示している。

児童の記述総数は，最初のW1が707語，次のW2で1351語と最大値となる。その後のW3は720語とW1と同程度となり，W4は311語，W5は139

第４表　児童のウェッビング記述数の分類（実数）

	W1	W2	W3	W4	W5	W6	W7	W8	W9	W10	W11	W12	W13	W14	W15
類型１	626	426	237	96	32	22	14	5	4	2	2	3	1	1	0
類型２	23	639	281	105	69	19	12	7	0	1	1	1	1	0	0
類型３	33	119	91	65	26	14	4	2	2	1	1	0	0	0	0
類型４	12	77	48	24	5	1	3	1	2	0	0	0	0	0	0
類型５	5	82	45	16	4	3	1	0	0	0	0	0	0	0	0
類型６	0	3	6	1	1	0	0	1	0	0	0	0	0	0	0
類型７	8	5	12	4	2	1	4	4	5	4	4	1	1	1	2
合計	707	1351	720	311	139	60	38	20	13	8	8	5	3	2	2

語，Ｗ６は60語とほぼ半減していく。その後も減少が続き，W10では一桁となる。これら結果から，ウェッビングの連続記述はＷ４までが児童の観察力が連続する平均値であり，長いものでもＷ９までだと読み取れる。

記載された内容を，７類型別の割合での積み上げグラフで示したものが第７図である。

児童の記述Ｗ１では，類型１と類型２の事実認識が90％を超える。実証授業中にワークシートのウェッビング記入例で施設名を入れた例示をしたため，その影響があることは考えられるものの，最初のＷ１・Ｗ２段階はほ

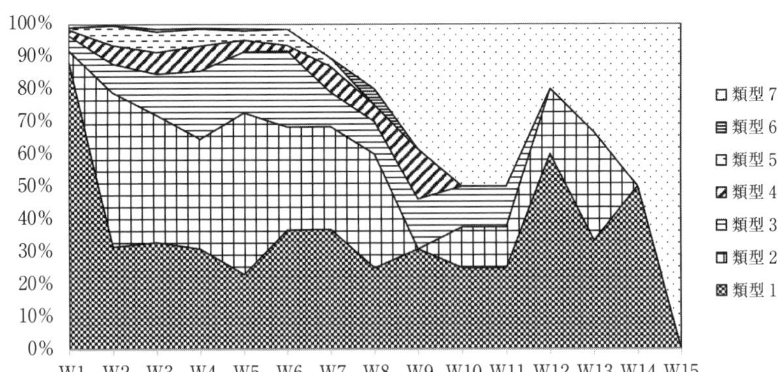

第７図　学校のまわりのフィールドワークにおけるウェッビング（割合）

とんどが素朴的直観観察であるといえる。素朴的直観観察の後には，類型3（感想）と類型4（興味・関心）が徐々に増え，数は多くないが，類型5（比較観察）と類型6（相関観察）も出現してくる。この傾向から推察すると，児童の観察力は類型1・2の素朴的直観観察をして，そこから類型3（感想）と類型4（興味・関心）の素朴的・情意的直観観察を経て，類型5（比較観察）や類型6（相関観察）を行っているといえる。言い換えると，探求型の本フィールドワークの場合，児童の観察力は素朴的直観観察から次第に観察力が高まっていき，素朴的・情意的直観観察を通して，対象への思考が広がっていく。その後，観察した事象に関して，比較観察や相関観察をするようになるのと考えられる。

4．3．見学型フィールドワーク「市役所の見学」のウェッビング分析結果

2回目のフィールドワークである第13・14時の市役所見学の後，第15・16時でも1回目と同じようにウェッビングを実施した。分析も1回目同様に進めたが，市役所見学のフィールドワークは「見学型のフィールドワーク」であるため，受動的な活動の時間が増え，自分の気づき等を記載するよりも，市役所職員による説明内容をメモすることが中心となり，佐島の主体的・探求的な視点を基礎にした7類型に収まらないウェッビングの記載内容が登場してきたと見受けられた。そこで見学型のフィールドワークに合わせた3つの類型（第3表の下段に示した類型A，B，C）を追加し，10類型で分類と分析を行った。類型Aは，見学の際に説明を聞いて，得た知識をそのまま記述した内容，類型Bは，見学の際に説明を聞いて，そこからさらに考えを深めた記述がある類型，類型Cは，見学の際に説明を聞き，その説明や見学についての感想を記述している類型である。

出現数の総数は，W1が880，W2が476，W3が143と連続して減少し，W6の時点で1桁になる。1回目の探求型フィールドワークでは，出現数のピークがW2，1桁になったのがW10であり，それに比べ大きく異なる傾

第5表　市役所見学のフィールドワークにおけるウェッビング（実数）

	W1	W2	W3	W4	W5	W6	W7	W8	W9	W10
類型1	2	0	0	0	0	0	0	0	0	0
類型2	140	81	35	13	2	1	1	1	0	0
類型3	4	5	6	1	2	0	0	0	0	0
類型4	1	0	2	1	1	0	0	0	0	0
類型5	0	0	0	0	0	0	0	0	0	0
類型6	0	0	0	0	0	0	0	0	0	0
類型7	16	8	4	10	3	2	0	0	0	0
類型A	701	370	94	17	8	4	6	5	4	2
類型B	5	3	0	0	0	0	0	0	0	0
類型C	11	9	2	0	0	0	0	0	1	0
合計	880	476	143	42	16	7	7	6	5	2

向である（第5表）。

記載された内容を，10類型（7類型＋A/B/C）別の割合での積み上げグラフで示したものが第8図である。

Ｗ１には類型１．２の事実認識も登場してくるが，回答数としては少なく，類型Ａの「説明を聞いて得た知識」が多くの割合を占め，それ以降も類型Ａ

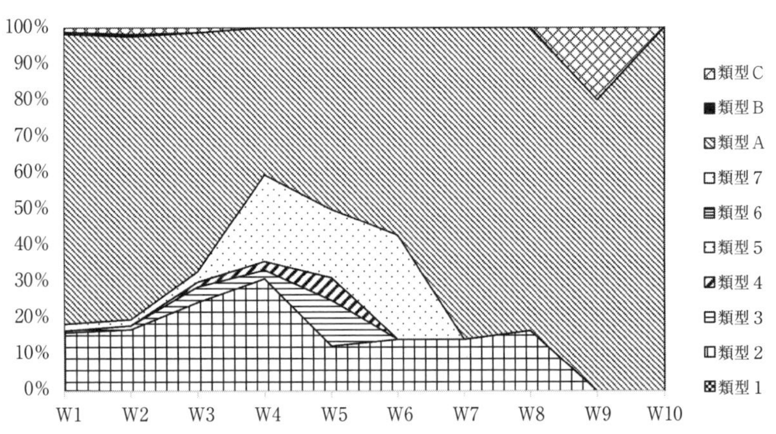

第8図　市役所見学のフィールドワークにおけるウェッビング（割合）

の比率は高い。類型3と類型4の素朴的・情意的直観観察は，W1からW5までに登場してくる一方，「学校のまわり」のフィールドワークのような探求型のフィールドワークでみられた比較観察及び相関観察（類型5・類型6）は生じてこない。W9には類型Cが，数は少ないながらも登場してくる。ウェッビングの結果内容からは，このW9の類型Cは類型Aの「説明を聞いて得た知識」から派生し，ウェッビングの後半となるW9において登場したと推察された。これは，市役所見学の際に説明を聞く中で，児童の知識，関心意欲が高まり感じたことを記載した結果だと解釈できる。

類型Cは「説明を聞いてからの感想」であり，素朴的・情意的直観観察力である類型3・類型4と，情意次元の類型であることは共通している。ここでの違いは，見学型フィールドワークであるか，探求型のフィールドワークかである。したがって，見学型・探求型といったフィールドワークの形態が異なっていても，素朴的・情意的な面が学習に関係していることは同様といえる。

今回の見学型フィールドワークのウェッビング分析では，探求型のフィールドワークのように比較観察や相関観察をするようになるまで観察力が高まることは，確認できない。他方，探求型のフィールドワークと同様に，見学型のフィールドワークでも説明を聞いて得た知識を基に，情意を介しながら素朴的・情意的直観観察力並びに思考力・関心意欲等が高まっていく傾向は推察できる。

4．4．ウェッビング分析結果の比較考察

児童のウェッビング記載内容を分析すると，児童は素朴的直観観察から相関観察に至るまでの間に，興味・関心，感想といった情意的側面を挟んで思考・観察しているといえる。特に探求型フィールドワークではその傾向がある。類型1と類型2がW1とW2に多く出現するのは，児童が物事の事実認識した点を記述しているからである。ウェッビングは，中心に置いた事柄

や言葉から関連する文字をつなげていくため，中心に置いた事柄や言葉によってはＷ１に来る言葉が，別の類型になることも考えられるが，いきなり類型６である相関観察は登場してこなかった。第４表，第５表の語句の登場する順番からみても，類型６である相関観察が直ぐに出現してくるわけでは無い。佐島の先行研究では，認知的側面を類型化していたが，フィールドワーク後の児童の思考をウェッビングを用いて分析することで，児童の観察力は認知的側面のみならず，児童の思考・観察力は事実認識をした後に情意的側面を挟み，そこから比較観察・相関観察へと高まっていくという知見を見出すことができた。ここからは，児童の思考・観察力を高めていくためには，興味・関心，感想といった情意的側面は欠かすことができないことが分かる。

ここで注視すべきは，探求型フィールドワークと見学型フィールドワークによって，児童が得られる資質・能力に違いがあることである。本研究は探求型のフィールドワークと見学型フィールドワークの両方を実施し，ウェッビングの記載内容を分析することで，児童の観察力の高まりについて比較を行った。探求型フィールドワークであれば，能動的な活動であるため，類型１から類型６までの知識・技能を身につけていくことができる。他方，見学型フィールドワークでは，説明担当者からの説明を聞く受動的な活動が主になるため，類型Ａが必然的に多くなり，比較観察や相関観察まで至らない傾向がある。しかし，児童自身だけでは気づき難い「市の様子」や「市の機能」が誘発され，後の社会科学習につながる学習意識を育むことができる。したがって，探求型フィールドワークと見学型フィールドワークのどちらか一方が優れているわけでは無く，児童が獲得すべき資質・能力と単元計画とを照らし合わせて，バランスよくフィールドワークを実施していくことが有効な手立てであると判断される。

5．結びに

本研究の主要成果は，児童の観察力を類型化し，とくに情意的側面の重要性を授業実践において確認したことである。児童の観察力に関する佐島の先行研究は，類型が認知的側面であった。しかし，本研究では，授業実態をふまえ情意的側面の類型も設定して分析した結果，児童の思考・観察力を高めていくためには，興味・関心，感想といった情意的側面が欠かすことができないことを見出した。さらに，社会科導入単元である第3学年「身近な地域」の学習を通して得た学習意識が，その先の社会科学習単元に繋がることも推察された。この繋がりを追跡調査し，本単元の社会科導入単元としての意義を臨床実証的に明らかにすることを，今後の実践的研究課題としたい。

＊本稿は，筆者の2021年度上越教育大学修士論文「小学校第3学年「身近な地域」の学習の在り方―フィールドワークを中核として―」を再構成したものである。

注

1）これは教材作成の技術的問題であるが，本研究の地図（後掲）作成で用いた国土地理院のweb地図である「地理院地図Vector」の活用は，極めて有効な解決策である。

文献

池俊介（2020）：地理教育におけるフィールドワークの類型化に関する試論．早稲田教育評論，34(1)，pp.1-19.

北俊夫（2015）：『“知識の構造図”を生かす問題解決的な授業づくり社会科指導の見える化＝発問・板書の事例研究』明治図書.

佐島群巳（1964）：子供の野外観察における観察力の実態とその発達段階．新地理，11(4)，pp.46-63.

清水幸男（2006）：身近な地域の学習（地域学習）．『地理教育用語技能辞典』帝国書院，p.94.

關浩和（2002）：『ウェッビング法―子どもと創出する教材研究法―』明治図書.

中野重人（1989）：関心・態度．大森照夫・佐島群巳・次山信男・藤岡信勝・谷川彰英編『新訂 社会科教育指導用語辞典』教育出版，pp.82-83.

文部科学省（2018）：『小学校学習指導要領（平成29年告示）解説総合的な学習の時間編』東洋館出版社，平成30年２月28日初版発行.

第7章　ESD構成概念を取り入れた小学校第4学年の授業開発と実践授業の分析
―単元「廃棄物の処理」―

宮下祐治

研究対象学年・内容

・小学校第4学年
・「廃棄物の処理」単元（ESD開発授業）の実践と学習成果分析

研究目的

・本研究では，持続可能な社会の構築に関わる原則・価値観を解明した上で，初等社会科としてのESD単元の授業開発を行い，「廃棄物の処理」授業実践を通してその有効性を検証することを目的とする。

Ⅰ．目的設定の理由

国連総会で2015年に採択されたSDGs（Sustainable Development Goals）は，「持続可能な開発目標のためのアジェンダ30」として示され，現在，世界的な潮流となっている。

他方，SDGsに先行して2002年の国連総会で決議されたESD（Education for Sustainable Development）は，持続可能な開発（SD：Sustainable Development）のための教育（E：Education）であり，持続可能な開発を目的とし，教育が目的達成のためにどうあるべきかを考案した概念である。SDGsの17個の目標の1つに，「目標4：質の高い教育をみんなに」があり，その中の「target 4.7」にESDの理念なり方法なりが含まれていると考えるのが，ESDとSDGsの関係性に関する一般的な理解であると唐木（2021）は述べている。

このような系譜や理解をふまえると，持続可能な開発に関わる様々な課題の解決ための教育はESDが担っている。

ESDでは，持続可能な社会を構築するために，個々人がいわば「未来を築く担い手」となることを目指している。担い手とは，ESDの原則及び価値観を適切に認識し，行動の変革をもたらす学習者のことである。したがって，ESDを展開するためには，ESDの原則及び価値観をいかに学校教育に組み込むかが重要である。

しかしながら，ESD実践については，志村（2017）が一般学校におけるESDは，必ずしも十分に広がったとは言い難いと述べ，さらに，たとえ実践されたとしても，活動・参加といった学習過程や道徳的態度の習得に力点がおかれすぎ，学校教育という場に求められるESD本来の目標に照らせば疑問を感じるものすら散見されると指摘している。また，ESDは，価値観が多様であり理念の理解が困難なこと[1)]，啓発が不十分であることなども実践上の課題として挙げられる。それ故に，いかに教育実践にESDの原則及び価値観を組み込んでいくのかが，小学校のESD研究の鍵となる。そして，価値を扱う社会科は，その役割を果たす教科として注目される。ESDの特徴を６点あげた泉（2012）が，特徴の１つとして，学習の基盤としての価値観を重視していることは，その証左である。

Ⅱ．研究方法

1．ESDの原則・価値観にかかわるESD構成概念を明らかにする。
2．授業作りにおけるESDと小学校社会科の関連を明らかにする。
3．単元「廃棄物の処理」で，ESD構成概念を組み込んだ授業開発を行う。
4．単元「廃棄物の処理」の授業実践を通して，成果と課題を示す。

Ⅲ．研究内容

１．授業作りにおけるESD構成概念

ESD構成概念は，各関係機関・研究者において捉え方に差異がある。SDをテーマとした報告書，大来（1987）に依拠した国立教育政策研究所教育課程研究センター（2012）は，「持続可能な社会づくり」を構成する概念について示し，現在の学校教育に大きく影響を与えた。そこで，国研報告書を基に各種研究成果を整理し，ESD構成概念を第１表のような構造で捉える。

最初に諸概念を，事実的な「多様な課題，相互性，有限性と持続可能な変革」(ESD事実概念)と価値的な「多様性の尊重，公平性，連携性，責任性」(ESD価値概念）とに大別した。

ESD事実概念は，社会科の概念的知識と近接し，個別的な知識の統合からなる概念である。これは，持続可能な社会を脅かしている「多様な課題」，物質や人の移動や循環を示した「相互性」，これまでの開発の経験から資源が有限であることを示した「有限性と持続可能な変革」から構成され，社会科の学習内容をESD的に捉え直すことで獲得が可能となる概念である。

他方，ESD価値概念は社会科の規範的知識と近接している。規範的知識とは，一般的・社会的な規範的知識と，自らの価値を含んだ規範的知識に分けられ，公民的資質の育成へと繋がっていくのは自らの価値を含んだ規範的知識である。例えば，自然保護は大切であるという学習内容は，一般的・社会的な規範であり，常識的な事柄として一元的な規範として理解される。他方，自らの価値を含んだ規範とは，これまでの経験や感情をも含んだ規範的知識であり，学習者の内面に存在する。価値概念は，生物等の「多様性の尊重」，将来世代や世代内で公正・公平を社会で大切する「公平性」，様々なスケールで連携・協力することが大切である「連携性」，市民が責任をもって行動することが大切である「責任性」から構成され，社会的論争問題や持続困難

第1表　ESD構成概念

<table>
<tr><td>上位概念</td><td>未来像</td><td colspan="3">ESD 事実概念</td><td colspan="4">ESD 価値概念</td><td></td><td></td></tr>
<tr><td>ESD構成概念</td><td>将来世代ニーズと未来予想</td><td>多様な課題</td><td>相互性</td><td>有限性と持続可能な変革</td><td>多様性の尊重</td><td>公平性</td><td>連携性</td><td>責任性</td><td></td><td></td></tr>
<tr><td>ESD構成概念の意味
ESD構成概念を論じる関係機関や研究者</td><td>将来世代のニーズと権利を満たすため、今後、生じそうな問題等を予想すること</td><td>持続可能な社会を脅かす様々な課題があること</td><td>人と物質、人と人、人と社会が移動、循環し、働きかけ合っていること</td><td>（これまでの開発の経験から）資源は有限であるということ</td><td>生物、文化、社会等の多様性を尊重することが大切であること</td><td>将来世代、世代内で公正に物質が分けられる、公平な社会が大切であること</td><td>社会、経済、政治的な国家間や地域での連携・協力が大切であること</td><td>政治的な責任のみではなく、市民が責任をもって行動することが大切であること</td><td></td><td></td></tr>
<tr><td>国立教育政策研究所教育課程研究センター（2012）『学校における持続可能な発展のための教育（ESD）に関する研究』実施計画</td><td>・責任性</td><td>・多様性</td><td>・相互性</td><td>・有限性</td><td>・多様性</td><td>・公平性</td><td>・連携性</td><td>・責任性</td><td></td><td></td></tr>
<tr><td rowspan="2">国立教育政策研究所教育課程研究センター（2014）『環境教育指導資料』「環境を捉える視点」（持続可能な社会の構築を目指す環境教育）</td><td rowspan="2"></td><td rowspan="2">・資源の循環
・エネルギーの利用</td><td rowspan="2">・生態系の保全</td><td rowspan="2">・資源の循環
・資源の有限性</td><td>・自然や生命の尊重
・異文化の理解</td><td></td><td></td><td rowspan="2">・資源の有限性
・エネルギーの利用
・生活様式の見直し</td><td rowspan="2"></td><td rowspan="2"></td></tr>
<tr><td colspan="3">・共生社会の実現</td></tr>
<tr><td rowspan="2">関係省庁連絡会議（2011）DESD</td><td></td><td>（・多様性の尊重）</td><td></td><td>（・環境の尊重）</td><td>・多様性の尊重・環境の尊重</td><td>・非排他性
・機会均等</td><td></td><td>（・機会均等）</td><td>・人間の尊重</td><td rowspan="3">教育課程の一般方針と重なる</td></tr>
<tr><td>（・世代間の公平）</td><td>・貧困の削減</td><td></td><td>・環境の保全と回復・天然資源の保全</td><td>・社会的寛容</td><td>〈公平性〉
・世代間の公平・地域間の公平・男女平等・貧困の削減</td><td>・公正で平和的な社会</td><td></td><td></td></tr>
<tr><td>ESD-J（阿部治案）（2016）「ESD」で培いたい価値観</td><td>（・現世代は将来世代に対する責任をもっている）</td><td>（・文化的な多様性を尊重する）</td><td colspan="2">・人間は自然の一部である</td><td>・文化的な多様性を尊重する</td><td colspan="2">・私たちには社会的・経済的に公正な社会をつくる責任がある</td><td>・現世代は将来世代に対する責任をもっている</td><td>・人間の尊厳はかけがえがない</td></tr>
</table>

<table>
<tr><td rowspan="2">英国教育雇用省（志村喬訳）(1999) SDEP</td><td rowspan="2">・将来の世代とニーズと権利（・不確実性と予見的な行動）</td><td rowspan="2">・文化・社会・経済・生物的多様性</td><td rowspan="2">・相互依存性</td><td rowspan="2">・持続可能な変革（・開発と環境収容力）</td><td rowspan="2">・文化・社会・経済・生物的多様性</td><td rowspan="2">・生活の質・公平・公正</td><td></td><td>・不確実性と予見的な行動</td><td rowspan="2"></td></tr>
<tr><td colspan="2">・市民性と参加責務</td></tr>
</table>

※（　）は，間接的に関わってくる概念であると捉える。

各種文献より宮下作成

な問題を扱う価値判断場面において存在し，学習者毎の内面の違いに応じるため捉え方は一元的にならず多元的である。

さらに，将来世代への責任やニーズ，未来を予想する時間軸[2)]（ESD未来像）を別類型として設定し，未来社会の予防的な側面をもたせた。ESDは，事実をもとにして，将来世代を見据え，価値判断を通し行動の変革をもたらそうとする教育であり，時間軸を意識せずに解決策が見出せる課題設定では達成できないからである。

2．授業づくりにおけるESDと小学校社会科教育

岩田（1994）は，記述的知識・分析的知識に説明的知識・概念的知識までを加えて事実関係知識とし，知識を分類し認識構造を示した。この岩田の認識構造とESD構成概念との関連について述べると，ESD事実概念が岩田の説明的知識・概念的知識と重なり，社会科の目標・社会認識と関連する。

また，岩田（2006）は，社会認識を通して市民的（公民的）資質を形成するとし，市民的（公民的）資質の形成には，「規範知」の形成への社会科授業が必要であると述べ，価値判断力，意志決定能力の育成が必要であるとしている。つまり，公民的資質の育成ために，この規範的知識の習得が必要である。そして，この規範的知識の習得と近接するのがESD価値概念であり，価値判断，意思決定の学習プロセスが機能する。

これらをふまえると，社会科の目標，学習プロセス（過程）と発問，児童の学び（学習成果）と，ESD事実概念及びESD価値概念との関連は第2表の

第2表　ESD構成概念と社会科の目標との関連

社会科の目標	学習プロセス	ESD 構成概念	発問	児童の学びの階層
公民的資質（市民的資質）	価値分析過程（意思決定，価値判断）	ESD 価値概念	どうあるべきか，自分なら何ができるか	態度形成 規範的知識
社会認識	概念的知識の習得過程	ESD 事実概念	なぜか，どうしてか	概念的知識

宮下作成

ように整理される。概念的知識の習得過程ではESD事実概念を組み込みながら社会認識を育むこと，価値分析過程ではESD価値概念を組み込みながら公民的資質の育成を目指すことになり，これが小学校社会科におけるESDの授業づくりの足掛かりとなる。

3．小学校社会科におけるESD実践「廃棄物の処理」

3．1．単元「廃棄物の処理」をESDとして扱う意義

ESD教材開発のために中山（2011）は，持続可能な社会を支え，発展させる豊かな公民の育成に照らした適切なテーマの選択が求められると述べ，持続可能な社会の構築には価値観の転換が必要とされると説明している。具体的には，「大量消費・大量生産・大量廃棄を善とする社会観を，持続可能な生産・消費・廃棄を善とする社会観へ転換することとされる。社会観を転換し，新しい社会，すなわち持続可能な社会を創るためには，従来の生産・生活スタイルを持続可能な社会のそれに変えることができる価値判断力や行動力を身につけることが求められる。」と示した。前田（2011）は，人間の生産活動に伴って発生する廃棄物の再利用を扱うことなどから，廃棄物がESDの考え方を取り入れた代表的な単元であるとした。また，「具体的かつ直接的に把握できる身近な地域学習が主体であり，直接的に社会参画できる好適な学習である」と述べ，廃棄物単元が数少ないESDの考え方を取り入れた代表的な単元だと述べている。したがって，「廃棄物の処理」をESDとして

扱うことが適切であると言える。

ところで，廃棄物についての実践的研究である永田（2011）は，「持続不可能な開発である大量生産・大量消費・大量廃棄の大量廃棄が大量リサイクルに変わっただけで，行動の変革はリサイクルをすることに集中している。」と実践されている廃棄物単元の問題を指摘している。これをふまえると，リサイクルは循環型社会を学ぶための教材として取り上げる意義はあるが，社会問題として取り上げなければならないのは，むしろごみの減量化についてであり，大量廃棄に結びつく大量生産の仕組み自体を問題視することが重要である。

３．２．単元「廃棄物の処理」の開発・実践

コンビニを題材とした大量廃棄に着目した実践と，資源の有限性に焦点を当てた廃棄物の処理についての２実践を開発し提示する。

(1)　コンビニの弁当販売と大量廃棄の社会的論争問題を取り上げた実践①（第４学年31名での授業実践・分析）

①単元計画（全３時間）

時間	〈学習テーマ〉	◎本時の目標	○学習活動
１時	〈コンビニって，とっても便利〉	◎（大量廃棄の現状を生み出すコンビニの仕組みを考えるために）コンビニの利便性について理解する。	○コンビニに関心をもたせた後，販売品や経営の特徴について話し合い，コンビニの利便性に気づくようにする。
２時	〈コンビニの店長になってみよう〉	◎コンビニの利益追求は，多くの廃棄物を出していることを理解する。	○コンビニの利益追求をゲームを通して理解する。売り切ることに思考が向かうが，利益追求のためには，商品棚に弁当を常に並べておく必要があることに気づくようにする。そのことから，コンビニが多くの廃棄物を出している現状について理解する。
３時 Ａ・Ｂ ２班で 実施	〈コンビニの弁当販売を考えよう〉	◎コンビニの弁当廃棄の実態から（これからの廃棄システムはどうなっていくのかを社会背景との関連を図りながら予想し（Ａ班のみ））これからの販売の在り方について考える。	○コンビニの廃棄弁当がたくさん出ている現状を理解し，コンビニのお弁当販売はどうなっていくのか予想し（この下線部の過程は，Ａ班しか経験させない。）最後に，コンビニ弁当がごみになる仕組みはどうあるとよいのか判断する。

②授業の実際

コンビニの弁当販売では，仕入れに伴う一定量の廃棄が生じる。この仕組みから生じる販売・廃棄弁当のトレードオフの関係に着目して教材化した。

第1時では，コンビニの利便性に注目させるために，どんな物をコンビニで買っているか話し合わせ，そこから，コンビニでは日常生活で必要なものが殆ど購入できることを気づかせた。さらに，便利なのは商品に限らず，年中無休，24時間営業，近隣に存在する，混雑していないなどの意見が学習者から出された。ここでは，コンビニの社会的機能を説明的知識として習得できた学習者もいれば，「なぜ24時間営業なのか」「どこから仕入れているのか」「なぜコンビニがこんなにたくさんあるのか」など，学習内容の理解が深まらなかったことによる疑問や，学習内容から派生した疑問が，振り返りの記述に見られた。

第2時では，コンビニの利便性の裏にある，コンビニの利益追求の仕組みを理解させるように実践を行った。いわゆるマーケティングにおけるトレードオフの廃棄物問題である。この実践では，コンビニの苦しい利益追求の仕組みについてゲームを通して捉えることができた。仕入れ過剰のために，売れ残ってしまうと赤字に転じる場合があることに学習者は気づいた。また，学習者は，利益をたくさん出すためには，商品を売り切る必要があることにも気づけた。しかしながら，コンビニ店長の話から，コンビニは商品を売り切ることは目標としていない現状を伝えると，学習者は商品を売り切ることのデメリットとは何かを考え始めた。話し合いを通して，消費者は，品揃えの悪いコンビニに足を運び難くなることに気づき，コンビニは，1日の利益だけではなく長期的な利益を求めていかなければならないことを捉えることができた。

第3時では，コンビニの弁当廃棄の問題から，これからのコンビニの弁当販売の在り方を判断させた。

コンビニが毎日30食もの弁当を廃棄処分している現状から学習者は「もっ

たいない」「なんとかならないのか」という意見が学習者から出た反面，前時の学習から「しょうがない」という意見も出た。学習者は，この現状から，コンビニの在り方，とりわけ食習慣に対する在り方を切実に考え始めた様子が見られた。

③ESD未来像を取り込んだ比較検討授業の構想（第３時）と分析結果

コンビニの社会的機能を認識し，利益追求を善とするコンビニの経営から，大量廃棄に及んでいることを理解させた。まさに社会的論争問題であり，学習者は容易によりよい答えを導き出せない。

そこで，コンビニの販売がどうなっていくのか予想する学習プロセスを試みた。学級を２班に分け，ESD構成概念（未来像）を組み込んだ学習プロセスの有無が，学習者の変容にどのように作用するのかについて分析した。第３表は，学習中のワークシート記述（ESD未来像，価値判断）と，学習後の評価シートの記述（価値判断）である。

未来像を組み込んだＡ班は，未来を予想したときに，リサイクルが進むのではないかという意見が出され，リサイクルを意識する学習者が出現した(10／15名)。価値判断の場面では，リサイクルの出現率は下がったが（８／15

第３表　未来像の分析

Ａ班（未来予想組み込み）全15名		
学習中のESD未来像	学習中の価値判断	学習後の価値判断
リサイクル(10) その他(5)	リサイクル(8) 貧しい人へ(2) その他(5)	リサイクル(4) もったいない(5) しょうがない(1) その他(5)
Ｂ班（未来予想組み込まず）全16名		
	学習中の価値判断	学習後の価値判断
	販売の努力(8) その他(3) 空欄(5)	もったいない(9) しょうがない(1) 販売の努力(1) その他(5)

名)，廃棄物のリサイクルへの意識が一定期間後の価値判断の記述まで留まる学習者がいた（4／15名)。

他方，未来像を組み込まないB班は，価値判断場面で，お弁当の賞味期限の問題や改善を探り，販売の努力で処分しないで済む方法はないのかを考える学習者が多い（8／16名)。一定期間後の価値判断の記述では，お弁当がもったいないと，理由や根拠を示さず自らの感情中心の表現をするB班の学習者（9／16名）が，A班の学習者（5／15名）より多数見られた。

④ESD未来像の効果についての考察

ESD未来像を組み込むことで，多くの廃棄物がリサイクルされている社会認識を踏まえながら，今後，リサイクルされるだろうとA班の学習者は考えた。これは，学習者の既存のリサイクルに対する意識から，なぜコンビニはリサイクルしていないのかという疑問と結びついたのかもしれない。他方，未来に意識を向けないと，大量廃棄社会の責任性を問題視するものの，「もったいない」という判断から抜け出せず，いつまでも認識が深まらない傾向が見られる。「もったいない」は，規範や行動への意識に転移する可能性のある感情表現ではあるが，この時点では，大量生産・大量消費・大量廃棄の社会構造の理解までは繋がらず情意的である。B班に多数見られた「もったいない」で終始している学習者は，道徳的であり，社会認識を深める学習が必要となることを示している。

A・B班を比較検討することで，ESD未来像を踏まえた価値判断を組み込んだ学習構造により学びが，社会認識を基にしようとすることに繋がることが見出せた。つまり未来を予想する学習を組み込むことで，自らの認識を基によりよい社会の在り方を考えようとする学習者の姿が立ち現れた。ただし，よりよい社会の構築のために考え始めてはいるが，廃棄物の処理の本質的な事柄を捉えているわけではない。そのため，第3学年「地域の人々の生産や販売」での理解や自らの生活経験から，リサイクルが最良の策であることから抜け出せなかった。これは，この単元からでは，大量廃棄に結びつく大量生産する仕組み自体を問題視する本質的な社会認識がなされなかったためである。以上から，桑原（2011）が述べている，将来世代の存在に気付かせる授業（とりわけ人々の利害と自らの利害を調整する価値を見出させる授業）が，よりよい社会を考えようとすることに繋がることが，本授業実践分析から確認されたといえる。

(2) 大量生産・大量消費・大量廃棄の社会観の転換を図った実践②（第４学年24名での授業実践・分析）

①単元計画（全12時間）

時間	〈学習テーマ〉	◎本時の目標	○学習活動
１時	〈ごみって何？〉	◎どんな種類のごみがあるのか，興味をもつことができる。	○様々な不用品がごみなのかを話し合い，ごみの意味について考え，興味をもつ。
２時	〈ごみの分別の仕方を調べよう〉	◎ごみが分別されて処理されることを理解する。	○柏崎市のごみの分別の仕方について調べ，ごみの分別や資源化について理解する。
３時	〈ごみの減量化〉	◎リサイクルやごみの有料化がごみの減量に繋がったことを理解する。	○柏崎市で排出されている一般家庭ごみの量の変化をとらえて，リサイクルやごみの有料化がごみの減量へと繋がることを理解する。
４時	〈ごみはどこへ〉	◎ごみがどこへ運ばれるのか理解する。	○家庭から出るごみの種類を想起し，ごみの行方について資料を用いて調べる。
５時	〈最終処分場の容量限界〉	◎最終処分場の容量限界から，今後の最終処分場建設の在り方について考える。	○最終処分場の容量限界から，今後，最終処分場をどこに建設するべきなのか地図や資料から自分の意見を表現する。
６時	〈リサイクルは，本当にすばらしいのか？〉	◎大量廃棄の社会がリサイクルに変化していることを理解し，リサイクルも原料の再投入に繋がることを理解する。	○びんとペットボトルの処理の違いから，ペットボトルの処理は大量廃棄が大量リサイクルに変化していることであると理解する。
７時〜９時	〈クリーンセンターを見学しよう〉	◎清掃工場の見学から，ごみの分別，ごみの行方３Ｒなどの理解を深める。	○ごみの行方，リサイクルの仕組みなどを実際に見ることや，所員からの説明を聞き，廃棄物の処理や３Ｒの理解を深める。
10時	〈見学を振り返ろう〉	◎ごみの減量が環境負荷を下げることが分かる。	○清掃工場の見学で得た知識を体系的に捉え直す。

11時	〈生活場面からリユースについて考えよう〉	◎３Ｒについて想起し，リサイクルが持続可能な社会に影響を与えていることを考える。	○学校給食で使用する食器はリユースされてはいるが，生活場面での大量リサイクルが持続可能な社会にどのような影響を与えているかを考える。
12時	〈社会の在り方をどう判断するのか？〉	◎持続可能な社会の在り方を考え，自分に何ができるのかを決定することができる。	○昔の社会と比較し，現在の大量生産・大量消費・大量廃棄の社会の在り方を価値判断し，自分に何ができるかを意思決定する。

②単元末（１単位時間）の授業実践

ア　単元末（12／12）の学習指導案

学習活動	Ｔ：教師の働き掛け　Ｃ：予想される児童の反応	□指導の手立て　＊評価【評価方法】
導入 10分	自分たちの生活やみんなが暮らす社会はどうなるとよいのか。	
	Ｔ：コンビニで購入した弁当には，割り箸やお手拭きがついてきますが，あなたはどう思いますか。 Ｃ：割り箸がなかったら食べられない。 Ｃ：ごみが増えるから，お手拭きはいらない。	□実物を用意する。
展開 20分	Ｔ：燃やすごみはこれまで増えてきましたか，減ってきましたか。 Ｃ：減ってきた。 Ｔ：それではもっと昔はごみの量は多かったと思いますか。「クリーンセンターでもやしたごみの量」で確かめてみましょう。 Ｃ：2000年はごみがとても多かった。 Ｃ：1976年（約40年前）は，ごみがとても少なかった。 Ｔ：約40年前は，なぜごみが少なかったのですか？ Ｃ：マイバスケットを使っていた。 Ｃ：トレイがたくさん捨てられている。 Ｃ：紙コップや割り箸などが使い捨てられている。 Ｔ：なぜ，使い捨てができるのですか。 Ｃ：たくさん物があるから。 Ｃ：たくさん物も作っているから。 Ｃ：原料をたくさん使っているから。 Ｃ：原料や材料は限りがあるけど大丈夫かな。	□第３時の学習を想起する。 □『わたしたちの柏崎』（p.68）参照[3)] ＊書いてある自分の意見を発表しようとしている。【挙手・発言】 □約40年前の商店の写真や自分たちの家庭から出る燃やすごみの種類（第３時）をまとめたポスターを用意しておく。

まとめ 15分	T：あなたの生活やみんなの暮らす社会はどうなるとよいのでしょうか。 C：使い捨て用品を少なくした方がよい。 C：食べ物をすぐにごみにする習慣をやめた方がよい。 C：たくさんごみが出ているので，物を大事に使っていくことが大切だと思う。 T：あなたはどんなことができますか。 C：マイバックをもって買い物をする。 C：なるべく繰り返し使えるものを買う。	＊社会の在り方を価値判断することができる。【ワークシート】 ＊これまでの学習から，自分のできることを考える。【ワークシート】

イ　単元末（１単位時間）の授業の実際（12／12）

まず，コンビニの販売は過剰サービスなのかを話し合わせた。外で食べられるように箸は必要という意見や，捨てるごみの量は増えるという意見が出た。

次に，40年前からのごみの量のグラフを提示した。1976（昭和51）年は，まだリサイクルが実施されていなかったが，2014（平成26）年よりも「クリーンセンターかしわざき」で燃やしたごみの量は少ない[3)]。学習者は，その現状から40年前の暮らしを資料から読み取り，容器包装が少ないことに気付いた。また，第３時に扱った家庭の燃やすごみ調べから，現在は，「紙コップ・皿，わりばし，紙マスク…」多くの使い捨て商品を使っていることが分かった。なぜ，使い捨てができるのかを問い直すと，学習者から「たくさん物があるから」と発言があった。さらに，使い捨てまでの流れを考えさせると，「たくさん捨てる」「たくさん使う」「たくさん作る」「たくさん原料を使う」と学習者から導き出され，前単元の資源を輸入に頼る火力発電の現状と繋げた発言まで出てきた。そして，自分たちの身近な生活でも多くの使い捨て商品を使っている現状があることは，コンビニの販売などから学習者も理解している。

そこで，ごみの出方や販売の様子から，自分たちの生活や社会がどうあるべきなのか価値判断させたところ，授業の中ではリデュース，リユースの記述が多数の学習者から導出された。つまり，短期的ではあるが，価値判断の学習が効果的であったとは言える。そして，自らの生活について意思決定する学習者は多数出現した。しかしながら，大量生産を批判することや社会がどうあるべきなのか価値判断した記述は，7／24名にとどまった。ただ，その中には，どうしてプラスティックの大量生産が可能なのか新たな疑問を抱く学習者，最終処分場の容量限界まで繋げて考えた学習者がいた。

ウ　単元末（1単位時間）授業結果の考察

直接的に社会参画できる学習として位置づけ，持続可能な社会の在り方を身近な生活に繋げて考えることができている。しかしながら，社会科入門期の学習者が社会を認識することの難しさや，自分の生活から抜け出せない実態がみられた。本時においては，持続困難な廃棄物の処理の問題を意識しながら，よりよい社会を求めて価値判断，意思決定する学習過程を組み込むことが短期的には有効に働いている。ただし，社会観の転換まで到達できない学習者も残ったことから，利便性を全面に押し出した効率と保護・保全の対立軸を作りながら，学習者の規範的知識を揺さぶっていくことが有効であったかもしれない。

③単元全体の有効性を検証する長期評価アンケートの分析結果（第4表）

本実践では第4時及び第12時終了後に期間（4時は5日後，12時は1ヶ月後）を設け，2回のアンケートを実施し，学習者の変容について分析した。第4時に実施しているのは，第5時以降，学習者に価値判断させる規範的知識習得の学習過程が組み込まれているからである。なお，授業実践日から期間を設けたのは，授業直後の瞬間・短期的な影響が直接的に反映されず，学習者の本質がどう変容したか分析できると考えたからである。

ア　分析方法

持続可能な社会を築くための3要素「学習者の社会認識（有限性）」「規範的知識（責任性）」「社会参画の意識」に関する学習者の変容をアンケートで評価した（第4表）。第4表の横軸欄の3要素のうち，社会認識については節度ある開発や有限性についての記述内容の変容を分析した。規範的知識につ

第4表　長期評価アンケート

評価項目	社会認識（有限性）	規範的知識（責任性）	社会参画意識
質問項目	・ごみの分別とその意識 ・新たなものを購入する場合の意識 ・人が節度ある自然の利用を行うこと ・世代間・世代内の公平性について	・ごみの分別とその意識 ・新たな物を購入する場合の意識 ・人が節度ある自然の利用を行うこと ・世代間・世代内の公平性について	・ごみの分別とその意識 ・新たな物を購入する場合の意識
学習者⑳	◎	◎	◎
学習者④	◎	○	○
学習者⑰	○	◎	—
学習者②	○	—	○
学習者⑥⑫㉘	—	○	—
学習者⑭⑯	○	—	—
n＝3（A群）	△	○	—
n＝10（B群）	—	—	—
n＝1（C）	△	△	—

※1　評価基準は,「◎期待する記述への変化が複数ある　○期待する記述への変化がある　—期待する記述の変化が見られない　△期待しない記述がある」とした。
※2　学習者の記述についての評価方法
○社会認識は，節度ある開発や有限性についての記述で評価する。
○規範的知識は，持続可能な社会の一員である意識がどう変容したかで評価する。自分事として考えることと，自己中心的な記述や他力的な記述を含まないことで評価する。
○社会参画意識は，新たな物を購入する意識，ごみの分別の記述と数値の変容で評価する。
※3　A群～Cは，期待する変容が見られなかったグループで，nは，人数を表す。
学習者⑳などは，変容があった学習者のIDを表す。
※4　学習者は24名だが，特別支援学級在籍学習者は，記述欄が空欄のため分析できなかった。

いては，持続可能な社会の一員である意識がどう変容したかを分析した。とりわけ，自分事として考えることと，自己中心的な記述や他力的な記述を含まないことを評価基準とした。社会参画意識は，ごみの分別の実施の行動変容やその意識に関する記述（回数等の数値も含む）から分析した。第4表の縦軸欄の学習者⑳，④などは学習者のIDであり，A／B／C群は期待する大きな変容が見られなかった集団類型とその人数である。

イ　分析結果

10名の学習者（B群）は，持続可能な社会を築こうとする規範的な知識を問い直す価値判断の学習過程を取り入れても，とりわけ変容は見られなかった。長期アンケート記述では，新たな物を購入する場合の意識「自分のえんぴつや消しゴムをどこかになくしてしまったら，あなたならどうしますか」の質問に対して，「無いと困るから購入する」と，「お金の無駄になるから買わない」という回答でそれぞれ一貫していた。持続可能な社会を意識するリユースやリデュースに繋がる変容はなかったが，その中の１名の学習者は一貫して「家にあるのを使う」というリユースを意識していた回答があった。

３名の学習者（A群）は，環境破壊を抑制する考えに変容した。多様な課題があることや多様性を尊重しようとすることからは外れるが，環境保全がより大切であると自らの規範が揺れ動いたと評価できる。

他方，１名の学習者（C）は，生き物はいなくなっても人のせいではない，燃料はもらえる国からもらえばいいという学習後に認識や規範が期待しない記述へと変化した。追加質問までは行わなかったため変容の理由は不明だが，「今後，生き物が減少する」と学習者の未来像が大きく変化したことが影響しているのかもしれない。

一方，期待する方向で大きな変容がみられたのが学習者ID番号（丸囲み数字）を記した９名である。学習者⑭⑯の２名はリサイクルについての記述が見られるようになり，ごみの分別の必要性を感じている。学習者⑥㉘は，クリーンセンターの所員のためにも分別の必要性を記述していることで他者へと意識が向かうようになった。さらに，学習者⑫は最終処分場の容量限界について記述していることから社会全体のことを考え始めた。これらの学習者は，自らの生活のみではなく，他者や社会全体へと見方が変化している。

学習者②は，ごみの分別を自分でしようとする意識が高まった他，「未来のために一日でも多く地球で生活していくため」と燃料の有限性についての記述があることと，何より未来のためということから，持続可能な社会の在り方を考えている。

学習者⑰は，学習者⑫と同様に最終処分場の容量限界やリサイクルの必要性についての記述があった。さらに，日本だけがよければと考えるのではなく，世界の国々の問題であり，条約を作って有限な資源の使い方を考えることの必要性を記述している。自分の生活レベルから社会連帯（連携性）の記述が見られた。

学習者④は，新たな物を購入する意識にリデュースの考え方，ごみの分別に対しても資源の節約との記述が見られた。学習者⑳は，新たな物を購入する意識に大量生産に対する批判的な記述があり，最終処分場の容量限界からごみの分別に対する行動意識も高まっている。この２名の学習者は，持続可能な社会を築くために，社会を認識し，規範的知識を習得し，社会へ参画する意識が一体的に働いていると分析できる。

ウ　本単元全体の長期的な学習効果につての考察

社会認識を通して行動の変革に繋げていくことが重要である。持続可能な社会について認識し価値判断することができた学習者は，一定の期間後の長期アンケート記述に，規範的知識や社会参画意識が定着している。しかしながら，そのような変容を見せた学習者は９／23名で決して多いとは言えない。その要因としては，大量生産・大量消費・大量廃棄の社会を学習者がどう認識したのか（してるのか）が影響していることが，短期的な振り返りと長期的なアンケート記述から理解できた。即ち，資源の有限性を学習者にどのようにつかませるのかが鍵となる。

Ⅳ．結論

「廃棄物の処理」の学習内容を中核に，生活や社会，環境の中にある社会論争的問題や持続困難な問題を見出し，自分の生き方や社会に繋げて考えながら，持続可能な社会を築こうとする児童の育成を目指した本授業開発・実践結果の分析から得た知見は大きく次の３つである。

第1に，ESD未来像を学習過程に組み込み将来世代の存在に気付かせることで，よりよい社会を考えようとすることに繋がる。第2に，単元末に価値判断，意思決定の学習過程を組み込むことは，学習者が自らの規範を問い直し，持続可能な社会を方向づけることに，短期的であるとしても有効である。第3に，持続可能な社会を築こうとする意識を育成するためには，学習者が持続困難な社会・とりわけ有限性をどう認識するかが鍵になる。それは，長期的な規範の変容にも連動すると推察される。

今後の課題として，学習者の行動意識に働きかけるためには，廃棄物単元のみをESD的に捉え直すのではなく，可能性のある単元として第5学年「我が国の国土の自然などの様子」，第6学年「世界の中の日本」を計画的・継続的に組み込み，単元構想をしていく必要がある。

＊本実践の理論的骨子は上越教育大学修士論文（2018）であり，その後の臨床的研究結果をまとめた宮下祐治（2020）：ESD構成概念を取り入れた社会科の実践―小学校第4学年単元「廃棄物の処理」―．教育実践研究，30，pp.43-48掲載内容を再構成したものである。所収の授業は 2017／18年度に新潟県柏崎市内の小学校で実践したものである。本研究終了後には，A・B班に学習の差が生じないように措置した。

注

1）阪上・池下（2016）は，理念の理解が困難なことや，理念が教科横断的であること，ESDの多様性ゆえに何をやってもESDであるなど様々な課題が生じていると述べている。

2）国研報告書が依拠した大来（1987）が，「地球の未来を守るために」を中核とした報告をしていることは，将来世代のニーズについて強く打ち出していると解釈できる。

3）柏崎教育委員会（2014）：『わたしたちの柏崎』柏崎市教育委員会

文献

泉貴久（2012）：ESDの概念・特徴と地理教育―ESDの普及・発展へ向けて―．泉貴久・梅村松秀・福島義和・池下誠編『社会参画の授業づくり―持続可能な社会にむけて―』古今書院，pp.110-116.
岩田一彦（1994）：『社会科授業研究の理論』明治図書.
岩田一彦（2006）：新しい社会認識教育実践のための行動計画―何をどう変えるか―. 社会認識教育学会編著『社会認識教育の構造改革―ニュー・パースペクティブにもとづく授業開発―』明治図書，pp.309-315.
大来佐武郎（1987）：『環境と開発に関する世界委員会　地球の未来を守るために』福武書店.
唐木清志（2021）：SDGsに基づくカリキュラム開発．井田仁康編『持続可能な社会に向けての教育カリキュラム―地理歴史科・公民科・社会科・理科・融合―』古今書院，pp.2-13.
関係省庁連絡会議（2011）：我が国における「国連持続可能な開発のための教育の10年」実施計画．　http://www.cas.go.jp/jp/seisaku/kokuren/keikaku.pdf（最終閲覧日2016. 6. 23）
教育雇用省・資格カリキュラム機構（DfEE and QCA）（1999）：ナショナル・カリキュラム地理．志村喬（2011）：地域多様性をふまえ持続可能な空間環境を実現する地理教育．社会科教育研究，113，pp.9-20.
桑原敏典（2011）：持続可能な社会の形成を目指した社会科教材開発の原理と方法. 社会科教育研究，113，pp.72-83.
国立教育政策研究所教育課程研究センター（2012）：『学校における持続可能な発展のための教育（ESD）に関する研究〔最終報告書〕』国立教育政策研究所.
国立教育政策研究所教育課程研究センター（2014）：『環境教育指導資料【幼稚園・小学校】』東洋館出版社.
阪上弘彬・池下　誠（2016）：持続可能な社会をめざす授業をいかにつくっていくのか―食の安全，環境問題，ESD―．日本社会科教育学会編集『社会科教育の今を問い，未来を拓く―社会科（地理歴史科，公民科）授業はいかにしてつくられるか―』東洋館出版社，pp.123-137.
持続可能な開発のための教育推進会議（ESD-j）（2016）：ESD-jが考えるESD. http://www.esd-j.org/concept/concept02（最終閲覧日2016. 7. 21）
志村喬（2017）：教科教育としてのESD授業開発の手法.井田仁康編『教科教育におけるESDの実践と課題―地理・歴史・公民・社会科―』古今書院，pp.10-25.
永田成文（2011）：ESDの視点を導入した小学校社会科における環境保全学習―リサイクル問題を事例として―．中山修一・湯浅清治・和田文雄編『持続可能な社会と地理教育実践』古今書院，pp.62-70.

中山修一（2011）：地理ESD教材開発の目標，内容，方法．中山修一・湯浅清治・和田文雄編『持続可能な社会と地理教育実践』古今書院，pp.10-15.

前田俊二（2011）：新学習指導要領小学校社会科におけるESD授業─廃棄物学習に焦点を当てて─．中山修一・湯浅清治・和田文雄編『持続可能な社会と地理教育実践』古今書院，pp.55-61.

第８章　小学校社会科における世界地誌的学習の開発と提案

―第６学年における実践授業の分析をふまえて―

栗田明典

研究対象学年・内容

・小学校第６学年
・世界地誌的学習

研究目的

・社会認識を踏まえた態度の育成を図る小学校社会科の世界地誌的学習の在り方を，授業実践を通して提案する。

Ⅰ．目的設定の理由

世界が国を超えてつながる中，共生に向けた他者との関係性の構築に対して，教育はどのように関わることができるのか。小学校では，低学年から多様な教科において体験的な活動による情意的側面への働きかけが行われる。しかし，ステレオタイプに陥らないためにも，認知的側面への働きかけとの相互作用の中で知情の統一した態度の育成[1]が必要である。

認知的側面への働きかけとして，社会科，とりわけ地理教育が国際理解に寄与すると言われてきた。それは，地誌学習により，世界の諸地域の社会認識を形成することで，人間の行動に影響する頭の中の世界像[2]を豊かなものにするからである。世界地誌学習についての先行研究では，単に地域の状況の分析や理解にとどまらず，これからの地域や世界の在り方を考えたり判断したりする学習[3]や，世界の諸地域に見られる事象の背景にある価値観や考え方に迫る学習[4)]が主張されてきた。

一方，1977（昭和52）年の小学校学習指導要領社会ではそれまでの世界地誌学習が削減され，現在，世界に関する学習（以下，世界地誌的学習）内容が位置づけられているのは，第５学年，第６学年のみである。グローバル化した現在，この世界地誌的学習の在り方を改めて実践研究する意義は大きい。

Ⅱ．研究方法

1．世界地誌的学習の学習構造仮説を設定し，授業単元を開発する。
2．学習構造仮説に基づく授業実践における児童の実際から，仮説を検証する。
3．検証結果を基に学習構造を再考し，学習指導案（改訂版）を提起する。

Ⅲ．研究内容

1．世界地誌的学習の学習計画

1．1．世界地誌的学習の学習構造

世界地誌学習の先行研究，学習指導要領の分析，現職教員へのアンケートを基に，世界地誌的学習の学習構造仮説（第１図）を構築した[5)]。

本学習構造仮説は，上段に図示したような，知情の統一した態度の形成過程を基本としている。「子ども固有の世界像」を客観的な事実に基づいた「世界像形成」へと移行させ，その認識（知）を基にして自己の考え方をメタ認知することで異文化を理解する態度（情）を育成するものである。

この形成過程を授業で実践するために，４つの学習の過程（中段）を設定している。「知る」学習は，個別の具体的事実を知ることである。「深める」学習は，社会的事象に内在する価値を解釈して認識を深めることである。「比べる」学習は，社会的事象に内在する価値と自分の価値観を比較することである。「判断する」学習は，それまでの認識を根拠に自らの行動を判断

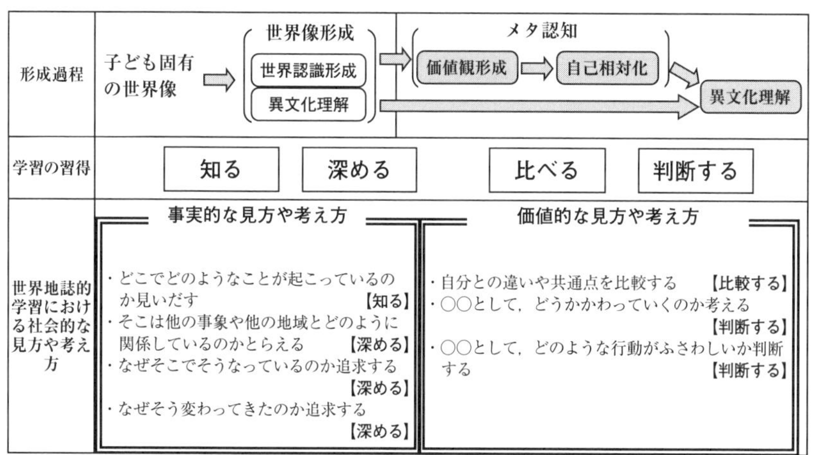

第１図　世界地誌的学習の学習構造の仮説（栗田（2018）より）

することである。「知る—深める」学習が主に社会認識（知）の形成を目指し，「比べる—判断する」学習が主に態度（情）の育成を目指している。下段の社会的な見方や考え方は，授業で具体的な問いの視点となる。「知る—深める」学習では事実的な見方や考え方で，「比べる—判断する」学習では価値的な見方や考え方で問いを設定して学習活動を行う。

１．２．授業実践の単元構想

世界地誌的学習の学習効果を検証するため同一クラスにおいて，前半は一般的な世界地誌的学習の授業（以下，統制授業）を，後半は第１図の学習構造に基づく世界地誌的授業（以下，実験授業）を実践し[6)]，結果を比較する。単元構成は第１表の通りである。

単元の１時間目は，児童が世界全体の世界像を頭の中に描けるように，世界地図や地球儀を使って地球の形や世界の主な国の位置や名称を調べ，世界の様々な地域の生活の様子を写真で確認する。

単元の２・３時間目の統制授業は，対象国１について調べ学習を２段階

第１表　実践授業の単元構成

単元の時間数		学習の過程	学習活動
事前アンケート調査			
１時間目	世界全体の認識形成	知る	・地球の形や，世界の主な国の位置や名称を調べる。 ・世界の様々な地域の生活の様子を知る。
２時間目	統制授業 ①	知る	・対象国１の位置，国名と首都名，国旗を確認する。 ・対象国１について調べたいことを決め，調べ学習を行う。
３時間目	統制授業 ②	知る	・調べた事象をグループで類似する内容に分類する。
		深める	・黒板で事象を関連づけ，認識を深める。
中間アンケート調査			
４時間目	実験授業 ❶	知る	・対象国２の位置，国名と首都名，国旗を確認する。 ・対象国２について調べたいことを決め，調べ学習を行う。
５時間目	実験授業 ❷	知る	・調べた事象をグループで類似する内容に分類する。
		深める	・黒板で事象を関連づけ，認識を深める。
６時間目	実験授業 ❸	深める	・対象地域２で起こる特徴的な事象に対し，「自分はどう考えるか(A)」を考える。 ・「対象地域２の人はどう考えるか(B)」，特徴的な事象の背景にある考え方を解釈する。
		比べる	・自分の考え方(A）と対象地域２の人の考え方(B）を比較し，違いや共通することを考える。
		判断する	・自分ならどう行動するのか，今まで学習したことを根拠に自分の行動を決定する。
最終アンケート調査			

(①②）で行う。児童の興味・関心に基づき調べ学習を行い，調べた事象をグループで分類することで社会的事象の認識形成を図る。

単元の４・５・６時間目の実験授業は，対象国２について学習構造仮説に基づいた学習を３段階（❶❷❸）で行う。対象国１と同様に，❶❷では児童の興味・関心に基づき個々に調べ学習を行い，調べた社会的事象を関連づけて認識を深める。その上で，❸では対象国２で特徴的な社会的事象を取り上げ，その事象の背景にある考え方の解釈を行う。対象国２の人々の考え方と日本に住む自分の考え方を比較し，❶❷の認識に基づき自らの行動の判断を行う。

1．3．世界地誌的学習の授業構想

対象学年は現行学習指導要領で世界地誌的学習が位置づけられている小学校第６学年で，学習対象国は統制授業ではアメリカ合衆国，実験授業ではブラジル連邦共和国[7)]である。

実験授業（３時間）における４つの学習過程の具体は次の通りである。

○知る学習：まず，ブラジルの位置，国名と首都名，国旗を地図帳で確認する。その後，児童が自らの興味・関心に基づいて調べたいことを調べることで「子ども固有の世界像」の拡大，深化を図る。

○深める学習：知る学習で調べた事実を類似する内容でグループ分けし，関係する事象を関連付けて認識を深める。その上で，サッカーを事例に事象の背景にある考え方の解釈を行う。裸足で，路上でサッカーをする様子を資料で提示することで，このような経験が少ないと推測される日本の子どもたちに，自分とは異なる環境でサッカーをする子どもたちの存在を認識させる。さらに，その背景にある考え方を解釈するために，職業別給与表を提示する。一般的な他の職業と比較するとサッカー選手の給与が高いため，サッカー選手になることが貧しさから脱出する手段と推論される。事実を基にした資料から，「サッカーをする理由が，貧しさから脱出するため，苦しい生活から逃れるため[8)]」というブラジルの地域的特色を踏まえたサッカーの考え方を解釈することで「世界像形成」を図る。

○比較する学習：日本とブラジルの子どものサッカーの考え方を比較することで，新たな考え方や価値観に気づかせたり，自分の考え方に気づかせたりする。共感的な理解を図るために，両者の違いと共通点を考える。

○判断する学習：これまでの認識を踏まえ，次の場面で自分がどう行動するか判断を行う。

ブラジルから来たＡさんはサッカーがとても上手です。いっしょにサッカーの試合をしていると，自分ばかりボールをもってプレーしています。

この問題が起こる要因の１つは，サッカーの考え方の違いである。個人の自分勝手な行動ではなく，考え方の違いがあることを認識した上で行動を判断することで，「多様性を認識しようとする」「自分の価値観のみで相手の行動を考えないようにする」という本研究の目指す態度が育成されるであろう。この実験授業段階での学習指導案は以下の通りである。

社会科学習指導案　小単元「ブラジル」（全３時間）

実験授業❶めあて：ブラジルについて，自らの興味・関心に基づいて調べたいことを決めて，調べる（指導案１）。

指導案１

時間（分）と学習の過程		○主な学習活動 **太字:社会的な見方や考え方**	教師の支援（指導上の留意点）
5	知る	○ブラジルについて知っていることをクラス全体で共有する。	・事前アンケートの内容を提示。
10		○ブラジルの位置，国名と首都名，国旗を，地図帳で確認する。	
10		○ブラジルについて調べたいことを決める。	・一人一人が興味・関心に基づいて調べたいことを決める。
20		○調べたいことを調べる。 **どこでどのようなことが起こっているのか見出す【知る】**	・調べた内容，参考文献はカードに記入させる。

実験授業❷めあて：ブラジルについて調べたいことを関連づけ，ブラジルの認識を深める（指導案２）。

指導案２

時間（分）と学習の過程		○主な学習活動 **太字:社会的な見方や考え方**	教師の支援（指導上の留意点）
5	知る	○前時の振り返りをする。	・クラス全員の調査カードを各グループに用意する。各グループで分類の仕方を相談して、大きな紙に貼る。
15		○グループごとに，調査カードを類似する内容で分類する。 **どこでどのようなことが起こっているのか見出す【知る】**	

20 5	深める	○分類して気づいたことを発表する。 **それは他の事象や他の地域とどのように関係しているのかとらえる【深める】** ○感想を書く。	・「なぜブラジルでそのような事象が起こるのか」と問うことで，事象が起こる理由や，他の事象との関連を考えさえる

実験授業❸めあて：ブラジルと日本の子どものサッカーの考え方を比較し，それを根拠に自分の行動を考える（指導案３）。

指導案３

時間(分)と学習の過程		○主な学習活動 **太字:社会的な見方や考え方**	教師の支援（指導上の留意点）
5 5 15	深める	○日本の子どもがサッカーをする理由を発表する。 ○問題場面を提示する。 ○ブラジルの子どもがサッカーをする理由を考える。 **なぜそこでそうなっているのか追究する【深める】**	・児童の生活経験から思ったことを発表させる ・資料を基に，ブラジルの子どものサッカーの事実を理解し，その背景にある考え方を解釈するように発問する
15	比べる	○日本とブラジルのサッカーの考え方を比較する。 **自分との違いや共通点を比較する【比べる】**	・資料を根拠として考えているか，発言を全体で確認する。
5	判断する	○自分が問題場面に対し，どのように行動するか判断する。 **○○として，どのような行動がふさわしいか判断する【判断する】**	・授業での認識を踏まえて判断できるように，授業での児童の発言を板書で示す。

２．授業実践の実際

２.１．実験授業の実際

○知る学習（実験授業❶，実験授業❷前半20分）：調べ学習では，国旗やサッカーに関することから調べ始めていた。国旗を起点として，自然や産業などについての社会的事象を調べる児童もいた。知る学習では，自然や言語，輸入品，宗教，移民に関する事象についての認識を形成していた。

○深める学習（実験授業❷後半25分，実験授業❸前半25分）：深める学習では，まず自分たちで調べて分類した事象を関連づけて認識を図った。

・国旗の緑が豊かな自然（アマゾン川やジャングルが国の北部に広がっている）を，黄色が鉱物（鉄鉱石や錫などの生産が高い）を表している。鉱物は日本にも輸出されている。
・言語はポルトガル語が多く，かつてポルトガルの植民地であったこと。
・ニートが多いことから，貧しい生活をする人は住む建物の形状や住む場所も異なることがある。そのような貧困から抜け出すことが難しい人々の中には強盗をする人もいるかもしれない。

次に，ブラジルの子どものサッカーの考え方の解釈を行い，次のような発言がでた。

a. サッカー選手になると大きな稼ぎができるから	g. みんなでできるから
b. 給料がたくさんもらえるから	h. すごいプレー
c. サッカー選手になってお金をたくさんもらいたい	i. 身近な場所でできる
d. サッカーで活躍してたくらんお金をもらいたい	j. 楽しいから
e. あこがれの選手がサッカーをしているから	k. 信頼関係が深まるから
f. できる遊びがサッカーしかないから	

a. b. c. dの発言は，社会的事象の背景にある考え方に迫る発言と解釈できる。小学校第６学年段階でも考え方の解釈が可能であると思われる。同時にhやkなど，資料から飛躍した解釈もある。

○比べる学習（実験授業❸後半15分）：ブラジルの子どものサッカーの考え方を解釈した後，日本の子どもの考え方と比較を次のように行った。

（相違点）	（共通点）
・日本は金稼ぎのためにサッカーをしている人は少ないと思う。	・身近なところでできる。
・ブラジルは親に言われて、将来お金がもらえるから。日本は友達に誘われて。	・みんなでできる。
・ブラジルは国民的スポーツだから飽きないが、日本は飽きる。	

相違点の3つ目の「ブラジルは国民的スポーツだから飽きないが，日本は飽きる」という発言に対して反論もあったが，事実確認がそれ以上できなかったため，可能性の1つとして板書には残した。

○深める学習（実験授業❸終末5分，追加授業20分）：実験授業❸で，認識を踏まえて判断する時間を十分確保することができなかったため，追加で深める学習（追加授業）を行い，児童が自分の行動の判断を個人（自身）で考えることで学習を終えた。

2．2．児童の知識変容の実態

実験授業前後の児童（番号1～20）の知識の変容は，第2表の通りである。

第2表　授業前後の知識の変容

児童	授業前	授業後
1	サッカーで有名な国，今年のオリンピックの開催国	サッカーが有名，サッカーに対する考え方が日本と違う，貧しい人とお金持ちの人の差が激しい，移民がたくさんいる
2	サッカーで有名，緑と黄色の国旗	サッカーで有名，ネイマール，緑色と黄色の国旗，サンバ
3	サッカー，暑い	サッカー，サンバ，ネイマール，リオデジャネイロ，キリスト像
4	サッカー，日本の真下	サッカーが有名，サンバが有名，国旗は鉱石と自然でつくられている，日本の反対側にある
5	サッカー，南アメリカ大陸，アルゼンチンが近い	サッカー，日本の裏，サンバ，ネイマール，ポルトガル語
6	はだが黒い人が多い，サンバが有名	サンバ，サッカーが多い，ニートが多い，日本の反対
7	緑の中にひし形が入っている国旗？サッカー	サッカー，ネイマール，強盗が多い
8	国旗に 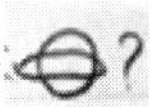 ? みたいのがあった気がする	サッカー，リオデジャネイロ
9	テレビで見たけど，すごい強盗が多い，確か1日に5回は強盗がある	サッカーが有名，サンバが有名，お金の差が激しい，強盗が多い
10	サンバが有名，ブラジルの国旗は緑	サッカーが有名，ポルトガル語を使う，サンバも有名，金や鉄鉱石がとれる

11	サッカーが強い国，ネイマール， 「ボアタルジ」というあいさつをする	サッカーが強い国，サンバも有名，サッカー選手になると給料がたくさんもらえる，ニートが多い，ポルトガル語
12	サッカーが有名，緑の国旗	サッカーが有名，ポルトガル語がある，サンバが有名，ボアタルジ
13	サッカー，はだが黒い	サッカーが有名，ネイマール選手，金髪の人や黒髪の人がいる，青・黄・緑の国旗，サンバ
14	サッカー	サッカーが有名，サンバ， お金持ちとそうでない人の差が大きい，強盗が多い
15		サッカーが有名
16	サッカーが強い	サッカー，ポルトガル語を使う，強盗が多い，サンバ
17	サッカーが人気がある	サッカーが上手
18	サッカーが有名	キリスト像がある，サッカーが有名，サンバが有名
19	サッカーがすごい， なんかこういうやつあった気がする。金髪の人とかたくさんいそう，島国？ 自分が塗った場所は島国だからたぶん島国だと思う，本当にサッカーで有名なところ，サッカー上手い人がたくさんいそう	サッカーがすごい，国旗，サッカー下手な人は稼げない， サッカー選手の給料が高い，ポルトガル語を使う
20	サッカーが有名	サンバが有名，サッカーが有名

位置認識については，２名が誤答で18名が正しく認識していた。授業後，量的な知識の増加は見られた。内容は，食事，言語，サッカー，国旗，行事等文化に関するものが多い。国旗の意味の理解（児童４），資源（児童10），貧富の差（児童１，９，14）などが新たな認識として見られる。実験授業では，サッカーを事例に社会的事象の背景にある考え方の認識も図ったため，児童１のように考え方の違いを回答した児童もいた。一方で，「サッカー下手な人は稼げない（児童19）」という一面的な認識を形成した児童もいた。

３．授業実践の分析と考察

３．１．授業分析の方法

実験授業による児童の変容を，学級全体と抽出児童の２つの側面から分析する。そこでは，本研究で目指す２つの態度が育成されたかを判断するため，次の２つの視点から児童アンケート及び授業のワークシートの記述を分析した。

〔視点１〕多様性を認識しようとしているか（態度１）

〔視点２〕自分の価値観のみで相手の行動を考えないようにしているか（態度２）

３．２．学級全体での分析

○〔視点１〕多様性を認識しようとしているか

世界の諸地域の多様性については，社会的事象の多様性も考え方や生活の多様性も，実験授業後ほとんど変化は見られなかった。

実験授業❸のワークシートでは，ブラジルと日本の考え方の違いと共通点を共に記述した児童が，全体の20人中６人であった。違いのみの記述が10人，共通点のみの記述が３人，未記入が１人であった。児童は，異文化と日本の違いは具体的に認識しやすく，共通点は具体的に認識がしにくいといえる。

○〔視点２〕自分の価値観のみで相手の行動を考えないようにしているか

異文化を大切にしたいという意識は授業により僅かに増加はしたが，実践前から高く，実験授業後もそれが継続したといえる。

一方，日本への同化の意識（日本と同じ考え方や生活をしなければならないという意識）には変化が見られた（第２図）。肯定的な回答をした児童は，統制

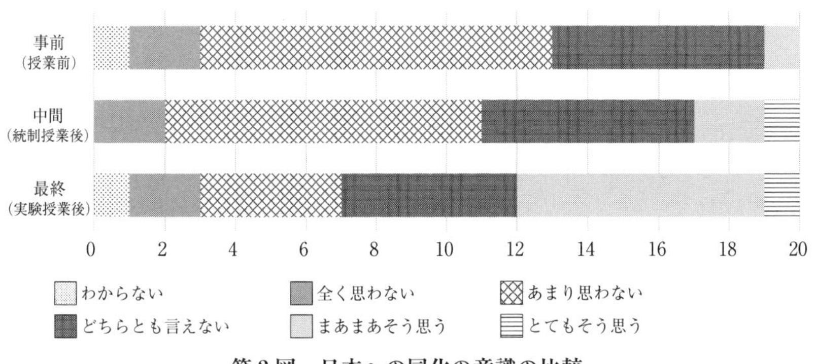

第２図　日本への同化の意識の比較

授業後の３人に対し，実験授業後は８人と増加した。否定的な回答をした児童は，統制授業後が11人に対し，実験授業後は６人に減った。

追加授業のワークシートでは，ブラジルの考え方を踏まえて相手の立場から考えようとしている記述が５人，自分の価値観から考えようとしている記述が11人，どちらとも言えない記述が４人であった。自分の価値観のみで相手の行動を考えようとする児童が多いという実態が見られる。

実験授業により考え方が変わった児童は，日本への同化の意識が強まっていた。そこで，なぜ日本への同化の意識を強めたのかを探るため，日本への同化の意識の変容が特徴的な児童を抽出し，その変容の要因を分析する。

３．３．抽出児童での分析

日本への同化の意識に着目し，以下の４人を抽出し分析の対象とした。

Ｃ１：同化の意識が高まった児童
Ｃ２：同化の意識が高まった児童
Ｃ３：同化の意識が高まらなかった児童（どちらとも言えないまま）
Ｃ４：同化の意識が高まらなかった児童（低いまま変わらない）

○〔視点１〕多様性を認識しようとしているか

アンケートでは，４人とも多様性と共通性の認識が高かった。一方，実験授業❸のワークシートでは，Ｃ１，Ｃ２は多様性の記述のみであるが，Ｃ３は共通性の記述，Ｃ４は多様性と共通性の記述がされていた。日本への同化の意識が高まらなかった児童は，アンケートで異文化と日本で多様性と共通性があることを認識した上で，授業では共通性を具体的に認識していた。

○〔視点２〕自分の価値観のみで相手の行動を考えないようにしているか

アンケートでは，Ｃ１，Ｃ２共に日本への同化を強制する行動を選択した。選択の理由はＣ１が自分の価値観から相手の行動を考え，Ｃ２は相手の行動を考えていなかった。一方，Ｃ３は相手の文化を受容する行動を，Ｃ４は相手の行動の理由を聞く行動を選択した。日本への同化の意識が高まらなかった児童は，相手の立場から相手の行動を考え，自分の行動を決定していた。

ワークシートでは，Ｃ１，Ｃ２は自分の価値観を相手の行動に求める記述をしている。それは，Ｃ４も同様である。しかし，Ｃ４は「ブラジルではそうかもしれないけど」と，相手をブラジルから来たＡさんと認識し，それを踏まえて自分の行動を考えている。Ｃ３は，日本のルールを教えるが，行動自体については相手の自由度が高い。Ｃ３やＣ４は，ブラジルから来たＡさんを，自分とは異なる存在であると認めた上で，自分の行動を考えていた。

４．授業実践の継続的効果の考察―３ヶ月後の児童の変容―

継続的効果を知るため実験授業から３ヶ月後，抽出児童に聞き取り調査を行った所，対象者４名の内３名（Ｃ１・２・４）が自分の考え方や行動で変わったことがあると答えた。変容については次のような回答であった。

・外国人とはいろんな文化があって，これが正しいと思っていても，他の国では全然違うことだってある。自分の国で正しいと思っていても他の国では全然だめ。（Ｃ１）
・それぞれ文化が違うから，もしブラジルの人とかが日本とかに来たら日本の文化を正しく知ってもらいたいから，その人に日本の文化を教えようと思う。（Ｃ２）。
・学校で勉強している時，他の国の学校は何を勉強しているか考えることがある。ニュースを意図的に見るようになり，外国の出来事に対し自分なりの考えをもつようになった。（Ｃ４）

このような考え方や行動の変容は，児童の基底にある規範的意識が変容した可能性が考えられる。Ｃ１は，実験授業直後は，自分の価値観から相手の行動を考えようとしていたが，３ヶ月後は下線のように，自分の価値観を絶対としないという意識へ変容した。Ｃ２は，実験授業直後は，相手の行動を考えずに一方的に日本のやり方を同化させる意識であった。それが，点線のように，それぞれに文化の違いがあることを踏まえた上で，日本の文化を教えたいと答えている。C 4 は波線のように，新たに他の国の勉強のことを考えたり，日常生活で外国の出来事に関心を持ったりするようになった。

授業実践したクラス担任への聞き取りから，担任が授業後に異文化理解や他者を尊重する態度の育成に関して児童に特別な働きかけを行っていないことが確認されたため，実験授業が児童の変容の契機となったと考える。

以上，実験授業は，授業直後の短期的な視点からは態度育成を図れたとは言い切れないが，3ヶ月という長期的な視点からは態度育成の契機となったと考えられ，社会認識を踏まえた態度の育成へ効果を及ぼしたと推察される。

5．本授業実践研究の成果及び課題解決に向けた改訂授業案の提案

5．1．成果

本研究の成果は，設定した学習構造仮説に基づく実験授業は長期的に見ると，児童の考え方や行動の好ましい方向への変容の契機となりうることが明らかとなったことである。例えば，社会認識を踏まえた態度が育成されたと判断できる児童は，共通性について具体的な認識をもち，相手を自分とは異なる存在として認識し，相手の行動を相手の立場から考えようとしていた。そして，このような児童は，日本への同化の意識が高まらなかった。また，比較の際，児童は違いに気づきやすい反面，共通点は気づきにくく，授業において認識を深めることで違いが強調されると，児童は共通点に気づきにくくなる可能性があることも示された。

5．2．課題と解決に向けた改訂学習指導案の提案

一方，実験授業直後には日本への同化の意識が高まった児童が増えたこと，授業が児童の基底にある規範的意識の変容にまで及ばなかったことは課題である。この課題を解決するために次の2つの場面が必要と考える。1つ目は，日本の立場から異文化を考えた後，相手の立場に立って日本の文化を考える

ことでそれぞれの共通性に気づかせる場面[9]。２つ目は，授業で友達の考えを聞き自分の考えを再検討する場面である。そこで実験授業❸を次のような方針で改訂した学習指導案を最後に提案する。

・１時間で行った実験授業❸を，深め・比べる学習１時間，比べ・判断する学習１時間の２時間にする。

・深め・比べる学習で，日本の立場からブラジルの文化について考えた後，ブラジルの立場から日本の文化について考える場面を位置づける。

　（例）ブラジルの子どもの視点から日本の子どものサッカーの考え方を批判的に考える。

・比べ・判断する学習で，児童が個人で自分の行動を判断した後，全体でそれぞれの児童の考えを交流する。考えの交流では，どの行動がよいのかではなく，なぜその行動を考えたのか行動の根拠を交流する。

社会科学習指導案改訂版　小単元「ブラジル」（下線部が改訂内容）

改訂授業❸ねらい：ブラジルと日本のサッカーの考え方を比較し，違いや共通点に気づく（指導案４）。

指導案４

時間(分)と学習の過程		○主な学習活動 **太字:社会的な見方や考え方**	教師の支援（指導上の留意点）
5	深める	○日本の子どもがサッカーをする理由を発表する。	・児童の生活経験から思ったことを発表させる
5		○問題場面を提示する。	
15		○資料をもとに，ブラジルの子どもがサッカーをする理由を考える。 **なぜそこでそうなっているのか追究する【深める】**	・資料に基づいた発言か，全体で発言を批判的に吟味する。その際，児童の発言がどれだけ資料に基づいているか是非を問うのではなく，どうしてそう判断したか根拠を発言させる。
10		○ブラジルの立場から日本のサッカーの考え方を批判的に考える。 **なぜそこでそうなっているのか追究する【深める】**	・ブラジルの地域的特色の認識をもとに相手の立場に立って考えられるように，児童のもつブラジルの認識を確認しながら学習を進める。
10	比べる	○日本とブラジルのサッカーの考え方を比較する。 **自分との違いや共通点を比較する【比べる】**	・共通点には気づきにくいという児童の実態を踏まえて，意図的に共通点について考えさせる。

改訂授業❹ねらい：ブラジルについて学習した内容を踏まえて，問題場面での自分の行動を考える（指導案５）

指導案５

学習の過程		○主な学習活動 **太字:社会的な見方や考え方**	教師の支援（指導上の留意点）
20	比べる	○問題場面が発生する理由を考える。	・問題場面が生じる理由を考える中で相手を一人の人間として存在を認める態度を育成する。
8	判断する	○自分が問題場面に対し，どのように行動するか判断する。 **○○として，どのような行動がふさわしいか判断する【判断する】**	
17		○自分の行動について考えを発表し交流する。	・発表では，行動の根拠を引き出す。他の児童の根拠を聞き合うことで，相手の立場を踏まえて行動を考えようとする態度を育成する。
5		○最終的に自分はどう行動するか考える。 **○○として，どのような行動がふさわしいか判断する【判断する】**	・最終的な判断は，個人に委ねるが，それまでの授業で学習した内容を板書や教室内掲示で示し，考えの参考にできるようにする。

＊本稿は，筆者の2017年度上越教育大学修士論文「小学校社会科における世界地誌的学習の在り方―社会認識を踏まえた態度の形成を図る学習構造―」を再構成したものである。

注

１）中野（1987，pp.36-39）は，知識・理解，技能，科学的思考等に裏打ちされない態度は，偏見や独断に陥りやすいと述べている。

２）世界像について，斎藤（2003，p.7）は，「頭のなかのもう一つの世界」で，人間のあらゆる空間行動の基礎となるものと述べている。そこでは，通勤や通学，旅行やビジネスなどの日常生活で必要であるばかりでなく，地球環境問題や南北問題などグローバルな視点から思索する際にも不可欠なものとされている。本研究においても，斎藤と同様の捉え方で世界像という用語を用いる。

３）西脇（1993，pp.106-113）は，様々な社会的事象を自分なりに解釈し，自分なりの生き方につながる世界観や世界像の形成が地誌学習に求められているとし，批判的思考や価値の明確化，意志決定を含む地誌学習が必要であると述べている。

4）荒井（2016）は，地域理解・異文化理解のためには，対象者の語りに耳を傾け，その価値観に迫ることが重要であると述べている。

5）先行研究・学習指導要領分析・現職教員アンケートを基にした学習構造仮説導出の過程は，栗田（2018）に記載している。

6）授業は2016年7月に実施した。なお，実践校は1学年1クラス（児童20名）であるため，クラス別の統制・実験はできない。

7）対象国を選定した主な理由は以下の通りである。

・日本との差違を小学生でも意識しやすいと考えたため。

・小学生にとって興味・関心をもちやすい地域であると判断したため。

・小学校社会科の教科書で取り上げられているため。

・中等教育の社会科や地理の科目でも取り扱われている地域で，その基礎的な世界像を小学校で形成することに意義があるため。

8）貧しさから脱するためにサッカーをするという考え方が，ブラジルの子どもたちの考え方とイコールではない。あくまで，そういった考え方をする子どももいておかしくない，という解釈である。児童にとって，貧しさから脱するためにサッカーをするという考え方は，日本の考え方との差違が分かりやすい。よって，ブラジルの子どもがサッカーをする考え方と仮定して，授業では取り扱う。

9）実験授業より，同化の意識が高まらなかった児童は，異文化と日本の行為や考え方の共通性について具体的な認識を形成していたからである。

文献

荒井正剛（2016）：地理学習におけるイスラーム世界の学習のあり方―ムスリムの生活理解を中心に―．新地理，64(2)，pp.43-54.

栗田明典（2018）：小学校社会科における世界地誌的学習の在り方―社会認識を踏まえた態度育成を図る学習構造―．新地理，66(1)，pp.1-10.

斎藤毅（2003）：『発生的地理教育論―ピアジェ理論の地理教育論的展開―』古今書院.

中野重人（1987）：『社会科評価の理論と方法』明治図書.

西脇保幸（1993）：『地理教育論序説』二宮書店.

第９章　地理写真の読解力を図る中学校での授業開発

―読解プロセスを踏まえた授業実践の分析―

安岡卓行

研究対象学年・内容

・中学校第２学年

・日本の諸地域の学習

研究目的

・読解力を育成するための一手段として，中学校社会科地理的分野における写真資料の読解（読み取り・読み解き）プロセス枠組を設定したうえで授業を開発・実践し，実践授業分析を通してその学習効果及び読解プロセス枠組の有効性を検証する。

Ⅰ．目的設定の理由

1998（平成10）年版の中学校学習指導要領解説社会編では，地図の読み取りが地理的技能の一つとして詳しくあげられているが，景観写真の読み取りは地理情報の活用に関する技能として概略的にまとめられているだけであり，具体的な記述はない。この点に関して井田（2001）は，景観写真が重要な意味を持つ事を指摘しつつも，写真の利用方法に対して問題を指摘している[1)]。実際，写真・景観写真は地理の学習において数多く活用されているものの，教材資料として十分な活用がなされているのか検討の余地がある。何よりも，写真資料を読解する能力を，地理的技能の一つとして身につける学習が十分になされていない，という点が問題である。そこで，写真資料を活用した読解力の育成を図る授業開発・実践・分析を通して，地理写真読解プロセスを解明するとともにその有効性を検証することを本研究の目的とする。

Ⅱ．研究の方法

1．先行研究より，生徒が写真資料を読解する際のプロセスを考案する。
2．考案した読解プロセスを活用し，読解力育成を図る授業開発を行う。
3．授業実践結果を分析し，読解プロセスを活用することの有効性を検証する。

Ⅲ．研究内容

1．読解力向上のための単元開発

1．1．写真資料を読解する力（読解力）の３類型

先行研究をふまえ，写真資料を読み取ることを通して育成される読解力として，次の(1)～(3)の３段階を設定した（安岡，2009）[2]。

読解力(1)：写真から様々な地理的要素を読み取ること
読解力(2)：写真から疑問を発見し，読み取った地理的要素をもとにしてその疑問を解決すること
読解力(3)：写真から固有的知識を獲得するとともに，抽象的な概念，一般的知識を獲得すること

1．2．読解力の段階，読解のプロセス，読解の視点

上記の３段階の読解力は，学習過程としての読解プロセスに沿って捉え位置づけると「Ⅰ　事実を指摘する段階」「Ⅱ　事実をもとに思考する段階」「Ⅲ　理解する段階」に相当するとともに，読解力としてはさらに進んだ応用的段階として「Ⅳ　応用する作用」が設定される（第１図）。以下では，本稿で究明する「Ⅰ　事実を指摘する段階」と「Ⅱ　事実をもとに思考する段階」の内容を説明する。

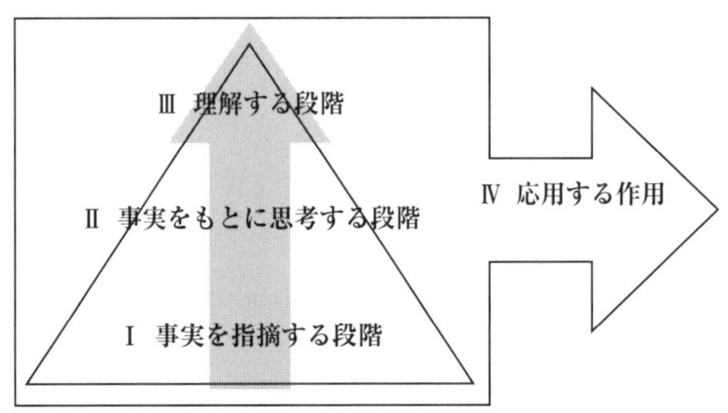

第１図　読解のプロセスと応用する作用

1．2．1．「Ⅰ　事実を指摘する段階」

第１段階であり，地理写真の読解における基本となる段階である。事実の指摘方法は写っている事象に関する，A：存在の指摘　B：特徴の指摘　C：場所の指摘　D：フレーム外の指摘，の４つである。第２図が，諸要素の関係を示したモデル図で，具体の説明は次になる。

A：存在の指摘：写真のフレーム内に何が写っているかの指摘。存在のみを指摘するため，指摘された物事や地理的事象は名詞となる。最も基

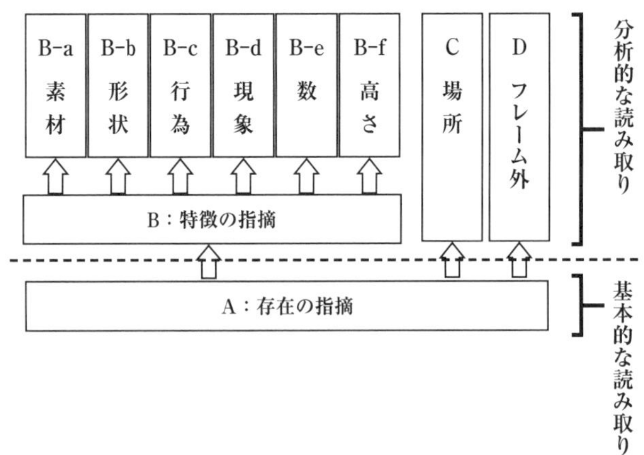

第２図「Ⅰ　事実を指摘する段階」のモデル図

本的な指摘の段階である。

Ｂ：特徴の指摘：指摘した存在の特徴についての詳しい指摘。物事や地理的事象を分析的に読み取ることであり，以下の６種類に細分化される。

Ｂ-a：素材：指摘した存在がどのような素材・材料で出来ているかの指摘。

Ｂ-b：形状：指摘した存在がどのような形をしているのかの指摘。

Ｂ-c：行為：指摘した存在がどのような行動・活動をしているのかの指摘。

Ｂ-d：現象：指摘した存在がどのような現象なのかの指摘。

Ｂ-e：数：指摘した存在の数的なことの指摘。

Ｂ-f：高さ：指摘した存在の位置的なことの指摘。

Ｃ：場所：写真に写っている場所の地名・地域名など固有名詞の指摘。

Ｄ：フレーム外：フレーム内には写っていない物事や地理的事象の指摘。

なお，これらのＡ～Ｄに順序性はないが，Ａ（存在の指摘）が基本的な読み取りであり，Ｂ・Ｃ・Ｄは，Ａの上位に位置づく分析的な読み取りとなる。

１．２．２．「Ⅱ　事実をもとに思考する段階」

「Ⅱ　事実をもとに思考する段階」とは，「Ⅰ　事実を指摘する段階」で指摘した様々な事実をもとに思考を深めていく段階である。第３図が，この読解プロセス第２段階のモデル図である。「１　疑問」から「７　説明」まで順を追って思考を深めていく。仮説を立て原因や理由について検証したところ修正や再検討が必要となれば，再び仮説まで戻り再検証する。

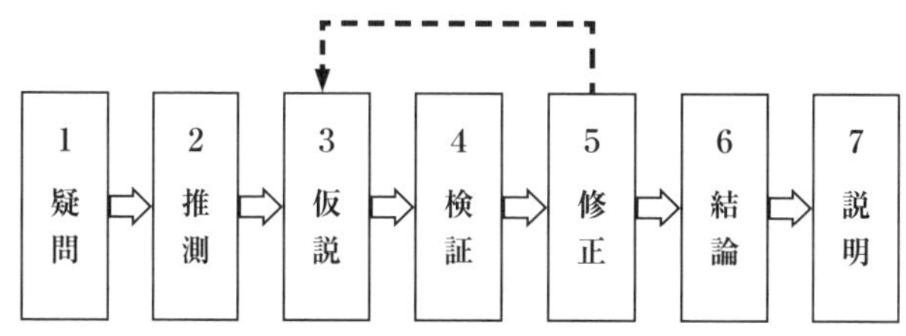

第３図　「Ⅱ　事実をもとに思考する段階」のモデル図

1．3．読解の二つの視点

「Ⅰ　事実を指摘する段階」では様々な地理的事象の読み取りが行われ，続く「Ⅱ　事実をもとに思考する段階」では読み取った地理的事象を活用して思考し，主題を読み解く。各段階で生徒が必要な視点（必要に応じて教師が提示する具体的な視点）として「読み取りの視点」「読み解きの視点」の二つの視点（第1表a・b）を設定するとともに，各プロセスを「写真を読み取る段階」と「写真を読み解く段階」とする。以上の枠組で地理写真を読解する

第1表　写真を読解する視点

a　写真の読み取りの視点

これは何か？（What）	
写真の中に何が存在しているかを指摘する	**存在の指摘**
写真の中に存在している物・人の特徴を指摘する	**特徴の指摘**
存在している物の素材を指摘する	**特徴―素材**
存在している物の形状を指摘する	**特徴―形状**
存在している人の行為・行動を指摘する	**特徴―行為**
存在している物の現象を指摘する	**特徴―現象**
存在している物の数について指摘する	**特徴―数**
存在している物の高さについて指摘する	**特徴―高さ**
写真に写された固有的な場所を指摘する	**場所**
写真のフレーム内には写っていない物・事象の指摘	**フレーム外**

b　写真の読み解きの視点

これはなぜか？（Why）	
物・人・現象の用途・行為・発生原因などに疑問を持つ	**疑問**
用途・行為・発生原因などを推測する	**推測**
推測をもとにして仮説を立てる	**仮説**
資料をもとにして原因や理由を調べ，仮説を検証する	**検証**
検証の結果から，自己の仮説を修正・改善する	**修正**
仮説を検証し，結論付ける	**結論**
結論付けられた理論を外部に向けて説明する	**説明**

授業を開発し，栃木県宇都宮市立Ａ中学校（第１学年１学期）で筆者が実践した実験授業を分析した。

２．授業での使用写真

実験授業では写真１から写真４までの４枚を使用した。これらの写真の選択基準は，以下の①と②の二つである。

①生徒にとって未見の資料であること

黒崎（2001）は，数多くの写真を次々と見せることより一枚の写真をじっくりと観察させることの方が，地理的な見方や考え方を養ううえでは大切である，と述べている。これを踏まえると，生徒が読み取り対象とした写真資料について既得知識を多く有している場合は，じっくりと写真を読み取る機会にならない可能性が高い。そこで，可能な限り生徒にとって初見となる写真を活用することとした。

②特徴的な地域を写した写真であること

写真１と写真２の地域は日本有数の豪雪地帯である。そのため，雪に対する工夫を様々な場所に見ることができる。したがって，写真１と写真２は数多くの地理的事象について指摘することが可能であり，「写真を読み取る段階」の授業使用が適切である。

写真３と写真４の地域は熱帯気候に属し，日本とは異なる気候の場所である。そのため植生・住居・服装などの特徴を，異なる気候の面から見ることができる。また，仏教を熱心に信仰するという点でも対象地域の文化的な特徴を見ることができる。いずれの写真も身近な場所ではなく，かつ未知の事物事象が多く写っており，写真の中で課題を設定することが容易である。したがって，写真３と写真４は数多くの地理的事象を提起した上で，それらを基に思考を進めることが可能であり，「写真を読み解く段階」の授業使用が適切である。

写真１　読み取る段階の授業での使用写真(1)（撮影場所：新潟県上越市大町５丁目，撮影日：2008年５月）
高田駅周辺の古い街並みが残っている通りである。通りの両脇には町屋の形態の家屋が並んでおり，雪を避けるためのアーケード状の雁木がある。屋根には雪下ろしのためのはしごが設えてある。また，道路の中心には消雪パイプが設置されている。

写真２　読み取る段階の授業での使用写真(2)（撮影場所：新潟県上越市大字脇野田，撮影日：2008年５月）
市中心部から南へ約５kmの場所である。市中心部への通勤圏でもあるため，周辺には近年になって開発された新興住宅地がいくつか存在している。そこでの比較的新しい住宅を撮影した写真である。

写真３　読み解く段階の授業での使用写真(1)（撮影場所：タイ国チェンライ県北部，撮影日：2007年11月）
タイ・ラオス・ミャンマーと国境を接している山岳地帯であり，多様な少数民族が生活する地域である。山の斜面に造られたアカ族の伝統的な家屋形態であり，高温多湿の気候に対応できる様々な工夫がなされている。

写真４　読み解く段階の授業での使用写真(2)（撮影場所：タイ国バンコク市，撮影日：2007年11月）
バンコク市中心街のショッピング・モールにある，日系デパートの前の様子である。デパート壁面のポスターには日本語の文字が読める。デパート前には仏塔，仏像が設置されており，仏塔の前で礼拝をする女性の姿が見られる。

3．授業実践の実際と分析・考察―写真を読み取る段階（写真1，写真2）―

本節では読み取りの視点を用いることによって読解力が向上するかについて，生徒がどのように写真を読み取っているかを把握したうえで，量的に分析する。

3．1．授業の実際

授業を行う2クラスを，読み取りの視点を与えたクラス（＝実験群）と，読み取りの視点を与えないクラス（＝統制群）とした[3)]。授業後，読解力の向上を明らかにするため，以下の(1)から(3)の3項目について量的な分析を行った。

(1) 指摘した物事とその数：写真から指摘した物事の数を確認する。
(2) 気づきやすさ：生徒がより注目し指摘した物事は何かを確認する。指摘した物事における指摘した人数の割合を，気づきやすさの指標とした。
(3) 使用した指摘の方法：生徒が指摘の際に使用した指摘方法を確認する。使用した指摘方法ごとの実数と割合を指標とした。

3．2．写真1の読み取り結果の分析

使用した写真1について，生徒が指摘した物事の分析結果を以下に記す。

3．2．1．指摘した物事の数・気づきやすさ

写真1における指摘した物事の実数（指摘箇所）と，それを指摘した生徒の割合を示した第2表によると，指摘した物事の総数は統制群で160，実験群で238，一人当たり平均はそれぞれ3.3箇所／人，5.4箇所／人であり，実験群の指摘数が多い。また，指摘した生徒の割合を気づきやすさとした場合，統制群で最も指摘した生徒が多い，即ち生徒が最も気づきやすかったのは

第2表　写真1における指摘した物事の実数と気づきやすさ

	指摘した物事	はしご	信号	雁木	流雪溝	雨樋	屋根	消雪パイプ	電線	その他	総数
統制群（49人）	指摘箇所の数	44	18	18	28	3	15	11	3	20	160
	指摘した生徒の割合（%）	89.8	36.7	36.7	57.1	6.1	30.6	22.4	6.1		
実験群（44人）	指摘箇所の数	37	24	25	36	6	24	24	18	44	238
	指摘した生徒の割合（%）	84.1	54.5	56.8	81.8	13.6	54.5	54.5	40.9		

「はしご（89.8%）」であり，次に「流雪溝（57.1%）」，3番目が「雁木」と「信号」(いずれも36.7%)であった。他方，実験群で最も気づきやすかったのは「はしご（84.1%）」であり，次に「流雪溝（81.8%）」，3番目が「雁木（56.8%）」であった。上位3つの項目は両群ともに差がなかったが，実験群は，はしご以外の項目においてもすべて高い数値を示し，雨樋と電線以外の6項目は，すべて50%以上の高い数値となっている。

3．2．2．使用した指摘方法

写真1で使用した指摘方法（第2図「Ⅰ　事実を指摘する段階」のモデル図掲載の方法）を示した第3表によると，両群で最も顕著な差異は存在の指摘と形状の指摘の割合の違いである。統制群では存在の指摘が51.3%と半数を超えたのに対し，実験群は32.1%と少ない結果となった。ところが形状の指摘については，統制群は24.4%に対し実験群は43.5%であり，実験群で高い数値を示していた。その他の指摘についてみると，数の指摘の割合が統制群で約2ポイント高い。行為，現象，フレーム外の指摘は実験群では，わずかではあるが確認することができた。他方，高さの指摘は，統制群にはあったが，実験群では確認できなかった。

3．2．3．写真1の読み取りの分析結果

統制群の生徒は「はしご」に気づいた割合が高く，次いで「流雪溝」に気

第３表　写真１で使用した指摘方法

	指摘方法	存在	素材	形状	行為	現象	数	高さ	場所	フレーム外	指摘箇所の総数
統制群（49人）	指摘箇所の数	82	0	39	0	0	36	3	0	0	160
	割合（%）	51.3	0.0	24.4	0.0	0.0	22.5	1.9	0.0	0.0	100.0
実験群（44人）	指摘箇所の数	76	5	103	2	3	48	0	0	1	237
	割合（%）	32.1	2.1	43.5	0.8	1.3	20.3	0.0	0.0	0.4	100.0

づいた生徒が５割を超えている。一方で実験群の生徒は同様に「はしご」に気づいた割合が高いが，「流雪溝」「信号」「雁木」「屋根」「消雪パイプ」などに気づいた割合も５割を超えている。また，指摘の方法の例を挙げると，統制群は「はしごがある」などの様にはしごの存在を指摘した割合が高いが，実験群では「屋根の上にはしごがある」や「たくさんのはしごがある」などの様に，はしごの形状や数などを踏まえた指摘をした割合が高い。この傾向は「流雪溝」から「消雪パイプ」等についても同様に見られ，単に存在を指摘しているだけではなく，その形状や数などの情報も含め，分析的に指摘している回答が多く見られた。

以上の分析結果から，統制群の生徒は基本的な読み取りである存在の指摘にとどまっている一方，実験群の生徒は存在の指摘にとどまらず分析的に写真を読み取っており，多面的・多角的に写真を読み取ることができているといえる。

３．３．写真２の読み取りの分析

同様に，使用した写真２について，生徒が指摘した物事の分析結果を記す。

３．３．１．指摘した物事の数・気づきやすさ

写真２で指摘した事物の実数を示した第４表によると，指摘した物事の総数は統制群で201，実験群で166，一人当たり平均はそれぞれ3.8箇所／人，3.6箇所／人となった。統制群で生徒が最も気づきやすかったのは「屋根（76.8%）」

第４表　写真２で指摘した物事の実数と気づきやすさ

	指摘した物事	屋根	室外機	住宅	１階部分	玄関	窓	電柱	ベランダ	その他	総数
統制群（56人）	指摘箇所の数	43	36	26	28	26	16	8	5	13	201
	指摘した生徒の割合（%）	76.8	64.3	46.4	50.0	46.4	28.6	14.3	8.9		
実験群（46人）	指摘箇所の数	27	23	38	33	15	16	1	4	9	166
	指摘した生徒の割合（%）	58.7	50.0	82.6	71.7	32.6	34.8	2.2	8.7		

であり，次いで「エアコンの室外機（64.3%）」，「１階部分（50.0%）」であった。実験群は，「住宅（82.6%）」で，次いで「１階部分（71.7%）」，３番目が「屋根（58.7%）」であった。統制群・実験群の上位は，「屋根」「１階部分」で共通している。

気づきやすさの側面から比較分析すると，実験群では「住宅」と「住宅の１階部分」と「窓」の３つに強く着目している傾向が見られた。このように，両群がそれぞれ注目している対象に若干の差異がある。

３．３．２．使用した指摘の方法

写真２で使用した指摘方法を示した第５表では，写真１のような両群の大きな差異が確認できない。また，両群ともに写真１の読み取り時に比べ，存在の指摘の割合が減少する一方，形状の指摘の割合が大きく増加し，この傾向は統制群でより顕著に見られた。

第５表　写真２で使用した指摘方法の実数

	指摘方法	存在	素材	形状	行為	現象	数	高さ	場所	フレーム外	指摘箇所の総数
統制群（56人）	指摘箇所の数	19	13	88	1	0	22	52	0	6	201
	割合（%）	9.5	6.5	43.8	0.5	0.0	10.9	25.9	0.0	3.0	100
実験群（46人）	指摘箇所の数	16	7	88	0	0	14	35	0	6	166
	割合（%）	9.6	4.2	53.0	0.0	0.0	8.4	21.1	0.0	3.6	100

3．3．3．写真2の読み取りの分析結果

写真2の「写真の読み取り」の段階では，指摘した物事の数を一人当たりでみると，実験群と統制群とで差がなくなった。指摘の方法においても両群の差はなくなり，いずれの項目においても顕著な数の差が認められなくなった。このことから写真2においては，統制群と実験群に大きな差がみられなくなり，両群ともに分析的な視点で写真を読み取っていることが分かった。これは，統制群でも読み取りの能力が向上していると言い換えることができる。したがって，視点を与えていない統制群が変化した何らかの要因が，授業実践内のどこかにあったと推測される。

4．授業実践の実際と分析・考察2—写真を読み解く授業（写真3，写真4）—

本章では，写真の読み解きの視点を用いることにより，読解力がどのように向上するかを量的・質的に分析し，生徒が写真を読解していく実際を検討する。

4．1．授業の実際

読み解きの視点を与えたクラス（＝実験群）と，読み解きの視点を与えないクラス（＝統制群）として授業を実施した。具体的には，読解力の向上を明らかにするため，「この写真の場所はどのようなところか」という課題を出し，授業を進めた。

4．1．1．分析方法

読み取りの授業分析である前節では，生徒が読み取った事物事象を量的に分析してきたが，読み解きの授業分析である本節では，生徒は結論を導き出すためにどの様に思考しているのか，思考の過程や方法に注目した。生徒の思考過程を記述内容や結論から質的に分析するため，その内容を大きく二つに分類し，質的分析を進める際の基準とした。その二つとは以下の①，②で

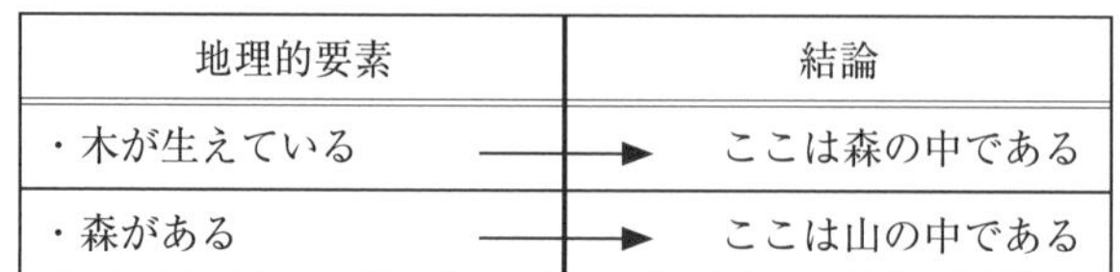

地理的要素
結論
・木が生えている
ここは森の中である
・森がある
ここは山の中である

第４図　直接型思考の事例

ある。

①直接型思考：第４図のように，指摘した事実をそのまま結論に結びつけた思考方法である。例えば，たくさんの木々が生い茂っていることから,「森の中」や「山の中」と写真を読み解いて結論を出す思考方法である。

②複合型思考：第５図の様に，直接型思考の結果として得られた結論および地理的要素等を複雑に結びつけ，総合的にその場を読み解いて最終的結論を導出する思考方法である。例えば,「森の中」「雨への対策」といった中間的結論を複合して思考し,「熱帯雨林地方である」と写真を読み解いて新しい結論を出す思考方法である。

事例では，直接型思考では「山の中」「森の中」と結論が出されているが,複合型思考では「熱帯雨林地方」と結論が出されている。これらの結論に至る思考過程には明らかに質的な違いを認めることができる。直接型思考よりも複合型思考の方が二重，三重に思考のプロセスを踏み，多くの既有知識を組み込みながら最終結論を導き出しており，写真の「読み解き」をもとによ

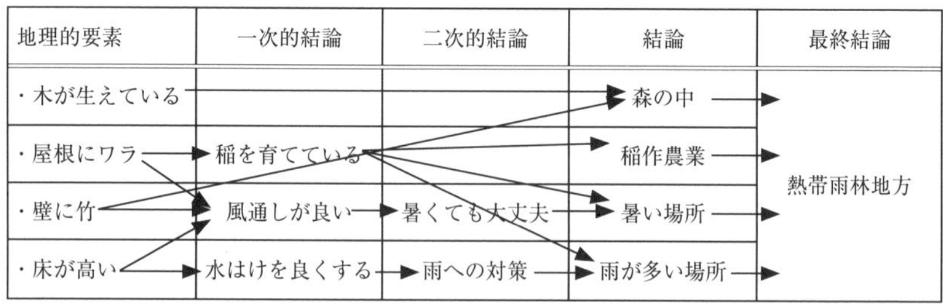

地理的要素
一次的結論
二次的結論
結論
最終結論
・木が生えている
森の中
・屋根にワラ
稲を育てている
稲作農業
・壁に竹
風通しが良い
暑くても大丈夫
暑い場所
熱帯雨林地方
・床が高い
水はけを良くする
雨への対策
雨が多い場所

第５図　複合型思考の事例

り深く思考をしている。そこで，写真3・4を生徒が読み解いて導出した結論を，この2つの思考方法類型で分析する。

4．2．写真3「タイ（山岳部）」の読み解きの分析

タイ（山岳部）の写真3を読み解いて導出された結論の数について，統制群の生徒が出した結論の総数は50，実験群の結論の総数は25であり，統制群が出した結論数が非常に多い結果（実験群の2倍）となった。生徒の数からみても，統制群では約9割の生徒がなんらかの結論を出すことができているが，実験群ではおよそ半数の生徒しか結論を出すことができていない状態だった。

この写真3に対して生徒が導出した結論を性質ごとに分類してみると，以下のA～Fの6種類に分類された。

A　立地条件に関する結論〈結論の例〉・山の中・森の中・町から遠い，等

B　気候に関する結論〈結論の例〉・気温が高い・雨が多い・熱帯雨林，等

C　災害に関する結論〈結論の例〉・水害が多い・土砂崩れが多い・台風の心配が少ない，等

D　居住環境に関する結論〈結論の例〉・自然が豊か・田舎，等

E　役割に関する結論〈結論の例〉・倉庫・飼育小屋・農家・昔の生活を復元した家，等

F　国・地域に関する結論〈結論の例〉・中国・沖縄，等

生徒の出した結論の数とA～Fの結論の種類をまとめたものが，以下の第6表である。

統制群では立地条件の結論数が最も多く，全結論数の40%であった。一方，実験群では気候に関する結論数が最も多く，全結論数の44%であった。

また，結論の内容を，直接型思考と複合型思考に分類した結果が第7表[4)]である。本表からは，直接型思考において出された結論は，統制群が多く，実験群では少ない。逆に，複合型思考において出された結論は，実験群が多

第6表　写真3における結論の種類ごとの比較

	A：立地条件	B：気候	C：災害	D：居住環境	E：役割	F：国・地域	総数
統制群	20	15	2	5	6	2	50
実験群	4	11	3	2	4	1	25

第7表　写真3における直接型思考と複合型思考の実数比較

写真3		直接型思考	複合型思考
結論の数	統制群	26	24
	実験群	5	18

く統制群が少ない結果となった。

したがって，量的にみた結論の数は統制群の方が多い。しかし，質的にみると両群には大きな違いがみられ，統制群は単純な思考で結論を出している一方，実験群は深く思考した上で結論を出していることが明瞭に示されている。

4．3．写真4「タイ（都市部）」の読み解きの分析

実験群と統制群が出した結論数は，実験群で32，統制群で23であり，両群には写真3のような結論数の顕著な差は認められなかった。

生徒が出した結論を性質ごとに分類してみると，以下のA～Fの6種類に分類された。

A　仏教に関する結論：〈結論の例〉・仏教を信仰している国・仏教に関心の高い所・仏教が大切にされている国，等

B　宗教的行事・宗教関連の物事に関する結論：〈結論の例〉・教会・お墓・祈りをささげる場所，等

C　国・地域に関する結論：〈結論の例〉・日本・タイ・インド・外国，等

D　発展の度合いに関する結論：〈結論の例〉・都会・人が多い，等

E　発生した出来事に関する結論：〈結論の例〉・事故現場，等

第8表　写真4における結論の種類ごとの比較

	A：仏教	B：宗教的行事	C：国・地域	D：発展の度合	E：発生した出来事	F：人	総計
統制群	5	8	7	9	3	0	32
実験群	3	3	13	0	0	4	23

第9表　写真4における直接型思考と複合型思考の実数比較

写真4		直接型思考	複合型思考
結論の数	統制群	11	21
	実験群	3	20

F　訪れる人に関する結論：〈結論の例〉・外国人が訪れる場所，等

以上のA～Fの結論をまとめたものが第8表である。

統制群では「発展の度合い」に関する結論が最も多かった一方，実験群では「国・地域」「訪れる人」に関する結論が多かった。

さらに，生徒が出した結論を直接型思考と複合型思考に分類して分析を行った結果が第9表である。本表では，「直接型思考」と「複合型思考」の構成で両群に大きな差がある。

統制群では，直接型思考で導出された結論数は11件，複合型思考の結論数は21件であり総数の1／3は直接型思考であるが，実験群では直接型思考は全体（23件）の中の13％（3件）にしか過ぎない。つまり，統制群は結論の数は多いが単純な思考のもとで結論を出している。一方，実験群は結論の数こそ少ないものの，深く思考して結論を出していることが明らかである。ただし，両群が出した結論の数の差は写真3の時ほど顕著な差はみられなくなり，学習を重ねるごとに両群の結論の数が近づいてきていることも指摘できる。

5．本授業実践研究の成果と課題

5．1．「写真の読み取り」の成果について

写真1から4の全ての写真の「読み取り」では，実験群は統制群よりも多

様な指摘があった。したがって，実験群は，量的な面では十分な地理的要素を写真から読み取ることができていること，質的な面では存在を指摘するのみにとどまらず，特徴などの指摘といった分析的な視点で指摘を行っていることが明らかに示された。量的・質的な面で実験群が統制群よりも分析的に読み取りを進められたのは，実験群に与えた読み取りの視点が有効に作用したからであり，読み取りの視点には有用性があるということが実証的に確認された。

5．2．「写真の読み解き」の成果について

写真３と４の読み解きの時間において，出された結論の数は統制群が多い結果となった。しかし，結論を質的に分析した結果，実験群生徒から導出された結論は，思考のプロセスを多く踏み，既有知識をいくつも組み込みながら導き出されており，質的に高く，複合的かつ深い分析的なものとなっていることが見いだせた。この様に質的に高い結論を出すことができたのは，実験群生徒に与えた読み解きの視点が有効に作用したためであると考えられ，読み解きの視点には有用性があるということも実証的に確認された。

5．3．今後の研究課題

しかしながら，読み取りや読み解きの視点を与えなかった統制群の生徒も，４枚の写真についての授業が進むにつれて，次第に指摘数を増やし複合的かつ深い分析的な結論を出すようになる傾向が見られた。この点についての詳細な検証はできていないが，授業中に行った生徒同士の意見交換や教室内でのシェアリングが一因であると考えられ，今後はこの点について検討を進める必要がある。

＊本稿は，筆者の2008年度上越教育大学修士論文「地理写真を使用した読解力の育成に関する実証的研究―中学校社会科地理的分野での授業を通して―」をもとにしてお

り，一部内容は安岡（2009）で報告しているため文献等は大幅に割愛した。

注

1）井田（2001）は，直接観察・調査ができない場合に景観写真が重要な意味を持つ事を指摘しつつも，写真の利用方法について「「この国は教科書の写真にあるようなところです」といった，イメージをつかむぐらいの利用しかされていないのではないだろうか」と問題点を指摘している。

2）紙幅の都合から，先行研究並びに教科書分析を基にした読解力の段階，読解のプロセス，読解の視点導出の過程は，安岡（2009）に記載しているため本稿では割愛した。

3）実験群・統制群のクラスに分けたが，本研究授業終了後には補充を行い，両クラスに学習の差が生じないよう措置した。

4）実験群が出した結論の内，２つはどのような思考過程で結論に至ったかをアンケート用紙から客観的に分析することができなかった。そのため実験群の出した結論の数が23になっている。

文献

井田仁康（2001）：ネットワークの構築に向けて―授業実践の解説―．井田仁康・伊藤悟・村山祐司編『授業のための地理情報―写真・地図・インターネット―』古今書院，pp.79-88.

黒崎至高（2001）：景観写真を用いた授業―シラス台地のくらし―．井田仁康・伊藤悟・村山祐司編『授業のための地理情報―写真・地図・インターネット―』古今書院，pp.48-78.

安岡卓行（2009）：地理写真を使用した読解力の育成に関する実証的研究．新地理，57(3)，pp.14-25.

第10章　自校化された防災教育カリキュラムの開発と実践
―中学校社会科地理的分野を中核にした授業実践・分析―

阿部信也

研究対象学年・内容

・中学校第３学年（総合的な学習の時間等）
・社会科地理的分野と防災教育

研究目的

・本研究は，防災学習で何を教えるべきか，学習と実践をどのように繋ぐかなどを示す学習の構造を考案し，それを用いた教科・領域での単元開発と授業実践を行い，授業分析を通して防災教育カリキュラムの在り方を探ることを目的とする。

Ⅰ．目的設定の理由

日本の防災の取組では,「減災」という考え方が防災の中心になりつつある。減災を目指すには，自分の身に降りかかる災害を正しく認識しなければいけない。

災害を正しく認識する場として，学校における防災教育の役割は大きい。文部科学省発行の『「生きる力」を育む防災教育の展開』（文部科学省，2013）によると，防災教育のねらいは「災害に適切に対応する能力の基礎を培う」（p.８）である。防災教育によって災害を正しく認識することで，災害に適切に対応する能力の基礎が身に付き，それがやがて減災への取組につながってゆく。2017（平成29）年の中学校学習指導要領では，総則において「各学校においては，児童や学校，地域の実態及び児童の発達の段階を考慮し，豊かな人生の実現や災害等を乗り越えて次代の社会を形成することに向けた現代的な諸課題に対応して求められる資質・能力を，教科等横断的な視点で育成していくことができるよう，各学校の特色を生かした教育課程の編成を図るものとする。」（総則第２の２(2)）との文言が明記された。現代的な諸課題の１つとして災害があげられていることからも，学校教育における防災教育の重要性が高まっている。

防災教育のねらいである「災害に適切に対応する能力の基礎を培う」とは，防災に対して「主体的に行動する態度」をもった生徒を育成することである。主体的に行動する態度形成には，正しい災害認識のもと，その知識を活用し，生徒が主体的に動く実践を積み重ねることが必要である。そのためには，防災学習で何を教えるべきか，学習と実践をどのように繋ぐかなどを示す学習の構造（以下，学習構造）が必要である。この学習構造を教科・領域に組み込むことで，防災に対して「主体的に行動する態度」をもった子どもを育成することができる。

Ⅱ．研究の方法

1．災害発生のしくみを中心に据えた防災教育の学習構造を考案し，自校化された防災教育カリキュラムを開発する。
2．自校化された防災教育カリキュラム単元を授業実践し成果を検証する。

Ⅲ．研究内容

1．防災教育と自校化

1．1．防災学習と防災指導

三橋（2013）は，防災教育が含まれる学校安全教育での「安全学習」と「安全指導」の進め方について「同時に展開することが重要」と述べている。この指摘をふまえ，本研究は，防災学習を土台として防災指導がなされるとの大枠で防災教育を構造化する。

土台となる防災学習で重要なことは，災害の正しい認識である。災害は，災害の原因となる自然現象である誘因と，その誘因が働きかける対象としての素因に分けてられ，その結果として災害が発生すると捉えられる[1)]。誘因となる自然現象は「hazard」，災害は「disaster」と表され[2)]，誘因（hazard）が素因（「自然環境」「人間生活」）に作用し，災害（disaster）が発生する。自然現象（hazard）と災害（disaster）とを区別することで，その間にある素因の存在が強く意識される。災害は地域的な現象であるが，その地域的な災害を特徴づけるのは，その地域の素因である。したがって，素因を理解することで，地域によって起こる災害が違い，その原因が素因にあるということを認識することができる。

1．2．防災教育の自校化

地域の素因を理解するためには,地域の素因を教材として扱う必要があり,最終的に防災教育の「自校化」—防災学習によって学校周辺地域の素因を理解し，防災指導でも同地域特性に応じた指導を行う教育—が必要である。子どもが，素因の理解を活用して災害時に対処することに加え，災害に対する地域の課題を把握し，主体的に地域の課題の解決をめざす防災指導につなげることが，防災教育のねらいである。防災教育に地域の実情を反映させ，地域に根ざした「自校化」された防災学習・防災指導の実践が必要である。

災害発生のしくみを用いた自校化された防災学習には，大きく２つの学習内容がある。１つは，地域固有の素因を把握する「事実認識」である。地域的な現象である災害を理解するためには，地域固有の素因の理解は必須であり，「自然環境」と「人間生活」に学習内容は細分化される。もう１つは，災害発生の流れ，そして，素因しだいで被害の大小が変わるという一般的な災害発生のしくみを学習する「概念認識」である。素因の理解を強調する事実認識と，災害の一般的な構造を理解する概念認識，この２つの学習内容で防災学習を構成することで，防災に関する知識がより深まると考える。

自校化された防災指導であるが，片田（2012）は，「単に知識として与えられるだけでは，災害イメージの固定化を招き，それ以上起こりうることを想起できなくなる」として，知識だけを与える防災教育に警鐘を鳴らしている。文部科学省（1996）は，「学校での避難訓練は，…防災教育の指導内容について実践的に理解を深める場として極めて有効である。…特に，学校の立地条件を考慮に入れることは，避難訓練を実施する上で，重要なことである。」とし，避難訓練を防災学習内容を実践的に確かめる場として位置づけ，学区の立地条件を考慮することを求めている。素因の理解（事実認識）を前提として子どもが主体的に活動できる防災指導の内容を工夫すれば，災害に対して主体的に行動する態度が育成できると考える。

1．3．自校化された防災教育の学習構造

以上の論をもとに本研究は，自校化された防災教育の目標を「素因を中心として災害発生のしくみを理解し，それを活用して防災指導に関わることで，防災に対して主体的な態度を身に付ける」とする。そして，その学習構造（災害発生のしくみを組み込んだ自校化された防災教育（防災学習・防災指導）の学習構造）を第１図のように設定する。

実践では，防災学習で扱った内容が防災指導で生かされるというつながりを重視するとともに，防災学習・防災指導の主体を子どもに設定している。

2．防災教育と社会科

2．1．防災教育の目標と社会科の関係

自校化された防災教育の学習構造の構成要素で，社会科での先行研究内容を整理した（第１表）。その結果，防災学習では，事実認識である素因は扱いが多かったが，災害発生のしくみである概念認識を扱った先行研究は少ない。また，防災指導を扱っていたとしても，防災学習との関連は見出せず，本

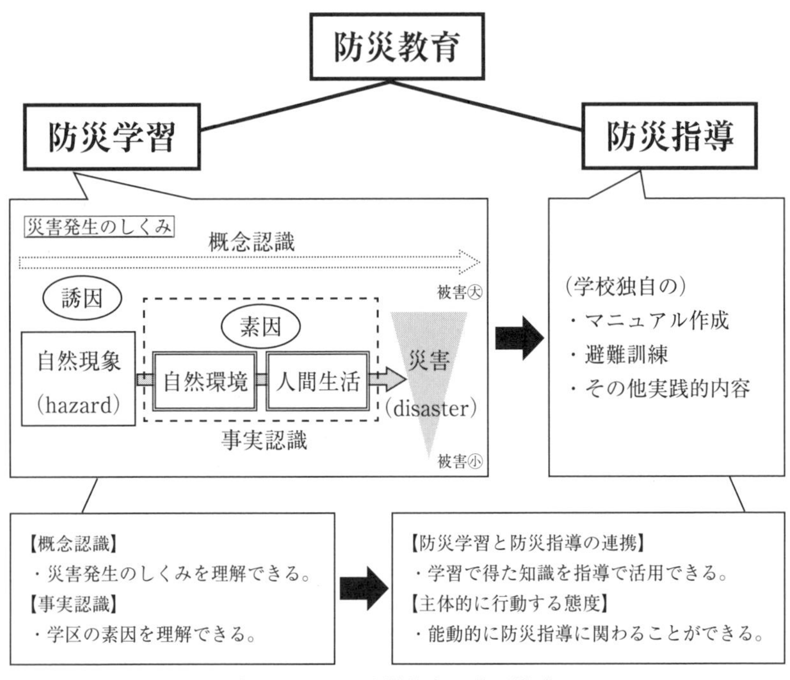

第1図　自校化された防災教育の学習構造（筆者作成）

第1表　自校化された防災教育の学習構造と社会科の先行研究の関係

提案者		防災学習				防災指導
		自然現象	自然環境	人間生活	災害	
村山（2016）	概念認識	○				
	事実認識		○	○		
寺本（2013）	概念認識					○
	事実認識		○	○		
永田（2015）	概念認識	○				
	事実認識		○	○		
國原（2015）	概念認識					○
	事実認識		○	○		
三橋（2012）	概念認識					
	事実認識		○	○		

先行研究での実践を自校化された防災教育の学習構造にあてはめ，扱っている部分があれば「○」を付した。
（先行研究より筆者作成）

稿で提起した防災教育の目標達成は困難である。この課題の解決を目指し，2018（平成30）年版学習指導要領の社会科を中心に，上記目標を達成する授業を以下では構想する。

2．2．社会科地理的分野と自校化された防災教育の学習構造の関係

2017年版中学校学習指導要領社会編の地理的分野は3つの大項目で構成されている。このうち，「C　日本の様々な地域」について，2017年版中学校学習指導要領解説社会編では，「大項目「日本の様々な地域」にあっては，それを構成する四つの中項目を通して，我が国の自然災害や防災の実態などを踏まえた学習が可能となるように，適宜，自然災害やそこでの防災の事例が取り上げられるような構成としている。」と説明されている。ここで防災学習の重視がうたわれているのである。「C　日本の様々な地域」に含まれる中項目を，2017年版中学校学習指導要領解説社会編で意図されている指導順に並べると，まず日本全体を事例として災害の概念的な事項をおさえ，日本の諸地域，身近な地域と徐々に焦点化して具体的事項を扱うという学習展開が確認できる。そして，最後に配置されている「地域の在り方」では，自分の住む地域の課題をみつけ，その課題解決法を探るという問題発見・解決型の学習となっている。「地域の在り方」は大項目「C　日本の様々な地域」のまとめとして位置付けることができる。この展開例と自校化された防災教育の学習構造との関連をみるため，「地域の在り方」に示されている，身に付けるべき「知識・技能」，「思考力・判断力・表現力等」を整理すると第2表のようになる。

第2表の内容に，自校化された防災教育の学習構造（防災学習，防災指導）を関連させて考えると，「知識・技能」の部分では，「(ア)地域の実態や課題解決のための取組を理解すること。」が自校化された防災学習にあたる。「地域の在り方」の中での事実認識と概念認識の扱い方については，2017年版の解説編に記載されている次の展開例が参考になる。「全国各地で広く課題と

第2表　「地域の在り方」で身に付けるべき「知識・技能」「思考力・判断力・表現力等」

中項目	知識・技能	思考力・判断力・表現力等
地域の在り方	(ア)地域の実態や課題解決のための取組を理解すること。 (イ)地域的な課題の解決に向けて考察，構想したことを適切に説明，議論しまとめる手法について理解すること。	(ア)地域の在り方を，地域の結び付きや地域の変容，持続可能性などに着目し，そこで見られる地理的な課題について多面的・多角的に考察，構想し，表現すること。

（2017年版中学校学習指導要領より筆者作成）

なっている現象を取り上げて，それを個々の地域に即して見い出すことが求められる。例えば，二年間の地理的分野の学習を踏まえて，「日本各地ではどのような課題が見られたか」「その課題は，私たちの住む地域では，どのような現象として表れているか」などと問い，地域の課題の一般的共通性と地方的特殊性に気付くことなどが求められる。」（下線部は筆者挿入）との説明である。この説明を自校化された防災学習にあてはめると，前半の下線部が概念認識に該当し，後半の下線部が事実認識に該当する。すなわち，「地域の在り方」では，一般的な災害発生のしくみの理解と学区の素因の理解を結びつけ，学区ではどのような災害が起こる可能性があるかを考えることが，地域の実態や課題解決のための取組を理解することにつながるのである。

一方，防災指導についてみてみると，「思考力・判断力・表現力等」の「(ア)地域の在り方を，地域の結び付きや地域の変容，持続可能性などに着目し，そこで見られる地理的な課題について多面的・多角的に考察，構想し，表現すること。」が，自校化された防災指導にあたる。地理的な課題とは，地域的な現象である災害も含まれる。防災についての課題を見い出し，その解決策を探ることで地域防災の在り方を考えることが，結果的に地域の在り方を考えることにつながる。

「地域の在り方」は，地域の課題を解決し，地域の今後を考える内容である。地域のどこにいても避難行動がとれるようにするためには，地域の特性を知ったうえで避難訓練に臨む必要がある。そうすることで，学習で得た知識を実践で生かすことができる。それは，地域の課題を避難訓練に反映させ，地域防災のあり方を提案することにもつながる。避難訓練自体は教科・領域外で行うが，このような避難訓練に至る過程やその後の課題解決は教科・領域外で行うことはできないものの，社会科の中では実施でき，それは防災学習と防災指導の関連を意識した防災教育となるはずである。

3．単元開発と授業実践

3．1　研究実践校の概要

授業実践校である新潟県三条市立Ａ中学校は，授業を実施した2018年度，生徒数252名，各クラス３クラス編成であった。授業実践をしたのは第３学年で，素直でまじめな子どもが多い反面，新しく物事を生み出す，自ら率先して動くといった行動をためらう子どもも見られた。

3．2．研究仮説と単元計画

本研究は，自校化された防災教育では素因の理解が重要であることから，自校化された防災教育の学習構造においても事実認識が概念認識より重要であるとの研究仮説を立てている。この仮説を検証するため，Ａ：事実認識と概念認識の両方を身に付けるクラス，Ｂ:事実認識のみを身に付けるクラス，Ｃ：概念認識のみを身に付けたるクラスを設定する。仮説に基づけば，Ａのクラスが事実認識と概念認識の両方を学習するため，事実認識のみを身に付けたＢクラス，概念認識のみを身に付けたＣクラスよりも災害に対する認識が深まるはずである。

単元計画は第３表であり，各クラスの学習内容の違いは第１.２時にある[3)]。なお，生徒の地図活用の力の違いが，学習成果に影響することが予測されるため，単元開始前に読図能力調査を実施し，３段階（Ⓐ・Ⓑ・Ⓒ）で把握した[4)]。

3．3．第３時以降の授業概要と分析結果

本研究仮説検証段階にあたる第３時以降の授業の概要とその分析結果を示す。

第3表　単元計画

	時数	実施クラス			授業内容	ねらい	研究目的に対する評価
		A	B	C			
防災学習	1	○	○		【事実認識】 DIGで地域の特色をとらえる方法を身に付け，学区の状況を確認する。	学区の素因を把握し，特徴を説明できる。	【学区の素因理解】 ・学区の素因（「自然環境」と「人間生活」）が理解でき，その特徴を表現できる。
防災学習	2	○		○	【概念認識】 hazardがdisasterに変化することで災害が発生するメカニズムに気付く。	一般的な災害発生のしくみを理解し，災害の被害を減らす方法を考えることができる。	【災害発生のしくみ理解】 ・災害による被害の大小が素因によって決まることを理解できる。また，災害発生のしくみを活用し，災害による被害を減らす方法について考えることができる。
防災指導	3	○	○	○	【学区の地理的認識】 大雨が降ったときを事例に学区の被害予想をする。	防災学習を生かし，学区での災害発生の可能性を考えることができる。	【学区の地理的認識】 ・学区の災害の可能性を，具体的なイメージをもって考えることができる。（事実認識の評価） ・学区の災害の可能性を，災害発生のしくみを活用して考えることができる。（概念認識の評価） ・防災学習の内容を活用し，学区の災害の可能性を考えることができる。（主体性の評価）
防災指導	4	○	○	○	【課題解決学習】 hazardをdisasterにさせないための避難訓練の計画を立てる。	事実認識と概念認識を意識し，避難訓練を検討することができる。	【避難訓練の課題抽出と解決策考案】 ・素因の理解をもとに避難訓練の課題を考え，その解決策を考案できる。（事実認識の評価） ・災害発生のしくみをもとに避難訓練の課題を考え，その解決策を考案できる。（概念認識の評価） ・防災学習の内容を活用し，避難訓練の課題とその解決策を考えることができる。（主体性の評価） 【避難訓練計画】 ・事実認識の視点，概念認識の視点，それぞれを取り入れた避難訓練を考えることができる。（事実認識，概念認識の評価） ・防災学習の内容を活用し，避難訓練の計画を考えることができる。（主体性の評価）

	5	○	○	○	【問題発見・課題解決学習】 様々な状況に応じた対策を考え，災害時に行動できる実践力を身に付ける。	事実認識と概念認識を意識し，学区や学区外での避難行動を考えることができる。	【平時の準備】 ・素因の理解をもとに平時の準備について考えることができる。（事実認識の評価） ・災害発生のしくみをもとに平時の準備について考えることができる。（概念認識の評価） ・防災学習の内容を活用し，平時の準備について考えることができる。（主体性の評価） 【学区，学区外での応用】 ・素因の理解をもとに適切な避難行動を考えることができる。（事実認識の評価） ・災害発生のしくみをもとに適切な避難行動を考えることができる。（概念認識の評価） ・防災学習の内容を活用し，適切な避難行動を考えることができる。（主体性の評価）

3．3．1．第3時【学区の地理的環境理解の学習】

4－5人のグループ毎に学区の地形図を見て，学区で起こると想定される災害被害を，各自が付箋に書き出し，発生しそうな場所に貼り付けた。第2図はA・Bクラスが，第3図はCクラスが作成した地図のうちの1枚である（図上のアルファベットは貼付した生徒名で，A・Bクラスには第1時の地図作業結果がある）。

第2図と第3図の違いは明らかである。この原因は事実認識獲得の有無に

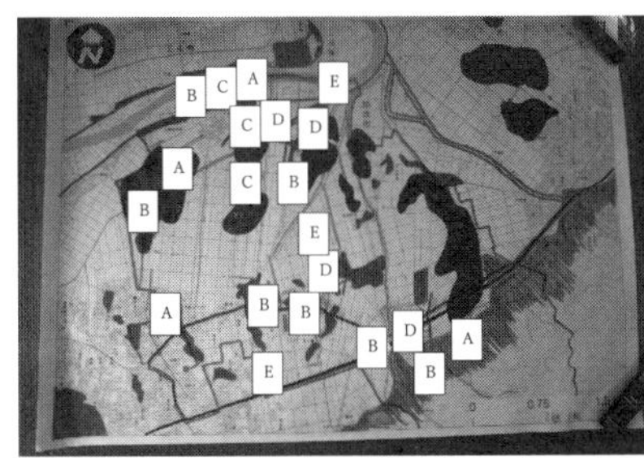

第2図　A・Bクラスが作成した地図

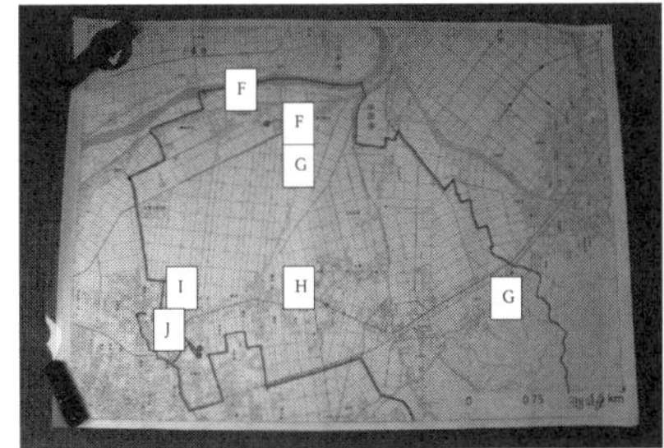

第3図　Cクラスが作成した地図

よるものである。素因の理解である事実認識を獲得することで，学区の危険箇所を認識する際にそれが知識として働き具体的なイメージをもって危険箇所を特定することにつながっている。そして，たとえ自分の生活圏を越えていたとしても，事実認識として学区を認識していれば，その知識は効果的に働いている。2つの図を見ても，A・BクラスはCクラスよりも具体的な場所がイメージできている。

ただし，3時は地図上での危険箇所認識であり，読図能力との関係も想定されるため，単元開始前に行った読図能力調査との関連を検討した。3時の結果からすると，全体的には，読図能力が高位（ⒶⒷ）の生徒に比べ，低位（Ⓒ）の生徒は危険箇所認識ができていない傾向にはある。しかし，読図能力が低位の生徒のみで3クラスを比較すると，CクラスよりもA・Bクラスの子どものほうが広い範囲で危険箇所認識ができていた。ここからは，たとえ読図能力が低位であっても，事実認識として具体的なイメージをもって素因を理解したことで，危険箇所を考えることができるようになっていると言える。

3．3．2．第4時【課題解決学習】

(1) 自校の避難訓練計画の課題

本時は，所与の計画である「避難訓練」に関する課題について解決を目指す課題解決学習であり，授業の前半では，学校で計画・実施されてきた避難訓練時の避難経路や避難場所を地図上で確認する作業を通して，現行の避難訓練の課題及びそれを解決する方法を，個人で考えた後，グループで意見交換させた。第4表は，そこで出された課題を，事実的／概念的知識に大別したものである。

事実認識に関する課題は，A・BクラスとCクラスで回答数や内容に差異が生じた。これは，素因を理解しているかどうかの差であり，防災学習での事実認識の獲得が防災指導に影響を与えていることが確認できる。

一方，概念認識に関する課題については，概念認識を獲得していないBク

第４表　避難訓練で課題と感じることとその解決策

Ａクラス	Ｂクラス	Ｃクラス
【事実認識に関する課題】 ・避難所が危険（4） →土地が高い所に避難する ・避難所が遠い（3） →避難所を増やす，仮避難所を経由 ・避難経路が危険（15） →川の近くを避ける →避難経路みなおす，複数考える ・細い道に水がたまる（2） →なるべく大きな道で避難する ・危険箇所の確認必要（2） →家が近い人で危険箇所をみまわる	【事実認識に関する課題】 ・避難所が危険（2） →避難所を変える ・避難所が遠い（4） ・避難所が少ない →第二の避難所を考える ・避難経路が危険（８） →避難経路みなおす，複数考える ・危険箇所の確認（６） ・土砂くずれに気を付ける →事前に地図で確認	【事実認識に関する課題】 ・避難所が遠い（10） ・避難所が少ない（2） ・避難所が狭い →避難所を増やす ・避難経路が危険（11） →避難経路の安全性を確認する →なるべく高い所に避難
【概念認識に関する課題】 ・他の災害でも訓練 →条件を変えて色々な場面を想定 →訓練開始を早くする ・自宅でない場所でも訓練（2） →訓練時間を下校中などにする ・一人の場合も考える（4） →多くの情報を集める ・家の方が安全な場合ある（2） →家にいる ・周りとのコミュニケーション大切 →地域で呼びかけ合う，年上がリード ・高齢者はどうすればいいのか →高齢者に呼びかけて一緒に避難	【概念認識に関する課題】 ・時間を知らせない（2） →日にちだけを教える ・みんなに呼びかけが必要 →２人以上で避難する	【概念認識に関する課題】 ・時間を知らせない（2） →日にちだけ伝える →雨の日に実施する ・外に出れない時がある →家にいる，自宅の２階，屋根 ・一人で避難できない人はどうする →地域の人が声をかける ・実際をイメージできていない →臨機応変に別ルートで避難

（　）内の数字は同じ回答をした人数である。

ラスでもある程度の回答は出現したが，Ａ・Ｃクラスのほうが様々な内容が出現した。概念認識に関する課題内容の多くは，条件の違いや災害発生のしくみの中の人間生活に関連した内容であった。

ここで再度，第４表中の事実認識に関する課題を見てみると，Ａクラスは，「避難所が危険」という課題に対し「土地が高い所に避難」という解決策を，さらに，「避難経路が危険」という課題に対し「川の近くを避ける」という解決策を考案している。これは，異常な自然現象はまず自然環境に影響を与えるので，その危険な自然環境を避けるという，災害発生のしくみを意識した解決策である。Ａクラスは事実認識と概念認識の両方を獲得しているので，概念認識である災害発生のしくみの中に，事実認識で得た素因の理解を組み込み，活用することができたと言える。概念認識の獲得のみでは自然環境の扱いが疎かになる可能性が示唆されていたが，素因の理解である事実認識を獲得していると，災害発生のしくみに具体的な素因をあてはめ，自然環境と人間生活両方の観点から災害発生のしくみを考えることができ，本研究で目的としている災害発生のしくみを生かした形で災害の発生を捉えることができる。このことから，事実認識と概念認識がそろうことで効果的に働くことが明らかとなる。

(2)　自校の避難訓練計画の立案

後半は，従来の避難訓練（第4図）に前半で出した課題解決策を取り入れ，新たな避難訓練の計画を立てさせた。

第5図のAクラスでは，事実認識として「地形を意識した避難経路選択」「学区の危険箇所認識」が盛り込まれている。概念認識としては，「助け合いで被害を減らす」「条件の違いで被害が変わる」ことが盛り込まれている。Aクラスでは，事実認識と概念認識が同じ程度出現しているのである。自然現象はまず自然環境に襲い掛かるので，危険となる可能性のある自然環境を避ける内容である。自分たちが事実認識を獲得した経緯から，地形を意識することや危険箇所の確認など，自然環境で具体的な場所をイメージすることの重要性が盛り込まれている。ここでも，素因の理解（事実認識）と災害発生のしくみ（概念認識）を組み合わせていることがわかる。また，人びとの努力や条件の違いで被害の大小が変わるという，概念認識の視点も出現していることから，事実認識と概念認識の両方が効果的に活用されていると判断される。

一方，第6図のBクラスは，「地形を意識した避難経路選択」「学区の危険箇所認識」など事実認識に関するものは多く出現するが，概念認識に関するものは「条件が変われば被害が変わる」程度で，多くは出現しなかった。第7図のCクラスは，「助け合いで被害を減らすことができる」という概念認

（自宅にいる）
8：10　避難準備情報発令
　　→防災無線の指示で避難開始
　いちばん近くの避難所に徒歩で避難
8：30　避難所で市役所の人（または学校の先生）が人数確認し，避難完了
9：20　災害時に避難所に集まるメンバーどうしで自己紹介をする
　避難するときに持ってきたものを一人一人紹介する
10：25　レスキュー指導
　→中3が中2・小6・小5・地域の方に応急手当の方法を教える
　　その間，中1・小4〜小1はDVDを見る
11：25　解散→学校に帰って感想記入

第4図　従来の避難訓練の流れ

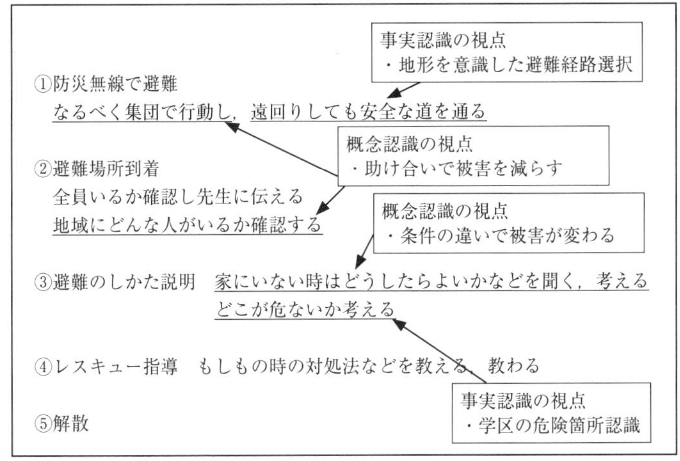

第5図　Aクラスの避難訓練計画

識に関するものは多く出現するが，地形を理解して素因を災害発生のしくみに取り込む，ということができていない。

避難訓練計画でも，事実認識と概念認識の双方がそろうことで効果的に働くことが明らかとなった。

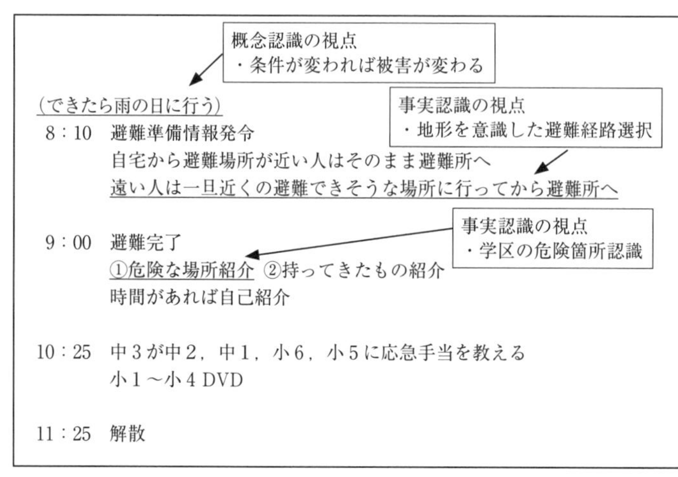

第6図　Bクラスの避難訓練計画

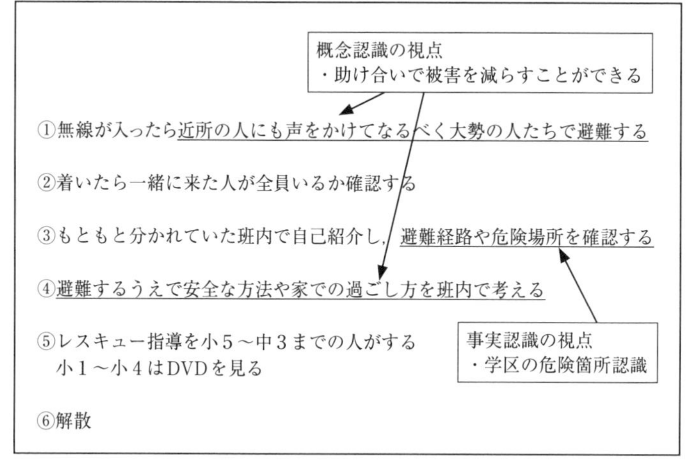

第7図　Cクラスの避難訓練計画

3．3．3．第5時【問題発見・問題解決学習】

自分たちで問題をみつけ，その解決を目指す応用的な問題発見・解決学習である。土地勘のない場所（事実認識のない場所）の地点①②③にいた時に避難指示が出たらどのような避難行動をとるか―どこに・どのような経路で移

第５表　ハザードマップが示す最適な避難行動をとった生徒の割合

	Ａクラス	Ｂクラス	Ｃクラス
事例地点①	8人（27%）	4人（13%）	7人（26%）
事例地点②	30人（100%）	28人（90%）	29人（94%）
事例地点③	6人（20%）	8人（26%）	11人（35%）

（筆者作成）

動するか，あるいは移動しないか等―を，生活圏から離れた場所の地形図上で各自に考えさせた[5)]。第５表が，地点毎に適切な避難行動を記した生徒の割合である。

先ず，地点毎にみると，地点②はどのクラスもほとんどの生徒が最適な行動を答えている。地点①③と違い，低地であることがはっきりとわかり，非難すべき場所も想定しやすかったことが理由として考えられる。

一方，地点①③にはクラス差がみられる。実践した本研究の単元構造からすると，前時の課題とは異なり，本時の課題は対象地域の素因は扱っておらず，３クラスとも事実認識に関する条件は同じである。また，一般的な災害発生のしくみである概念認識は，対象地域がどこであろうとも関係なく働くはずである。

このような観点から，地点①を見ると，概念認識を獲得しているＡ・Ｃクラスが，Ｂクラスよりも最適な避難行動を選択している傾向にある。また，地点③でも，Ｃクラスは同傾向を示している。概念認識が効果的に働くためには素因の理解である事実認識が必要であることは，これまでの分析結果で明らかとなっている。したがって，Ａ・ＣクラスとＢクラスの差異を生じさせた原因が素因の理解（事実認識）にあると推察されるが，そうであれば地形図上で素因理解（どんな場所かという理解）をもたらす読図能力が本結果へ影響を与えている可能性がある。そこで，地点①と地点③をとりあげ，最適とされる避難行動を回答した生徒の読図能力との関係を第６表のように整理した。

第6表　最適な行動と読図調査の結果の関係

		Aクラス	Bクラス	Cクラス	合計
事例地点①	Ⓐ評価	4人	2人	5人	11人
	Ⓑ評価	2人	2人	1人	5人
	Ⓒ評価	2人	0人	0人	2人
事例地点③	Ⓐ評価	2人	4人	8人	14人
	Ⓑ評価	3人	4人	1人	8人
	Ⓒ評価	0人	0人	2人	2人

※読図調査を実施できなかった生徒がいるため，表5の合計と一致しない項目がある。

第6表からは，事前の読図調査で高い能力を示した生徒が，適切な避難場所，避難ルートを選択する傾向が見られる。A・Cクラスで最適な避難行動を選択した生徒の記述を見ると，事例地点①では，「今いる場所が一番高い所だから」，事例地点③では，「土砂崩れの被害にあわないようにいったん山をはなれ，遠回りにはなるが安全な道から避難する」などが理由としてあげられていた。土地の高低や地形を考慮した上で避難行動を選択したと言える。地形図の読図でその土地の素因を理解し，それを概念認識である災害発生のしくみと結び付けることで，土地勘のない場所でも最適な避難行動を導き出せている。

概念認識のみでは適切な避難行動に結びつかない。しかし，地形図の読図で土地の素因を理解する事実認識を身に付けることで，事実認識と概念認識が組み合わされ，適切な避難行動をとることができることが示されている。ここでも，事実認識を身に付けていることが概念認識の働く条件であることが確認されたが，加えて，読図能力が最適な避難行動選択・決定に影響することも示唆された。

4．単元全体の分析・考察

4．1．防災学習における事実認識と概念認識の評価

防災学習での事実認識と概念認識が，防災指導の場面でどのように働くか

第７表　事実認識と概念認識が防災指導に影響を与えたと考えられる内容

	時数	評価項目		Ａクラス	Ｂクラス	Ｃクラス
防災学習	1	学区の素因認識	(事実)	○	○	
	2	災害のしくみ理解	(概念)	○		○
				↓	↓	↓
防災指導	3	学区の地理的認識	(事実)	○ 学区の認識広まる	○ 学区の認識広まる	×
			(概念)	×	×	×
	4	避難訓練の課題抽出と解決策考案	(事実)	○ 具体的イメージあり	○ 具体的イメージあり	△
			(概念)	○ 事実認識を取りこむ	△	○ 条件の違いを意識
		避難訓練計画	(事実)	○ 具体的イメージあり	○ 地形の確認	△
			(概念)	○ 事実認識を取りこむ	△	○ 条件を変える
	5	平時の準備	(事実)	○ 地形に注目	○ 地形に注目	△
			(概念)	○ 災害発生のしくみ意識	△	○ 災害発生のしくみ意識
		学区での応用	(事実)	○ 具体的イメージあり	○ 具体的イメージあり	△
			(概念)	○ 事実認識と関連させる	△ 準備の必要性	○ 人間生活中心
		学区外での応用	(事実)	×	×	×
			(概念)	○ ※読図能力ある場合	△ ※読図能力ある場合	○ ※読図能力ある場合

を単元全体を通して確認することで，防災学習における事実認識と概念認識獲得の重要性を評価する。第７表は，各時毎に分析した各評価項目を，防災学習での事実認識と概念認識の獲得状況が，防災指導にどのように影響を与えたかを整理している。

クラス毎に比較すると，事実認識と概念認識の両方を獲得しているＡクラスが，他のＢ・Ｃクラスよりも防災指導で知識の活用ができている。本研究

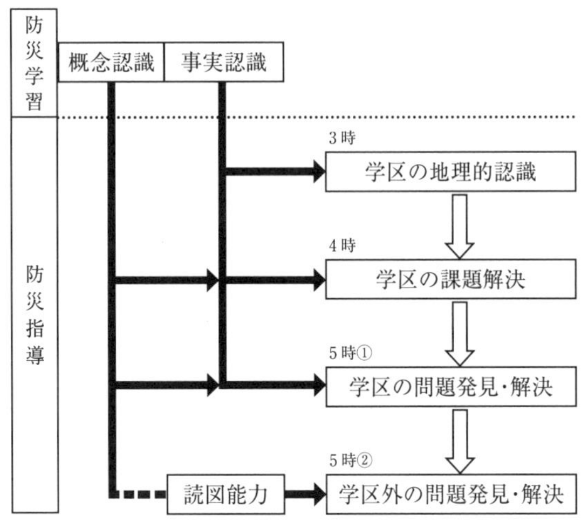

第8図　防災学習の事実認識と概念認識が防災指導に与える影響

では，素因の理解である事実認識を防災学習において重要であると仮定し，それは個別分析結果で認められた。しかしながら，Bクラスの結果から事実認識のみでは効果が薄いと判断される。また，概念認識のみでも効果が薄いことは，本表のCクラスの結果からも再度明らかになった。授業実践の考察より，Aクラスでは災害発生のしくみ理解である概念認識に，素因の理解である事実認識を組み込んだ回答がみられたことから，防災学習では事実認識と概念認識の両方を獲得することが必要である。素因の理解である事実認識がないと概念認識が効果的に働かないことから，特に事実認識の獲得は重要であるといえる。

これまで説明した事実認識と概念認識の関係は第8図のように整理することができる。災害は地域的な現象であることから，素因の理解である事実認識が全ての活動の土台となっている。3時の結果では，概念認識を獲得していないBクラスでも学区の危険箇所認識ができていた。このことから，一見すると素因を理解する事実認識のみを身に付けていればよさそうである。しかし，４時や５時では，事実認識単独よりも，概念認識と組み合わせたＡクラスのほうが適切な回答を導き出せていた。したがって，事実認識と概念認識を組み合わせて地域の災害を理解することが，望ましい防災指導につながるといえる。また，事実認識のない場所では，読図能力の高い子どもは，地形図から素因を読み解き，欠けている事実認識の穴を埋め，概念認識と組み合わせて最適な避難行動を導き出すことができた。このことからも，概念認識を活用するためには事実認識が必要であるといえる。以上のことからして，防災学習において概念認識と事実認識を学習し，それを組み合わせることが重要である。

４．２．総合考察

防災学習の事実認識と概念認識は，防災指導に影響を与えることが明らかになった。災害はそのしくみを知ることも重要であるし，災害が発生する地域の素因を知ることも重要である。どちらか一方だけ習得すれば良いというわけではない。特に，事実認識は重要であり，防災学習で概念認識のみを身に付けた場合，素因の理解が弱く，自校化をめざした防災指導では効果が出にくい。事実認識を身に付け，その土地の素因を知ることが，防災学習の内容をより深めることになる。

また，本研究のカリキュラム枠組・学習過程では，自校化された防災教育の学習構造を１つの教科・領域に組み込むとともに，防災学習から防災指導へというつながりを強調した。その結果，子どもは自分自身のやるべきことが明確になり，防災学習で事実認識と概念認識の２つを身に付け災害を正しく理解することになった。さらに，防災指導では，防災学習で得た知識を十分に活用しながら，積極的に地域の課題に向き合おうとする姿勢が見られた。

５．本研究の成果と課題

本研究では自校化した防災教育の学習構造を設定し，「素因を中心として災害発生のしくみを理解し，それを活用して防災指導に関わることで，防災に対して主体的な態度を身に付ける」ことを目的した。上記の実践授業分析・考察からして本目的は達成できたといえる。

一方，防災指導においては，防災学習の内容が影響を与える部分とそうでない部分があることが見いだされた。より効果的な自校化達成に向けては，防災指導の内容を分類し，防災学習との結び付きをより詳細に検証する必要があろう。何よりも，生徒にとっての防災教育では，当該地域だけでなく，どの地域でも活用できる汎用的な力を身に付けることが目的になる。教員は，子どものこのような姿を想定しながら防災教育の自校化を進めていく必要がある。各学校で教員が子どもの立場になって自校化を達成することで，災害に対して「主体的に行動する態度」をもった子どもが育成できるはずである。これを実現するために，今後さらなる実証的な検証の積み重ねが必要である。

＊本稿は，筆者の2019年（平成31年）度上越教育大学修士論文「中学校社会科地理的分野を中核にした自校化された防災教育カリキュラムの開発研究―新潟県三条市における授業実践を通して―」を再構成したものである。

注

1）例えば，村山（2016）は，災害の構造を「素因」「誘因」に大別し，さらに「素因」には土地条件と社会的条件が含まれるとしている。

2）国連国際防災戦略（ISDR）防災用語集日本語版（2009）では「危険因子としてのhazardとその結果であるdisaster」との説明がある。

3）本単元終了時には，各クラスの学習内容が同じになるような補充措置をとった。

4）地形図を見て気づいたことを書かせる調査で，その結果をもとに，Ⓐ・Ⓑ・Ⓒと評価した。Ⓑ評価は，地図記号を利用してその土地の特徴を説明している回答とした。Ⓐ評価は，Ⓑ評価の内容に加え，土地利用の様子や，傾斜など地形の特徴を捉えている回答，Ⓒ評価は「◯◯がある」と，地図記号が指すもののみの回答とした。

5）地点①は川沿いの路上である。ここは自然堤防となっていることから，その場にとどまることが最適と判断できる。地点②は川と市街地の間の水田地帯である。ここは低い土地であることから，その場にとどまるのは危険であり，付近の建物や，川と反対側の東方向に避難することが最適と判断できる。地点③は斜面となっている路上である。近くの学校に避難する際，土砂崩れを想定して山肌を避けて避難するか，山を下ったところにある学校に避難することが最適と判断できる。

文献

片田敏孝（2012）：子どもたちを守った「姿勢の防災教育」―大津波から生き抜いた釜石市の児童・生徒の主体的行動に学ぶ―．災害情報，10，pp.37-42.

國原幸一朗（2015）：防災教育における高等学校地理の役割―意思決定を促す地理情報の活用―．社会科教育研究，126，pp.1-13.

国連国際防災戦略（ISDR）（2009）：防災用語集日本語版（UNISDR Terminology on Disaster Risk Reduction）（最終閲覧2018. 12. 28）

寺本潔（2013）：社会科が担う防災意識の形成と減災社会の構築.社会科教育研究，119，pp.48-57.

永田成文（2015）：防災意識を高める景観の視点を導入した地理教育の授業構成―オーストラリアのナショナルカリキュラムに対応した中等地理単元を手がかりに―．社会科教育研究，126，pp.14-26.

三橋浩志（2012）：三澤勝衛の地理教育における「風土」と「災害」の関係．中等社会科教育研究，30，pp.57-66.

三橋浩志（2013）：防災教育と社会科教育の関係―防災教育を巡る最近の動向を踏まえて―．中等社会科教育研究，31，pp.3-10.

村山良之（2016）：学校防災の自校化を推進するために―学校防災支援と教員養成での取組から―．社会科教育研究，128，pp.10-19.

文部科学省（1996）：学校等の防災体制の充実について 第二次報告（http://www.mext.go.jp/a_menu/shisetu/bousai/06051221.htm　最終閲覧2018. 08. 28）

文部科学省（2013）：『学校防災のための参考資料「生きる力」を育む防災教育の展開』文部科学省.

第11章　小学校地図学習導入期（低学年）の授業改善
―生活科との地図学習接続の観点からの合科的カリキュラム・指導計画の提案―

廣岡英明

研究対象学年・内容

・小学校第１・２学年（生活科・国語・算数・図画工作等）
・地図学習導入期における指導改善

研究目的

・第３学年から円滑な地図活用を行うために必要な低学年における学習の在り方―地域認知や体験活動・基礎的学習の指導改善方策―について廣岡(2007）を発展させ，実践的で合科的なカリキュラム・指導計画として考案・提起する。

Ⅰ．目的設定の理由

第３学年の児童には，初めて学習する教科である社会科に対する期待と不安が大きく，細やかな配慮が求められる。第３学年で最初の単元にあたる学校のまわりの様子の学習においては，地図活用ができることを前提としたカリキュラム編成となっている。ところが，第２学年までの各教科の学習において，地図活用のための基礎的な位置づけとなる地域の認知を深めたり，手描き地図[1)]を描いたりする体験的な学習活動が低学年から積み重ねられる編成にはなっていない。第３学年で学習指導要領・教科書に示されたとおりに社会科の学習を進めていき，低学年での地図学習の重要性を認識したとしても，その解決は困難である。つまり，低学年からの基礎的な学習段階があって第３学年での本格的な地図学習が行えるはずであり，低学年から第３学年までの連続的な地図活用を中核とした学習の改善方策について探究する必要性がある。

この大きな課題は，社会科が新教科として誕生して以来改善されずに現在に至っている。低学年において社会科が学習されていた時代－生活科が新設され低学年社会科・理科が廃止された1989（平成元）年以前の時代－においても，地図学習のための学習過程は社会科学習の中に明確な位置付けがなされておらず，第３学年になり活用が開始される課題を長年抱え続けてきたといえる。

この課題解決方策には２つのアプローチが考えられる。一方は第３学年当初で地図活用の学習を行うことであり，もう一方は低学年の学習において地図活用の基礎を身に付けることである。前者の方策，第３学年において地図活用の学習を開始するとするならば，社会科を中心として位置付け，学校のまわりの様子の学習前に相当数の時数を確保する必要性がある。しかし，第３学年社会科に新たな単元ともいえる地図活用のための時間数を確保することや地図活用の能力育成を短期間で培うことは極めて困難であり，第３学年を迎えるまでに学習をしておくことを検討していくことが妥当といえる。

そこで，本稿は筆者の修士論文研究（廣岡，2007）での理論的・実践的知見を活用し，最初に低学年の教科，領域から地図学習を行える体制について検討する。次に，児童の絵地図指導に必要な地域認知を深化させる活動について考察し，それらを基にして低学年における絵地図指導カリキュラムを提案する。第３学年と比べ弾力的に学習が行える低学年において地図活用の基礎的学習を導入することは，創設以来総合的・統合的な中核教科である社会科導入期（第３学年）の学習が円滑に行える包括的なカリキュラムの実現であり，その効果は社会科・生活科にのみならず幅広い教科に及ぶと考える。

Ⅱ．研究の方法

1．先行研究並びに低学年各教科・領域の学習指導要領及び教科書における地図学習の扱いの検討（詳細な結果は廣岡（2007）掲載）
2．低学年において必要な学習活動及び課題解決方向の提示
3．児童の実態を踏まえた低学年地図学習カリキュラム及び具体的実践例の提案

Ⅲ．研究内容

1．低学年の諸教科における地図学習に関連する学習の存在

学校での社会科のみならず日常生活で頻用する地図に関する学習には，地域に出かけ観察したり，それを絵図などにより表現したりする学習が必須である。低学年で学習する生活科は観察，表現の技能を重視する教科であり，地図を活用する場を容易に設定できる点において他教科と比べ適している。また，直接観察したことを言葉，絵，動作などによって表現することで活動による気付きの自覚へとつなげようとする教科であると同時に，教科の特性として合科的・関連的な扱いによって学習効果を高めることを推進する柔軟性のある教科でもある。したがって，地図学習に必要な観察・表現ともに重視することから中核の教科として生活科を位置づけることができる。

第1表は，1998（平成10）年版学習指導要領下の生活科，国語，算数，図画工作の各教科書（2005（平成17）年発行東京書籍）における学習内容を月別に計画通り並べたものである。

例えば，生活科の通学路や春の探検の学習後には，図画工作で広い場所，大きな紙による絵画表現が配列されている。ここでは観察した事象を砂地図や床地図として表現することが可能である。「まちたんけん」の観察体験を立体表現の体験にも生かしていくことにより，図画工作のねらいとも共通性

第１表　低学年地図指導関連教科の教科書指導内容

		観察・表現	表現		知識
		生活	国語	図工	算数
第1学年	4月	学校めぐり	話す(絵)	絵(知らせたい事)	
	5月	学校たんけん			順序数(位置)
	6月		文章(学校)		
	7月	通学路, 遊び場	文, 絵(日常生活)		
	9月			絵《広い場所》(自由)	長さ(直接比較)
	10月			絵, 立体(動物)	
	11月	遊び場その他(秋)		絵(創作した話)	
	12月		文章(生き物)		
	1月	遊び場その他(冬)			形(立体観察)
	2月				
	3月		感想(場面)		
第2学年	4月	学校, 通学路その他(春)		造形(身近な物)	
	5月	町たんけん	話す(宝物)	絵《大きな紙》(夢, 想像)	
	6月		文章(手紙)		長さ(cm, mm)
	7月		文章(順序)		
	9月	公共施設	説明(順序)		形(平面合成)
	10月		話す(日常生活)		
	11月			絵(体験)	
	12月		文章(見学)		
	1月			立体《探検》(店)	形(三角形, 四角形)
	2月				長さ　(m)
	3月		文章, 絵(思い出)		

が生まれてくる。そして，遊び場の観察のような学習は，同じ場所を訪れ，季節ごとの変化をとらえる学習にもなり，まとめとして，その都度手描き地図を描く体験や活用につながる体験ができれば技能向上につなげられる。生活科において，低学年社会科の観察対象と共通している内容の学習は，他教科の表現の学習と関連させやすい配列になっているのである。

4月に行われる「がっこうめぐり」に関連する学習として，図画工作では校内で見つけたことを知らせる絵画表現，国語では描いた絵を活用して見学について話す表現活動として組み合わせた学習とすることもできる。それらの活動が，次の学校探検への意欲づけとして位置付けていくことができるのである。

また，第2学年国語では方位に関わる東，西，南，北の漢字習得を行うが，これは単に漢字学習にとどまらせることなく，四方位の学習をする絶好の機会とするべきである。教室で方位の確認をするだけでなく高所観察や太陽による方位の確定などの体験を伴う学習へと発展できれば，教科をまたいだ理解の深化となる[2)]。

このように，生活科の観察を生かした合科的な学習の実践という視座からみるならば，大きく単元配列を変更することなく地図学習に必要な表現活動の場を確保することは充分可能である。

2．地図学習に関連して低学年で積んでおくべき4つの体験活動

低学年では豊富な体験を伴った手描き地図の学習を積んでおくべきであり，生活科をはじめとした各教科，領域で合科的な指導を進めていくには，以下の4つの活動を設定していく必要がある。

(1) 経路を入れた絵図的表現の活動

移動を伴う観察をした場合は，移動の経路が分かるよう表現していくことを原則としたい。例えば，第1学年の「がっこうたんけん」では部屋から部屋へと移動をすることが想定される。そのまとめとなる表現活動では，必ず

廊下を描くことで訪れた教室すべてを表現させる。活動を通じて廊下をどのように移動したのかを意識化することで第２学年での「まちたんけん」において，廊下が道路へと変換して表現することにも違和感なく取り組んでいけることになる。移動が分かる絵図的表現は，その説明において位置関係，順序関係を取り入れたものとなり，国語，算数での学習を生かした発表の場にもなり得るのである。

(2)　繰り返し訪れる場所を設定した活動

公園のように季節ごとに繰り返し訪れる場所を設けることで，その都度，手描き地図を描く体験の蓄積とすることができる。また，同じ行程を一定期間おいて繰り返し描く学習を取り入れることは，自らの地域認知の深化を明確に知ることと同じ地点までの地図表現に自他の違いがあることが自己の比較、他者との比較により２つの気づきの場となる。その違いについて考える時間を設けることは，地図表現に必要となる約束事を見出す契機となる。この繰り返しの体験が第３学年社会科に必要とされる地図表現に自ら気づく重要な学習となるのである。

(3)　充実させた造形活動

空き箱を積み上げて校舎などの建物を再現したり，公園の施設の様子を紙模型によって作成したりする造形活動は空間認識を培う学習となる。事象の種類，数量を基に，それらの位置，方位，大小に留意した活動の深化により縮尺の観念が徐々に身に付いていく。平面と立体を扱う活動の往復が多くなれば，手描き地図の表現力向上に反映していくだけでなく，第３学年までに必要とされる平面地図における同定に必要な視点変化への対応を円滑に行うためにも欠くことのできない学習活動である。

(4)　設定された特別な表現活動

第１学年では，通学路や校区域内の遊び場に関わる学習において床や校庭など広い場所に表現する体験を積ませたい。広い場所に描くことは表現への興味・関心を引き出すと同時に，水，チョーク，石灰などで表現した道路に，箱を建物などに見立てた動作化を伴った再現活動となる。第２学年の「まちたんけん」の際にも，大きな用紙を活用した絵図的表現が床地図として生きる学習となる。実際に歩くなど自らの身体を動かしながら，想起作業をすることが地域認知の深化と手描き地図の表現に反映してくる。

以上の４つの活動の設定をすることで，低学年からなるべく多くの手描き地図を描く機会の確保の他，床地図やその他の造形を伴った作成活動と発表により地図，絵図と言葉をあわせた総合的な表現を行うことができる。手描き地図の表現としての改善や付加していく事項に自然に気付いていける学習であると同時に，他教科の技能や表現の向上にも寄与する学習である。

３．低学年における地図学習をめぐる２つの課題の解決方向

３．１．地域の認知に関する課題

第３学年の地図学習を支えるはずの児童の地域認知が，現在では限られた場所にとどまっている実情がある。児童を取り巻く社会情勢や生活様式の変化は放課後，休日の生活に変化をもたらし，日常的に地域に出かけ，地域を広く知る機会は減少傾向にある。生活科の学習においても，限られた範囲内での直接観察が中心となり，地域の認知を広げることは困難な状況にある。

地図学習の基礎的地盤ともいえる地域における日常的体験の蓄積が減少していることは問題であり，児童の自発的な働きかけが少なければ，地域から得られる情報も少なくなる。それは地域への興味・関心を低くすることにつながり，一層地域との関わりが少なくなるという悪循環へと陥る可能性が生じる。したがって，第３学年の社会科の学習開始に向けて地域の認知拡充を図る必要性がある。特に，低学年の段階における学習を活かして地域の認知を深める手立てを講じ，地域を身近で，興味・関心の高い存在としていかなければならない。

3．2．地図活用に関する課題

低学年から地図に接し，活用に慣れ親しむ学習は，地図から地域を認知する能力育成の端緒といえる。日常生活で地図活用するには読図の能力を必要とする。そのために手描き地図を描いたり，白地図を使用して位置を確認したり，観察に出かけたりするなどの学習活動の蓄積が重要である。低学年社会科が行われていた時には描図を中心とした学習が行われていたが，道路の記載された白地図の見方などに関する学習は充分であったとはいえない。生活科の教科書においても使用場面の設定はされているが，地図の見方や扱い方についての基礎的な指導の提示はない。

このように白地図活用の基礎的学習が欠けた状態で，第３学年で白地図を中心とした学習が行われているため，よく訪れる場所でも同定できない状況に陥るのである。そこで，低学年において地域で活動する体験を通して，地域を知るためには地図を描く，地図を読み取る，地図を使う体験を計画的に積んでいく学習により，第３学年で本格的に地図の活用が行えるようにしていかなければならない。

3．3．課題を踏まえた地図活用への転換

第３学年「学校のまわり」の学習では，観察時に白地図に記録を行うため読図能力が必要とされる。その記録を基に描図を行う流れとなっている。その学習を円滑に行うためには，観察した事象をまず手描き地図に表し，地図により観察事象を確認することや地図を見る者に伝達する表現を目的とした学習だけでなく，低学年から「目的地まで到達するための道具」として活用する学習を取り入れていく必要性がある。

知り得た情報を基に地図を作成することによる地域の認知のみならず，地図から情報を読み取り地域を認知するという双方向からの認知の深化が行えるようになるためにも，その基礎となる学習を取り入る必要性がある。

日常生活において地域との関わりに消極的な児童の実態や学習による限ら

れた体験を踏まえた上で，地域への観察に関心を高めたり，地図と実際とを見比べたりする活動を身近で日常的なものとしていかなければならない。具体的には以下の３点を考慮したうえでの活動を取り入れてみることである。

(1) 日常生活における実態の活用

児童はテレビゲームと接する時間が長いことを始め，迷路や本，空想の世界などに興じるといったバーチャルな世界と接する機会が多い日常生活を送っている。そこで，仮想と現実とを結ぶ媒介として地図を位置付ける工夫をしていく。例えば，本格的な地図表現に至る前段階として宝探しをするような設定のゲーム的要素を含む描図活動を取り入れていくことが有効であろう。

(2) 児童の身近な場所の教材化

地域への関心が薄い児童であっても比較的関心の高い対象が存在し，とりわけ公園への親近感が強い。そこで，児童の実態に応じて公園のような対象を中心教材として年間を通じた学習計画を設定する。その学習を基にして，各自が居住地付近の公園等について調べていくような展開をしていくことで，調べたり，まとめたりすることによる認識の深化が期待できる。

(3) 地図使用の計画的な設定

オリエンテーリングのように地図を頼りにして問題を解く活動は，児童の関心とともに地域に関する発見をする機会となる。このような活動の積み重ねは，地図と実際とを同定することになり，地域への認知とともに，日常的な地図活用につながりやすい。活用意識の高まりにより，児童が自らコースを選定して，オリエンテーリングの地図作成にまで至るような活動の日常化，習慣化に導いていきたい。

以上のような活動を基にして，自ら地域を観察し，活動することが習慣化されていく指導の工夫が必要である。出発点は，手描き地図作成による表現の経験をどれだけ蓄積できるかであるが，段階的に道路等の情報が付加された地図の見方を知り，地域において地図を使った活動の導入へと発展させていくことになる。これらの学習における活動が，日常生活において地域認知を深めていくことにつながるのである。

4．低学年地図学習カリキュラムの提案

以上の結果をふまえた低学年における地図学習カリキュラム（低学年地図学習カリキュラム）を，手描き地図の指導改善を中核にした絵地図指導と白地図指導に大別して提案する。さらに，いくつかの単元の授業案も提示する。

4．1．手描き地図の指導改善（絵地図指導カリキュラム）

手描き地図を描く学習は，対象地域をよく思い返すことにより行われる。それは，対象地域について明確になっている点と曖昧なままの点を自覚する場となる。低学年において同じ場所を繰り返し訪れ，その都度手描き地図を描くことは地域認知を深めていく上では重要な活動となる。そのため，まず手描き地図を描くことを前提とした単元配列の構成が必要となる。そこで，手描き地図を中核とした地図学習カリキュラムを，第１学年・第２学年別に提案する。

第２表-１で示したように，第１学年では絵図からはじめ，砂地図，カードによる配置図などの活動を経て手描き地図を描くこととする。４月の入学当初は自由に絵図を描かせ，校内での空間認知を深めさせていく。描く体験を積みながら，「がっこうたんけん」において廊下や階段により教室から探検した教室までを一本道でつなぐ条件を加えた絵図的な表現を行う。６月には通学路での校外観察を基に校庭に道路を描き，経路にどのような建物等が，どれくらいあるか，どのような状態であるかを箱などにより立体的に表現し，実際に歩きながら想起・作成を繰り返すような再現活動を行う。

９月は児童の関心が高い公園を題材として，園内の施設等の配置図づくりを行う。地図に必要な位置，方位，大小などの関係に触れさせ，完成した図から縮尺の指導への端緒とする。さらに，地域への働きかけの日常化に向け

第２表-1　低学年地図学習カリキュラム　第１学年

月	小単元	学習内容	地図指導の目標
4月	◇じぶんのつくえ ◇１ねん○くみのきょうしつ ◇がっこうめぐり	・左右，前後，上下を活用した位置確認をする。 ・１年生の教室の絵図を作成する。 ・最も印象に残った場所の絵図を描く。 ・教室名とともに絵図を使って説明をする。 ・見学の順序を基に行程の想起をする。	◇教室内の自分の位置関係を理解する。 基準により位置が異なることを理解させる。 ◇校内の各教室の位置関係を絵図で表す。 自分の教室（基準）からの位置 他学級からの自分の教室の位置
5月	◇たからのちず （第３表 学習試案①） ◇がっこうたんけん	・教師の指示に従い地図をたどり，位置を確定する。 ・宝の地図を描図する。（道の交差，分岐） ・学校めぐり等を基に，計画を立てる。 ・校舎内絵地図（階別）の作成をする。 ・自分の教室からの行程を絵図に表す。（一本道）	◇指示に従い地図をたどる。 ◇案に従って道を描き，自由に地図を作る。 ◇各階ごとの絵図を作成し，校内の位置関係を理解する。（同階の教室等位置関係） 曲がり角，階段での左右，上下への移動を確認する。（進行方向の確認） ◇各階の絵図を基に，行程を表す。
6月	◇つうがくろたんけん	・学校周辺の通学路の観察を行い，校庭に道路を描き，箱等を利用して再現活動をする。 ・学校のまわりの簡易白地図から通学路を探す。 ・探した順路に従い，再度歩いてみる。	◇学校の周りの建物など目立つものを確認する。 （目印） ◇簡易な白地図をたどって通学路を探す。 ◇発見したもののおおよその位置を知る。
7月	◇おくじょうへいこう	・屋上や学校周辺の小高いところから周囲の様子を見わたす。	◇通学路や目立つ建物を見つける。（目印）
9月	◇こうえんたんけんたい （第４表 学習試案②）	・学校近くの公園で活動し，施設等の配置図作成をする。 ・他の公園の配置図づくりに挑戦する。 ・生活科マップに調べた公園の位置に模型や絵図を貼る。	◇公園でのスケッチを基に，施設の配置図をつくる。 （方位，縮尺の感覚） ◇立体模型を作成する。（大小） ◇校区域内の公園の位置を知る。（位置，方位）
10月	◇ちずあつめ	・身のまわりにある地図を集めて，表現の違いを知る。	◇身のまわりにたくさんの地図があることを知る。 （地図表現への気付き） ◇手描き地図の表現に活かす。

11月	◇あきさがしたんけん	・自然観察とともに，目印の選定，道路の様子などへ着目する。 ・発見した場所の様子を紙や箱を使って床地図に再現し，動作化による発表をする。 ・生活科マップに発見したものを足す。 ・学校からの手描き地図に表してみる。	◇建物や公共物などを紙模型や箱に絵を貼り，床地図を作る。（縮尺） ◇生活科マップで発見したものの位置を確認し，同定の練習をする。 ◇行程を手描き地図で表す。
12月			
1月	◇ふゆさがしたんけん	・秋の地図を持ち，実際と比べながら歩く。 ・生活科マップに発見したことを足す。 ・学校からの手描き地図を作成し，秋の地図，友達，生活科マップとの比較をする。	◇手描き地図を見ながら歩き，表現の不足を確認する。（自作地図の活用） ◇他の地図と比較をさせ，共通点，相違点を確認する。
2月			
3月	◇ちずがたくさん	・これまでの作成したものを見て，行った場所を思い起こす。	◇手描き地図の変化を確認する。 ※生活科マップなどは第2学年に引き継ぐ。

て，公園調べを投げかける。これ以後，季節変化を探しに出かける活動後には手描き地図を描かせる。表現の機会確保とともに，秋，冬と同じ行程をたどらせることで自分自身の表現の変化や他の者との比較，地域の地図との比較により手描き地図による表現向上をねらう。

第2学年について第2表-2に示した。校外観察の範囲が広がるため，床地図などの諸活動を行いながら手描き地図作成を継続する。6月の「まちたんけん」は第3学年社会科への結びつきが強い単元であり，地域認知を広げていく役割を持つ。児童によっては初めて訪れる場所の可能性もあり，初見での観察力の必要性を感じ取る機会となる。そして計画的に実施するオリエンテーリングを通じて，校区域内の様々な場所を対象として手描き地図を描いていく。

第２表-2　低学年地図学習カリキュラム　第２学年

	小単元	学習内容	地図指導の目標
4月	◇オリエンテーリング１（春さがし）（第５表 学習試案③）	・学校の外周の地図，コースを確認する。 ・曲がり角の目印や特徴的な様子を確認する ・地図に目印を描き入れ，地図を持って，コースに行き確認する。 ・床地図を基に白地図に絵を描き加える。	◇住宅地図を活用して，簡易的な白地図との同定をする。 ◇曲がり角に注意し，そこでの目印を確認する。（曲がり角，距離，目印） ◇白地図に目印を描き込める。
5月	◇おく上からスケッチ ◇まちのちず	・方位ごとに学校のまわりの様子をスケッチし，生活科マップで位置を確認する。 ・校区域の住宅地図を見て，生活科マップ等を基に，自分の家やこれまで訪れた場所を探す。	◇方位による景色の違いを概観させ，地域の目印を確認する。（四方位の基礎） ◇拡大した住宅地図で探した目印の位置を確認する。（行程の概観）
6月	◇まちたんけん	・学校周辺の住宅地図から，目的地を同定しコースを決める。 ・探検では道路のつながりを地図で確認する。 ・発見を生活科マップに模型やカードで表現し，行程を手描き地図を描く。	◇住宅地図からコースを決め，白地図でたどる。 ◇住宅地図，白地図と実際を見比べて，位置を確認する。（目印，距離，方位） ◇床地図を基に，手描き地図で行程を表現する。（縮尺，方位）
7月			
9月	◇もっとくわしく（まちのしせつ）	・校区にある様々な施設について話し合い，住宅地図を使い，訪れる計画を立てる。 ・生活科マップに行った場所，発見したことを模型やカードで表して，貼る。 ・手描き地図で行程を表す。	◇学校と施設の位置関係を確認する。（位置，方位） ◇住宅地図で行程と目印を確認する。（目印，距離） ◇行程を手描き地図で表す。（目印，方位）
10月			
11月	◇オリエンテーリング２（公園周辺）	・公園を中心とした白地図を見て，コースを確認する。 ・正午の太陽を利用して，方位を知る。 ・公園から曲がり角，目印に留意して手描き地図を描く。	◇学校の位置を確認し，公園の方位を知る。（方位） ◇太陽から現地での方位を確認し，地図上の方位と照合させる。 ◇公園からの行程の手描き地図を描く。（学校との位置関係，道路のつながり）
12月			

1月	◇オリエンテーリング3（地図をつくろう）	・オリエンテーリングコースを選定し，コース周辺の地図を作成する。 ・自作地図と実際との確認をする。 ・目印や土地の様子について問題作成をする。 ・休日等に試してみる。	◇コース選定のため地域の様子を観察し，コース地図を作成する。（地域での体験） ◇校区域の白地図，コース地図と実際とを現地で確認する。（方位，位置，距離，目印） ◇友達の作成したコース地図でオリエンテーリングをする。（読図，地域での体験）
2月			
3月	◇2年間をふりかえろう	・2年間に描いた地図や作品を鑑賞し合い，地域での学習について意見交換をする。	◇地図表現の向上の確認をする。 ◇活動した地域の様子を思い起こす。

4．2．白地図の指導改善

第1学年では地図に親しむこと，地図学習への意欲を高めることを優先していく。第2表-1に示したように，5月には地図で宝の位置を探すゲーム的要素を取り入れる。道を指でたどる作業に対する児童の関心の高さを活かした学習である。そして，6月の通学路探検では観察後の砂地図による活動を基にして，視点変化による見え方の違いについての体験を積んでいく。その上で，簡易な白地図から歩いた道を探し，それを検証する活動を行っていく。この段階では同定することを目的とせずに，自分たちが歩いてきた道を白地図上でたどってみることを重視する。その後，屋上から学校周辺を概観する活動を取り入れることで，視点を高くすることによる見え方の違いを体感させていき，上から見下ろす視点での表現を考えたり，試行したりする時間を確保したい。これらの活動を積み重ねていき，児童に生活科マップとして白地図を配布する。校外活動の経路や目的地，発見したことなどを書き込ませる前には，指でたどる活動を必ず行うようにする。自らの視線が上から見下ろしている体験を繰り返していくのである。第2学年に設定した屋上からのスケッチの活動も視点変化による見え方の違いへとつなげていく活動の一環である。

第2学年での活用としては，3回のオリエンテーリングを設定した。1回目は児童の実態に合わせて，ゲーム的要素を生かして白地図の活用を促していく。チェックポイントでの出題を交差点の数や曲がり角での目印となる建物や公共物などに設定する。住宅地図[3]との併用でコースを確認したり，解答の確認として床地図を自由に使って数や位置を確定したりしていく（後掲の第5表で詳述）。2回目のオリエンテーリングはスタート地点を公園として実施する。この学習では，手描き地図の中心を公園とすることで，方位や位置関係にあらためて着目する体験を積んでいくためのものである。

2回の学習体験を生かし，児童の居住地周辺でのオリエンテーリングの地図及びポイントに関する問題作成へと発展させていく。コース選定や問題作成には繰り返し地域を歩く必要性があり，そのうえで居住地周辺の地図を自力作成することになる。これが白地図による同定への技能向上とともに，地域の認知を深める活動を兼ねる働きとして作用する。各自が作成した地図と問題を交換し，休日等に保護者とともにオリエンテーリングを行うような日常生活での地図の活用へとつながっていくこともねらっている。

4．3．具体的な学習展開例

提案したカリキュラムの諸単元の中から，具体的な学習展開例を3つあげる。第1学年の前半，後半と第2学年前半の学習である。これらは教科書に掲載されている内容とは異なり，地図学習を主眼として設定した学習である。

(1) 第1学年の学習事例①（第3表）

第1学年5月の学習であるため，迷路のような感覚で，気軽に地図と接する場として設定する。分岐や交差する道の存在は，目的地である宝のある場所とは違う道への関心を高めていける可能性がある。どこにつながっているのかという探究心は新たな発見への意欲の高揚でもあり，地域認知の拡充に大きく影響する。その育成につなげていける学習の足掛かりとしたい。

描図は実態に応じていくことである。まずは，楽しんで描くことを優先さ

第３表　学習試案①（ゲームと地図活用を結ぶ学習）

第１学年　『たからのちず』学習例　（３時間：生活１・図工１・特別活動１）

《ねらい》
・絵地図をたどり，道のつながりや分岐の目印などをつかむ。
・位置を表す言葉を活用する。

学習内容	留意事項
・絵地図上を自由に指でたどる。 ・どのようなものが描かれているのかを確認する。 ・与えられた絵地図から宝の場所を探す。 指示に従い，地図をたどり，宝の位置を決定する。 ・黒板に掲示した地図を代表児童がたどる。 ・各自が宝の位置を決め，問題を作って出題しあう。	・地図には海，山，川，池，森，橋，小屋，畑，花畑，牧場，大岩などを配し，道は分岐させ，トンネルや落とし穴なども含め，簡易な迷路のように作る。 ・興味を優先させ，自由にたどらせる時間を確保する。 ・教師が問題を読んで進める。宝の位置を示す文が複数存在することにして，２回はたどらせる。 分岐点，交差点での目印の重要性 ・位置を表す左右，上下，何番目などを入れた問題とする。 位置を表す言葉の活用
・自分の宝探し地図の問題をつくる。 ・地図作成をして，問題と地図を見比べて確認する。 ・問題を出し合う。	・簡易なワークシートに数字や言葉を入れるようにし，問題を作成させ，描図の構想をさせる。 ・自由に描かせ，画用紙が不足したら与え，描き足させる。 自ら指示通りに地図をたどらせて，確認させる。 道路を含んだ絵図を描く体験を積ませる

せ，道路を延ばしていくことで様々な要素が描き込めるようにしていくことを優先させる。伸び伸びと描きたいことを描いていくことで，手描き地図への抵抗感を下げ，次の学習につなげていく。地図を身近な存在として感じられる時間の確保と考え，使ってみたい，描いてみたいという意欲を高める位置づけとしたい。

(2)　第１学年の学習事例②（第４表）

第１学年９月の学習として設定した。公園内の施設から位置，方位，縮尺の感覚の育成を図っていきたい。施設等は平面の絵図を切り抜いたものを貼

第４表　学習試案②（身近な施設を活用した学習）

第１学年　『こうえんたんけんたい』学習例　（10時間：生活５・図工３・特別活動２）

《ねらい》
・公園で遊びながら，園内の施設の種類，数量，位置などに気付く。
・大きな用紙に遊具等を配置して，配置図をつくる。

学習内容	留意事項
・公園内の施設，利用者，働いている人などの様子を知る。 遊具で遊んだり，どのような公共物があるのかを見たり，働いている人と触れ合ったりする。 ・公園内外の様子をスケッチする。 公園内の施設の様子をスケッチし，公園の様子を表現する。	・きまりを守って遊ぶことなどの指導とともに，園内にはどのような施設があるのかに注意させる。 ・表現対象の中心は公園内の公共物，自然などとするが，児童の実態に応じて班別に方位ごとに描かせたり，公園内から公園外の様子をスケッチさせたりする。
・公園内にあったものを確認する。 ・公園の様子を造形で再現する。 遊具等の大きさも考えてカードを作る。 模造紙に遊具等を配置し，班で相談して確認する。 ・不明点を確認する。	・カードに遊具等を描き，大まかに切り抜いたものを仮置きする。 ［模造紙を公園の敷地として，遊具等の大きさを考えさせる］ ・模造紙上に配置させ，数や位置，方位などについて相談させ，不明点があればまとめておく。 ［園内の位置関係に注意させ，方位も考慮させる］
・不明点を確認するため再度公園へ行く。 施設等の数量，位置，方位など班ごとに確認作業をする。 ・位置を確定して公園内に配置図を完成させる。 ・生活科マップで位置を確かめ，公園の絵を貼る。 ・完成したものをもって公園へ行き，配置を確認する。	・不明点や修正する事項を整理，確認させる。配置図作成のために公園内外の様子の確認作業をさせる。 ［可能であれば立体模型での表現を試みる］ ・繰り返し訪れる機会を設ける。 ・歩いた行程を思い起こさせながら位置を確定させる。 ［白地図である生活科マップで公園の位置を確認する］
（期間をあけて） ・他の公園の遊具等写真を撮ってきて，模造紙に貼る。 ・写真を見て，理由をあげ，公園名を予想する。 ・目立つ建物などから方位を決める。 ・予想した公園の位置を生活科マップで確認する。 ・調べた公園は生活科マップに絵を貼る。 ・各自が調べた公園について発表する。	［他の公園の様子はどうなっているのだろうか。（投げかけ）］ ・答えとなる公園名，ヒントとなる公園内から周囲様子（四方位）は必ず撮らせる。（教師の撮影したものも準備） ［できれば公園周辺の建物や様子から公園を割り出す］ ・周囲の建物や土地の様子などから考えさせる。 ・位置確定の手がかりとする校区内にある公園の位置を示した地図を用意しておく。 ・校区域内の公園内外の様子を含めてビデオ撮影を教師がしておく。

ることとするが，児童の実態によっては立体的なものを含んでもよいと考える。観察する際の対象を明確にしておくことの重要性とともに，不明点があれば繰り返し公園を訪れるような学習としていきたい。また，完成した配置図を現地に持っていき，作成したものと実際との比較をする時間を確保したい。位置，方位，縮尺などを内省することになり，徐々に身に付いていくことにつながる。そのため、期間を空けて同様の学習を継続させていきたい。

他の公園についても遊具の様子等を調べにいくことを投げかけ，放課後や休日に居住地近くの公園を調べるよう勧めていく。児童が調べたものが集まり，並べられていくことで学校を中心とした校区域内の多くの公園の位置関係が把握できる。これを契機として行ってみたいと思う気持ちを高めることにつながり，地域認知の拡充にも波及していくのである。

(3)　第２学年の事例（第５表）

第２学年４月の学習として設定した。白地図を見て，実際と比べながら歩く体験を積む初段階の学習である。

コースの同定をし，それをたどりながら道路の交差，曲がり角に着目させるものである。住宅地図を活用しながらコースを確認するとともに，コースの様子を思い浮かべていく。この活動により，実際に歩いた時に建物など目印となる事象の重要度に気付くのである。このような学習を設定することで位置や方位の意識が机上や画面ではなく，実際の場面で活用される体験であり，手描き地図に反映させていく体験を同時に積む活動にもなっているのである。

以上のように，低学年の地図学習の改善として，まず手描き地図を描くことを前提として計画した。それは観察を基に表現し，表現の検証のために再び観察するといった繰り返しの体験の重要性による。そこに合科的な指導による，絵図からの段階的な表現や造形活動をともなう観察の再構築などの指導をしていくことで，白地図活用のための素地を培う。

そして手描き地図の表現や地域認知を深めていくことだけでなく，白地図

第５表　学習試案③（作成した地図を活用した学習）

第２学年　『地図をつかってみよう（オリエンテーリングをしよう）』学習例（８時間：生活３・図工２・特別活動３）

《ねらい》
・地図を頼りに，コースを歩くことができる。
・学校周辺の道路の交差する場所の目印を確認する。

学習内容	留意事項
・新１年生に校内の案内をする。 ・案内をして見つけた春を確認する。	・１年生のために校内を歩くが，校内から見える春の様子について観察することを押さえる。
・白地図を見て，範囲やコースをつかむ。 ・オリエンテーリングのコースを指でたどる。 経路に沿って，実際の様子を思い浮かべてみる。 ・大きな白地図を使って，班でコースを確認する。 ・ルールを確認する。 ・班別に時間差をつけて出発する。 ・チェックポイントで問題を受け取り，それを用紙に記入しながら進む。 ・解答用紙を基に，地図に目印等を描く	・学校の位置が確認できる範囲内の地図を作成しておく。（学校を中心として，幾つか目安となる建物等を記載） ・問題に関する目印を消した住宅地図も用意しておき，コース確認の参考にさせてもよい。 ・模造紙を貼り合わせた用紙に道路，学校を描いておく。 簡易な白地図を見てコースを理解する ・曲がり角の目印にあるもの，目立つ建物，特別な施設，児童の関心を引く事象などに関わる問題を作成する。 ・チェックポイントや監視を協力できる教師，保護者に依頼し，安全を確保する。 ・速さよりも，正確に記述できていることを優先する。 地図のコースの通りに歩き，目印を探し出す
・作成した地図を持ってコースを歩き，問題の建物を確認する。 ・歩きながら見つけた校外の春を記録する。 ・問題の解答を床地図で確認し，発見した春について発表する。	・白地図を基にした地図作成を今後の手描き地図に生かしていくようにする。 ・建物の位置関係を確認させる。 ・各自の地図を鑑賞し合い，自分の地図と比較させる。 自他の表現の違いを知り，手描き地図作成に生かす

自体の見方についての段階的な指導を取り入れた。造形活動や屋上からのスケッチなどで視点移動による見え方の違いを体感したり，ゲーム的要素を入れた簡易な地図をたどることや住宅地図の活用，オリエンテーリングのような地図を使って歩いたり，探したりする活動を通じて第３学年での地図活用に備えていくこととした。

さらに，学習体験を契機として，日常生活において地域へ出かけ，調べたり，まとめたりしていけるように指導計画を構成した。日常生活の体験を学習へ生かし，学習体験を日常の体験へとつなげていくような相乗効果をねらっている。

このように，低学年において地図を身近な存在として重視していくことで，第３学年地図学習への対応ができるといえる。

5．本研究の成果と課題

本研究は，生活科を中核とした合科的な指導という手立てにより，低学年において地図学習を位置付けることが可能であることを具体的・実践的に示した。学習の中心は生活科であるが各教科，領域において指導する内容の共通事項を見出し，地図活用を意識した学習として指導者が認識することで，各々の学習において地図学習の一端を担うことができる。地図活用の内容を段階的に配置していき，関連した事項が同時期に学習できるよう単元配列の順序を検討することで第３学年社会科の地図活用への足掛かりとなる。

ここからは，身近な地域の認知を深めることと同時に，未知の地域への関心を高めていくことになり，第３学年以降の社会科のみならず地図学習の総合性・多面性から諸科目への学習効果も十分期待できる。一方，地域を観察し，地図に描いたり造形活動をしたりする学習の体験には多くの時間と綿密な指導計画を必要とする。それゆえに，地図学習の必要性に対する指導者・教師の意識を高めることが重要であり，その対応についての検討が今後の大きな課題といえる。

＊本稿は筆者の2006年度上越教育大学修士論文「小学校地図学習入門期における絵地図指導改善の研究―体験を通した地図の理解―」の成果を学校現場で発展させた内容である。提案の基礎となっている理論的・実践的資料及び分析結果・文献等は廣岡(2007) で報告しているため割愛している。

注

1）筆者は児童が白紙から描いて仕上げる地図を「手描き地図」とし，学校を中心として道路，鉄道，河川などを指導者が児童の実態に応じて記載したものを「白地図」としている。

2）漢字の学習に伴い，方位ごとに教室内に掲示されることが多い。そのため教室内では四方位が確定できるが，校舎内であっても場所が変わると方位の確定に混乱を来す児童が多くなる。また，第3学年理科では太陽の動きの学習で方位を扱うが，低学年から太陽を基に方位を確定したり，目印から方位を割り出したりする体験を積んでおきたい。

3）広兼（2006）は，第2学年の生活科において，住宅地図を活用している。学習用に，畳10畳大の大きな床地図を作成し，ここに立体模型を置き，学習内容を再構築する手だてとしている。これらは固定できないため，毎時間組み立て，分解を行う。床地図は分割して収納するため，使用の際に正しく並べ直していくことになる。この繰り返しの活動も地域を知ったり，地図の見方を理解したりする体験となっている。

文献

廣岡英明（2007）：小学校社会科における絵地図指導改善の研究．上越社会研究，22，pp.91-100.

広兼東子（2006）：低学年から空間認知能力を育てる．教室の窓 小学校社会，7（2006年4月号），東京書籍，pp.12-13.

終章　教科教育実践学と教員養成
―よりよい教科授業を目指す実践的研究者としての教師―

志村　喬

1．教育実践学の提唱・定義・展開

教育実践学は，教育史学を専攻する増井三夫によれば1990年代後半に，臨床教育学とともに教育学界で構想され議論されるようになったとされる（増井，2006，p.28）。その背景には，それまでの仮説検証的方法により普遍的理論構築をめざす従来の授業研究方法と，子どもの活動から理論仮説をつくりだしていく授業研究方法との大きな乖離が問題視され，1980年代後半に教育実践なる用語が議論の焦点になったことがあるという。ここからは，授業研究方法領域における理論研究と実践研究の乖離が問題視され，1990年代後半になると新たな意味を含んだ教育実践概念が生まれてきたことが理解される。

この課題解決に向けた試みの象徴が，1996年に兵庫教育大学・上越教育大学・鳴門教育大学・岡山大学（教育学部）が構成する兵庫教育大学連合大学院（博士課程）が設置されたことである。兵庫教育大学を基幹校に上越教育大学ら４大学で構成された博士課程のみの同連合大学院学校教育学研究科での専攻は，教育実践学（学校教育実践学・教科教育実践学）であり，教育実践学が制度的認知を得るとともに，学として構築・確立が急務とされたのである。その成果が，研究科設立10周年記念書籍『教育実践学の構築』（兵庫教育大学大学院連合学校教育学研究科編，2006）であり，冒頭に引用した増井（2006）は，同書第１章２節「教育実践学構築のあゆみ」での指摘である。

では，学としての教育実践学はどのように定義されたのであろうか。10周年において研究科長であった岩田一彦は，「はしがき　教育実践学への途」において「実践を正面に据え，常に実践を研究対象とする学問の確立が求められるようになってきた」(p. 3) と述べ,「第1章第1節　教育実践学の理念」では冒頭「教育学は，…人間形成に関わる領域すべてを含み込んでいる。それに対して，本連合学校教育学研究科は…学校教育の中の実践に焦点を当てている。このような限定をかけた学を，教育学に対し教育実践学と称している。」(p. 10) と記している。ここからは，教育実践学が，研究対象とする対象（＝実践）で定義されることが先ず確認される。一方，文末は，教育学と教育実践学との学的関係性である。これについては「教育学が行う研究と教育実践学のそれとの違いは，研究対象の違いや研究方法の違いではなく，軸足の置き方の違いである。教育学は，人間形成論に軸足の中心を置き，そこでの研究成果を実践にも適用する形を取る。…それに対して，教育実践学は，実践に軸足の中心を置き，そこでの研究成果が人間形成にも貢献する形を取る。…教育学と教育実践学は，相互補完関係にあるものであり，教育実践学が教育学の一部であったり，教育学が教育実践学への理論提供の学であったりする関係ではない。」(p.15) と先ずは述べている。しかし，執筆節末の「教育実践学構築への途―論点整理―」(pp.19-21) と題された項では，教育実践学はまだ未開発の学問であるので共通の土台があるわけではないとして，教育実践学を独自の学とする立場，教育学や教科教育学の一部とする立場，実践性の程度の違いとする立場が並存していることを認める。つまり，教育実践学は構築の途にあると結んだのである。

その後をみると，2021年『学びを広げる教科の架け橋―教科架橋型教科教育実践学の構築―』(菊地編, 2021) 刊行に示されるように教育実践学の一翼を担う教科教育実践学は，学問分野・領域として一般化し認知されたといえる。ついては，本書が扱う教科教育学とりわけ社会科・地理教育学では，どのように教科教育実践学が定義され展開したかを次に確認する。

2．社会科教育実践学の定義・展開

社会科教育としての教育実践学を正面に据え書名に冠したものは2004年の

『社会科教育実践学の構築』（溝上編著）であろう。多くの分野・執筆者の寄稿による退職記念書籍である本書において，社会科教育実践学の明確な定義は記されていない。但し，溝上泰による巻頭章「社会科教育実践学とは何か，なぜ社会科教育実践学か」は，教育実践学に関する先行研究の１つとしてL.ショーマンのPCK論に注目し，PCK論の中核をなす教科内容知識とその変容である「教育的推論」概念及び「実践の見識（wisdom of practice）」を参照し，実践的な社会科教育学の必要性を，主に社会科教師が備えるべき教科専門内容の側面から主張している。これは，当時の教育課題に応える社会科教育学の在り方が問われているとの問題意識から本書が編集されているからであり，そのことは書籍副題が「新しい時代に生きる教師のための基礎基本」からもうかがえる。

したがって，社会科教育実践学を明確に定義したのは，上掲の『教育実践学の構築』（2006）である。同書での社会科教育実践学（＝教科教育実践学）の定義は，岩田による「各教科の授業実践を研究対象とし，教科論及び教育課程論との関連を踏まえ，各教科の授業実践に関わる研究を教科教育学の１専門領域として分析的及び開発的に行うもの」（p.20）である。ここでは，研究対象を授業実践とすることで学の領域を規定するとともに，それを社会科教育学（教科教育学）の一部とするものであった。

社会科教育実践学のその後の展開は，『社会認識教育実践学の構築』（社会認識教育実践学研究会編著，2008）を経て，『教育実践学としての社会科授業研究の探求』（梅津・原田編著，2015）から把握することができる。同書の「はしがき」で編者の梅津正美は，「社会科授業研究の教育実践学的方法を構築し，それに基づく研究成果を蓄積していくことであると考えた」プロジェクト研究成果をまとめた書籍であると記し，もう一人の編者である原田智仁は「あとがき」において同書の意義の１つとして「社会科の授業研究を，理論（研究目的，仮説）と実践（教室・授業の事実）の往還・融合を図る教育実践学の一つととらえ，その方法論の構築をめざしたことである」（p.373）と結んでいる。

ここでは，社会科教育実践研究としての方法論構築が，以前にも増して意識されていることがわかる。一方，対象においては，学校空間での実践・授業が主対象ではあるが，学校教育実践・授業をつかさどる教員を養成する大学空間における教員養成課程の教科教育授業実践（例：茨木，2015）へ拡大していることが注目される。

3．教科教育実践学と教員養成

3．1．教科内容学研究として

大学における教員養成課程授業へも対象を拡大していった（教科）教育授業学の象徴は，西園・増井編著（2009）『教育実践から捉える教員養成のための教科内容学研究』刊行である。本書の題目に教科内容学研究とあるように，本研究は教員養成学部の教科専門の授業内容は，文学部や理学部等の専門授業内容と異なるはずであるし・異なるべきであるという1970年代からのアポリアを，教科教員養成実践の視座から正面に据えたものであった。これは，2001年の「国立の教員養成系大学・学部の在り方に関する懇談会」（在り方懇）において教員養成大学・学部の教科専門が極めて重要な検討課題と，文部科学省から提示されたことが背景理由にある。そこで，教科専門，より具体には教員養成カリキュラムにおける教科内容が，教科教育実践学と並行して考究された。西園・増井編著（2009）及び鳴門教育大学特色GPプロジェクト編（2010）では社会科を含む各教科の実践的取組が報告され，日本教科内容学会の設立（2014年），同学会編『教科内容学に基づく教員養成のための教科内容構成の開発』刊行（2021年）に発展している。

以上のように，教員養成へも対象を拡大した教科教育実践学と関連して，教科内容に関する研究が一領域として存在することが確認される。これを社会科教育分野でみると，上越教育大学社会系分野の教科専門教員を中心とした社会科教科内容構成学への取組（松田監修，2018），日本社会科教育学会での教科専門性と教師教育を絡めた企画研究出版（日本社会科教育学会編，2022）が，この系譜での成果といえる。

3．2．教員養成課程での実践として—上越教育大学での展開—

教科内容学研究成果は，教科内容（カリキュラム）を規定するだけではなく，教科内容を教員養成課程でどのように定位し教科専門授業で実践するかという教員養成実践へ還元されなければならない。その際には，教科内容学だけではなく，教科教育学の成果も必要になる。とりわけ，2016（平成28）年の教育職員免許状（以下，免許法）改正において，従前区分されていた「教科に関する科目」と「教科の指導法に関する科目」が「教科及び教科の指導法に関する科目」に大括り化されたことは，両学の協働を必要とした。

上越教育大学の場合，国立教育政策研究所が2015年に提案し，その後の学習指導要領改訂はじめ教育施策に適用されていった「21世紀に求められる資質・能力（21世紀型能力）」，とりわけ「思考力」を育む学校授業実践ができる力（「実践力」）をもつ教員養成をめざす実践的プロジェクトが全学的に実施されたが，そこでは教科教育学研究者と教科内容学研究者が協働した。成果はシリーズ書籍『「思考力」を育てる』『「実践力」を育てる」』『「思考力」が育つ教員養成』『「実践力」が育つ教員養成』（上越教育大学編，2017a・b・c・d）であり，題名からもその教員養成実践性がうかがえよう。とりわけ社会科分野では，教科教育学研究者が社会科授業における「思考力」・「実践力」の理論的枠組を提供し，教科内容学研究者がそれを適用して自身の授業を省察・再構成する協働がなされ，先にあげた教科内容構成学に関する書籍刊行（松田監修，2018）に結実するとともに，教職大学院における新科目「社会系教科内容学」（2022年度）へと展開した。

4．教職大学院での教員養成—教師教育の国際動向，リアリスティック・アプローチ—

ところで，本章冒頭に記したように教育実践学は，1990年代後半に臨床教育学とともに提唱された。教科授業研究や教科内容学を中核に展開したきらいのある教育実践学に対し，臨床教育学は汎用的な教育方法論や教員養成カリキュラムに比重が置かれ，教職大学院化では先行した。これは，大学における教員養成の実践だけではなく教員養成理論の再考であり，教員養成学の臨床的探求の始動であったといえよう。

教員養成学については，遠藤・福島編著（2007）による先駆的実践研究成果『教員養成学の誕生―弘前大学教育学部の挑戦―』があるものの，日本においては明確な定義がなされないまま，教職大学院が全国に設立されたのが実態であろう。

筆者の場合，専攻するイギリス地理・社会科教育学研究を進める過程で，現地における教員養成授業体験（学校実習観察含む）等を通してイングランドの教員養成課程の実態把握に努めてきた（志村，2006；ビダフ・志村，2019；志村，2022）。この立場からみるに，日本の教職大学院制度設計は，学校実習を中心に据えたイングランドの制度に非常に近似してきている。しかし，イングランドのそれは，教科に関する専門学部を卒業した学生（換言すれば教科専門については高度な学修を終えているが，教育学については全く学修していない学生）を対象とした制度であり，日本の教育学部のように学部段階から教科専門学と教育学を並行学修する制度と全く異なることは，看過されてきたのではないかとみている。

いずれにせよ，日本でも学校での実習を中心とした教職大学院が広がり，筆者も担当・実践することになったが，その際に極めて参考になったのは，オランダの教師教育学研究者・実践者であるF.コルトハーヘンが主張する「理論と実践をつなぐペダゴジー」とされる「リアリスティック・アプローチ（Realistic Approach）」による教員養成実践である（コルトハーヘン 2010，原著 2001）。リアリスティック・アプローチとは，欧米の教員養成論で伝統的に用いられてきた客観的で機能主義的な技術合理的アプローチが理論と実践の乖離を生んでいるとの問題認識から提唱されたもので，教師の専門性の発達・変容そのもののプロセスに焦点をあてるアプローチである。リアリスティック・アプローチ理論の提唱に際しては，学問知（エピステーメー）と実践知（フロネーシス）概念はじめ欧州教育学らしく幅広い教育哲学的議論も参照され，それら理論基盤のうえ，実際の教師の発達・変容が省察を核にモデル化されている。ALACTモデルとされるそれは，①行為（Action），②行為の振り返り（Looking back on the action），③本質的な諸相への気付き（Awareness of essential aspects），④行為の選択肢の拡大（Creating alternative methods of action），⑤試み（Trial：新たな行為であり①となる）である（コルトハーヘン編著，2017，p.54）。本モデルは，日本の教育界で早くから紹介され活用されてきたアメリカ合衆国のD.ショーンが提唱した省察的実践に近い（ショーン，2007）。しかし，ショーンのそれが，自身の専門領域である都市計画者をはじめとした幅広いプロフェッショナル（省察的実践家）を対象にした論で，学校教師はその中の一つでしかないうえ，専門職養成を技術者的専門職として捉え分析的に一般化していること対して筆者は違和感を持ち続けていた。これに比べ，コルトハーヘンのそれはプロフェッショナル養成の中でも特殊性があると筆者が考えている教員養成全体をゲシュタルト的に捉え教育・学校文化文脈で考察した広義のペダゴジー[1)]に関するモデルであり，教員養成モデルとして優れていると判断している。

コルトハーヘンは，この教師の発達・変容モデルを，実際の教員養成授業でどのように使用するかを明確かつ具体的に語っているのである。例えば，実習生への指導方法を教師教育者に対して説く中で「誠実さは**自己開示**につながることもあります。つまり，指導者が自分自身の経験を紹介し始めることがあるのです。しかし，指導者は，自身の経験を語ることが本当に実習生のためになるかどうかを慎重に考えるべきです。その自己開示の中で打ち明けられる話は実習生の思考の枠組と関連してるでしょうか。」（p.134）は，教師教育者も自らの実践を真摯に省察する必要があること，即ち実習生のみならず，実習生を教える教師教育者自身も同じように自らの実践を省察する存在であると強調するのである。この自らの実践を省察し成長を促す方法はセルフスタディ（self-study）と呼ばれ，教師教育研究を国際的にレビューしたM.ルーネンベルクほか著（2017，p.58）では，「多くの研究者は，セルフスタディこそが，教師教育者が「教師の教師」として自分の実践を体系的に，かつ根拠に根差した方法でふり返るための優れた方法であると指摘している。」と評価するのである。

この指摘は，何よりも，筆者自身の17余年にわたる学校教師としての変容・成長体験に極めて重なるものであるとともに，大学に異動した後の教員養成経験（20年余）を整理し直すことができる理論でもあり，納得できたのである。そこで，教職大学院での教員養成担当者（「教師の教師」）にとって，このセルフスタディ[2)]方法による授業実践は，極めて有効な方法になると判断した。

5．教職大学院における教科教員養成実践としての社会科・地理教育実践学—セルフスタディとしての本書—

教員養成論のこのような世界的思潮に位置づけるならば，本書は筆者の教員養成大学（修士課程）実践のセルフスタディであり，その結果を教職大学院での授業実践に向けケーススタディとして整理したものといえる。このようなセルフスタディこそが，社会科・地理教師をめざす学修者にとっても，それに応える授業を実践する筆者にとっても，さらには読者にとっても，社会科・地理教育学を実践的かつ省察的に探求すること，すなわち「社会科・地理教育実践学の探求」であると考えている。

本書におけるこの実践的・省察的探求をモデル化したのが第１図である。①〜⑤は探求の段階であり，「①実践的課題・研究テーマの設定」から「⑤授業実践の振り返り」までで一つのサイクルとなる。また，ローマ数字Ⅰ・Ⅱ・Ⅲは，本書で対応する部を示している。第Ⅰ部（第１〜３章）は基礎理論研究にあたる②段階まで，第Ⅱ部（第４・５章）は，基礎理論研究をふまえ

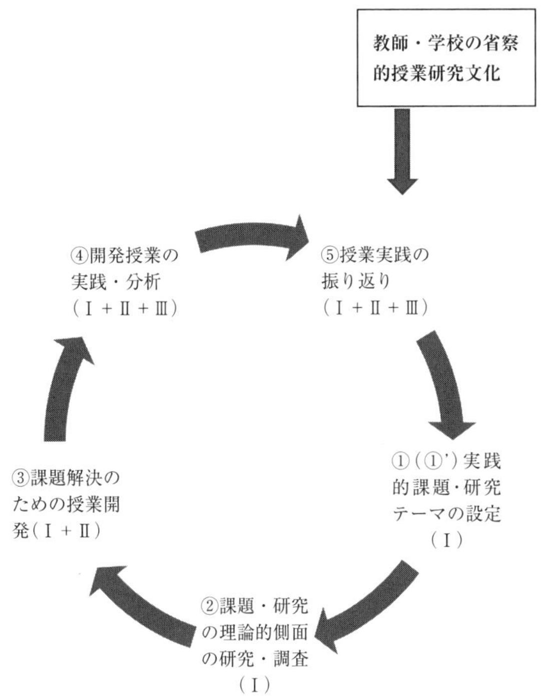

第1図　セルフスタディとしての本書の実践的省察モデル
（　）内のローマ数字は本書内の対応構成部

た授業開発研究の③段階まで，第Ⅲ部（第6～11章）は開発授業を実践・分析し振り返る段階⑤までを扱っている。なお，段階⑤はそこで終わるのではなく，さらなる実践的課題・研究テーマ（①'）を生起させ，本書第11章のような次の探求サイクル・成果を生じさせる。実際，最初の①にしても現職派遣院生はそれまでの自身の授業実践を振り返って課題・テーマを設定しており，学校現場での教育実践と大学院（修士課程）での研究が継続していたことは本書各章に示されている。

6．むすび―日本の教員養成・研修と本書―

本書が日本の教職大学院においてどのような意義を持つかは読者に委ねるが最後に2つほど記し，むすびにしたい。

序章で述べたように，本書内容の一部は筆者の教職大学院授業（学校実習と並行した講義）で活用した。周知のように教職大学院の学修では学校教育現場での実践的学修である学校実習が占める割合が非常に高い。上越教育大学の場合，「学校支援プロジェクト」と呼ばれる地域の学校での実習―学校課題をふまえて授業観察・分析・考察を進めて報告書を作成し学校教育現場へ成果還元する学修プログラム―である。筆者が担当した公立小学校における社会科授業を主対象とした本プロジェクトでは，本書第Ⅲ部掲載の複数のケーススタディが分析・考察のモデルとして適用され，教師をめざす院生のみならず成果還元した学校側からも高い評価を得ている。

一方，読者の中には本書で主張した，セルフスタディ方法による省察的実践を中核とした教員養成実践に対して，とりたてて目新しさを感じない方々もおいでであろう。セルフスタディ・省察的実践モデルといった明確な概念・理論枠組を持ち合わせていなかった時点の筆者も，これらを知った当初は自身の学校教師体験をもとに「日本の学校現場・教師が，伝統的に持っていた研修文化」ではないかと感じた。このような印象を持った理由には，日本の学校教師が国際的にみれば高い力量を持っており，それを支える基底に学校での教師の自主的・集団的研修文化が存在する一方，その存在を強く意識化していなかった―あまりにも普通に存在していたため一教師として当たり前と思っていた―ことがある。しかし，イギリスを主としたアングロサクソン圏の学校現場・教師の様子，さらには教員養成組織の研修活動の様子を現地で知り，日本のそれは国際的にみて極めて特徴的であることを痛感するにつれ，学校現場における日本の教師のセルフスタディの高い価値を強く認識するようになった。即ち第1図に右上に記した主体的な授業研究文化の日常的存在であり，学校現場での省察サイクルの起動である。

現在も，世界的にみれば日本の学校教師の力量は高く，それを支える学校での教員養成・研修文化は続いており，日本の学校教育界はそれにもっと自信をもって良いと筆者は考えている。ただし，過去に比べそのよう養成・研修文化が急速に減じているのも間違いなく，その代替をめざして教職大学院が設立されたといえる。このような点からすれば，教職大学院での学修に限らず，広い意味での教員養成・研修に本書が役立つことがあるのではないかとも考えている。

注

1）英語圏でのペダゴジー（pedagogy）概念は，教科内容（コンテンツ）としてのカリキュラム（curriculum）と対比された教授方法を意味することが多い。一方，ドイツをはじめとした大陸欧州圏では教科内容と教授方法を全体的に捉えた教育概念としてペダゴジーが使用されることが多い。そこで，前者を狭義，後者を広義のペダゴジーとしている。

2）セルフスタディ論については，オーストラリアの理科教育を中心とした教員養成研究者であるロックランの主要著作を抄訳・解説した書籍（ロックラン，J. 監修・原著，武田信子 監修・解説（2019）が刊行されている。筆者は，ロックランについてPCK研究の中でかつてふれ，科学（理科）教育をベースとした分析的立論傾向があるとして，人文科学的立論や大陸欧州での思潮との違いを指摘した（志村，2017）。オランダのコルトハーヘンのセルフスタディ論の立論・思潮と比較した場合にも，同様な傾向があると考えている。

文献

茨木智志（2015）：教員養成教育における社会科授業力形成―上越教育大学の社会系コースでの取り組みを事例として―．梅津正美・原田智仁編著（2015）：『教育実践学としての社会科授業研究の探求』風間書房，pp.275-288.

梅津正美・原田智仁編著（2015）：『教育実践学としての社会科授業研究の探求』風間書房.

遠藤孝夫・福島裕敏編著（2007）：『教員養成学の誕生―弘前大学教育学部の挑戦―』東信堂.

菊地章編・兵庫教育大学大学院連合学校教育学研究科共同研究プロジェクト（W）研究グループ著（2021）:『学びを広げる教科の架け橋―教科架橋型教科教育実践学の構築―』九州大学出版会.

コルトハーヘン，F. 編著　武田信子監訳（2010）:『教師教育学―理論と実践をつなぐリアリスティック・アプローチ』学文社. Korthagen, F. ed.（2001）: *Linking Practice and Theory: The Pedagogy of Realistic Approach*. Routledge.

志村喬（2006）: イングランドにおける中等教育地理教員の養成課程―ロンドン大学IoE中等PGCE養成コースの事例―. 日本社会科教育学会全国大会発表論文集，2, pp.116-117.

志村喬（2017）: PCK（Pedagogical Content Knowledge）論の教科教育学的考察―社会科・地理教育の視座から―. 上越教育大学研究紀要，37(1)，pp.139-148.

志村喬（2022）: イギリス教育省制定イングランド「教師スタンダード」に関する覚書. 上越社会研究，37，pp.65-70.

社会認識教育実践学研究会編著（2008）:『社会認識教育実践学の構築―岩田一彦先生御退職記念論叢―』東京書籍.

ショーン，D.著，柳沢昌一・三輪健二監訳（2007，原著1983）:『省察的実践とは何か―プロフェッショナルの行為と思考―』鳳書房.

上越教育大学（大学改革戦略会議「21世紀を生き抜くための能力＋α」ワーキンググループ）編（2017a）:『「思考力」を育てる―上越教育大学からの提言１―』上越教育大学出版会.

上越教育大学（大学改革戦略会議「21世紀を生き抜くための能力＋α」ワーキンググループ）編（2017b）:『「実践力」を育てる―上越教育大学からの提言２―』上越教育大学出版会.

上越教育大学（大学改革戦略会議「21世紀を生き抜くための能力＋α」ワーキンググループ）編（2018c）:『「思考力」が育つ教員養成―上越教育大学からの提言３―』上越教育大学出版会.

上越教育大学（大学改革戦略会議「21世紀を生き抜くための能力＋α」ワーキンググループ）編（2018d）:『「実践力」が育つ教員養成―上越教育大学からの提言４―』上越教育大学出版会.

鳴門教育大学特色GPプロジェクト編（2010）:『教育実践の省察力をもつ教員の養成―授業実践力に結びつけることができる教員養成コア・カリキュラム―』協同出版.

日本教科内容学会編（2021）:『教科内容学に基づく教員養成のための教科内容構成の

開発』あいり出版.

日本社会科教育学会編（2022）:『教科専門性をはぐくむ教師教育』東信堂.

西園芳信・増井三夫編著（2009）:『教育実践から捉える教員養成のための教科内容学研究―兵庫教育大学大学院連合学校教育学研究科共同研究プロジェクト「教育実践の観点から捉える教科内容学の研究」―』風間書房.

ビダフ　メリー・志村喬（2019）: イギリスにおける教員養成改革の教科教員養成への影響―地理教員養成の事例―. *E-journal GEO*, 14(2), pp.404-412.

兵庫教育大学大学院連合学校教育学研究科編（2006）:『教育実践学の構築―モデル論文の分析と理念型の提示を通して―』東京書籍.

増井三夫（2006）: 学校教育実践学の立場から―教育実践「学」構築論議の観点―. 兵庫教育大学大学院連合学校教育学研究科編『教育実践学の構築―モデル論文の分析と理念型の提示を通して―』東京書籍, pp.22-34.

松田愼也監修（2018）:『社会科教科内容構成学の探求―教科専門からの発信―』風間書房.

溝上泰編著（2004）:『社会科教育実践学の構築―新しい時代に生きる教師のための基礎基本―』明治図書.

ルーネンベルク, M.・デンヘリンク, J.・コルトハーヘン, F. 著, 武田信子・山辺恵理子監訳（2017：原著 2014）:『専門職としての教師教育者―教師を育てるひとの役割, 行動と成長―』玉川大学出版部.

ロックラン, J. 監修・原著, 武田信子監修・解説（2019）:『J. ロックランに学ぶ教師教育とセルフスタディ―教師を教育する人のために―』学文社.

あとがき—「実践的研究者としての教師」への期待—

序章に記したように本書は学校現場から教育大学に着任した2002（平成14）年度から2021（令和3）年度まで編者が指導した修士論文成果を，教職大学院でのセルフスタディのためのケーススタディとして編集したものである。この期間に主指導として担当した論文は27編であり，そのほとんどの修了生，とくに全国の学校から大学院研修派遣された現職院生には全てに企画書を送付し寄稿を打診した。各自が置かれている現在の学校教育現場状況から寄稿が難しい修了生も多く，優れた研究成果を全て集録できなかったことは極めて残念であった。さらに，寄稿いただいた修了生には，紙幅の制限から大幅な割愛を含む再執筆をお願いせざるを得なかった。それぞれ多忙な状況にもかかわらず快く対応していただき深く感謝している。

学校現場の研修文化をとりまく条件は，かつてに比べれば大変厳しいものがある。にもかかわらず，本書のような企画が理解され実現したことは，日本の学校における「実践的研究者としての教師」の存在を示している。修了生諸氏に限らず各地におられる「実践的研究者としての教師」の皆さんへ期待しているし，筆者も微力ながら支援できる機会があればと願っている。

最後に，筆者の教育研究実践構想についていつもご理解と建設的な示唆を下さる上越教育大学社会科教育学研究室の茨木智志先生（歴史教育）・中平一義先生（公民教育），最初の教職大学院院生（学部卒ストレート院生）であり，本書の校正・目次作成を手伝ってくれた相本健太朗さんと丸山開さん，さらに今回の出版でもお世話になった風間敬子社長と編集担当の宮城祐子さんへの感謝を記させていただく。

2023年 8 月

志村　喬

索　引

〈た行〉

〈な行〉

〈は行〉

〈ま行〉

〈や行〉

〈ら行〉

編著者紹介

志村　喬（上越教育大学　副学長・教授）

単著・主要編著書『現代イギリス地理教育の展開』『初等社会科教育研究』『中等社会系教科教育研究』『社会科教育へのケイパビリティ・アプローチ』（全て風間書房刊）

執筆者紹介（執筆順）

浅賀裕加利（群馬県　渋川市立長尾小学校　教諭）
瀬戸川夏樹（千葉県　松戸市立小金北小学校　教諭）
池下　誠（東京都　拓殖大学　非常勤講師ほか）
大﨑賢一（群馬県　群馬県立文書館　指導主事）
戸田佳孝（愛知県　名古屋市立瑞穂ヶ丘中学校　校長）
業田智行（長野県　須坂市立高甫小学校　教諭）
宮下祐治（新潟県　燕市立燕西小学校　主幹教諭）
栗田明典（新潟県　南魚沼市立六日町小学校　教諭）
安岡卓行（栃木県　宇都宮市立陽南中学校　主幹教諭）
阿部信也（新潟県　長岡市立東北中学校　教諭）
廣岡英明（群馬県　高崎市立南小学校　校長）

※所属は2023年４月現在。

社会科・地理教育実践学の探求
―教職大学院で教科教育を学ぶ―

2023年10月15日　初版第1刷発行

編著者　志　村　　喬
発行者　風　間　敬　子
発行所　株式会社　風　間　書　房

〒101-0051　東京都千代田区神田神保町1-34
電話 03(3291)5729　FAX 03(3291)5757
振替 00110-5-1853

印刷　平河工業社　　製本　井上製本所

NDC分類：375

ISBN978-4-7599-2481-7　Printed in Japan